XIONGYANLIN ZHONGXUE HUAXUE JIAOYU
YANJIU LUNJI

熊言林 著

熊言林中学化学教育研究论集

安徽师范大学出版社
·芜湖·

图书在版编目(CIP)数据

熊言林中学化学教育研究论集 / 熊言林著 .—芜湖:安徽师范大学出版社,2017.7
ISBN 978-7-5676-3055-0

Ⅰ.①熊… Ⅱ.①熊… Ⅲ.①中学化学课—教学研究—文集 Ⅳ.①G633.82-53

中国版本图书馆CIP数据核字(2017)第165481号

熊言林中学化学教育研究论集

熊言林　著

责任编辑:李　玲
装帧设计:周　敏
出版发行:安徽师范大学出版社
芜湖市九华南路189号安徽师范大学花津校区
网　　址:http://www.ahnupress.com/
发 行 部:0553-3883578　5910327　5910310(传真)
印　　刷:浙江新华数码印务有限公司
版　　次:2017年7月第1版
印　　次:2017年7月第1次印刷
规　　格:700 mm × 1000 mm　1/16
印　　张:20
字　　数:330千字
书　　号:ISBN 978-7-5676-3055-0
定　　价:58.00元

序

苏联教育家苏霍姆林斯基说："如果你想让教师的劳动能够给教师带来乐趣，使天天上课不至于变成一种单调乏味的义务，那你就应当引导每一位教师走上从事研究这条幸福的道路上来。"

本论文集收录了熊言林老师的44篇论文，分为"科技知识传播篇""教育教学理论篇""比较教育研究篇"和"实验教学研究篇"。收录的论文，呈现了熊老师开阔的探究领域、深入的思维触角，既有个性，又有共性。有的从管理和比较角度探讨，有的从化学实验教学切入，有的是对某个问题的思考与论证，有的是对科技常识的凝练与升华，有的是对教学方法和理念的革新。这些论文无不凝聚着熊老师的汗水与智慧……

打开这本论文集，一缕缕清香，一片片秋色，一颗颗硕果，一份份感动扑面而来。一串串鲜活的故事，渗透着人性的光辉，承载着师生共同发展的经历；一篇篇精美的文章，记录着心灵的对话，迸溅出师生思想碰撞的火花……

这一本薄薄的而又沉甸甸的论文集，凝聚着熊老师的认真与执着、睿智与灵性，更洋溢着追求与幸福。

这本论文集，让我们认识到教育的规律源于实践，并且是有生命的。只要我们善于学习、思考、探究，就能有所发现；只要我们敢于实践、质疑，就能有所创新。

苔花如米小，也学牡丹开。这是一种精神，更是一种令人肃然起敬的生存状态。作为熊老师的弟子，我们衷心地希望大家"而今迈步从头越"，在更广的领域、更深的层面开展教育教学研究和实践，用笔记录下身边的故事、教学的机智和心灵的足迹，期待着大家奉献出更多、更新、更好的成果，愿熊老师对教科研孜孜追求的精神能够薪火相传……

徐泽忠　马善恒

2017年6月

目　录

科技知识传播篇

教育教学理论篇

比较教育研究篇

实验教学研究篇

科技知识传播篇

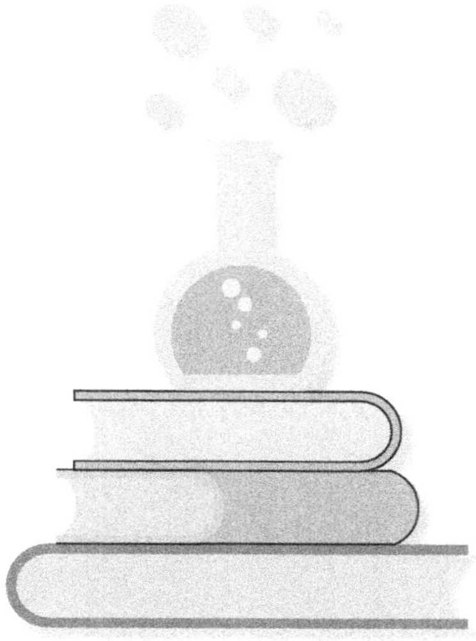

化学战受害者纪念日与化学教育*

肖　杰　熊言林

摘　要： 化学武器在战争中使用，使因化学战受害的民众越来越多，化学战受害者纪念日日益受到公众关注。本文介绍了化学战受害者纪念日的由来及意义、化学武器的化学成分与危害等，并对化学教学提出几点启示与思考。

关键词： 化学战受害者纪念日　化学武器　成分与危害　启示与思考

1　化学战受害者纪念日的由来及意义

1.1　化学战受害者纪念日的由来

化学武器用于战争中已有很多年历史，最早记录使用毒气的战争，可以追溯到公元前429年。第一次世界大战期间，伊普尔战役首次大规模使用现代化学武器。自此以后，化学武器继续发展，成为大规模杀伤性武器。为悼念化学战受害者并增强国际社会对化学武器危害的认识，经过长期艰苦谈判，联合国发起首个化学战受害者纪念日。为了遣责和预防化学武器的使用，禁止化学武器组织178个成员国设立了“化学战受害者纪念日”，将每年的4月29日（禁止化学武器公约生效日）定为化学战受害者纪念日，并设计了禁止化学武器组织旗帜（见图1）[1]。2006年4月29日是世界第一个化学战受害者纪念日。

图1　禁止化学武器组织旗帜与标志

* 2011年安徽省省级质量工程“中学理科综合类卓越教师培养计划”项目成果。本文发表于《化学教育》2015年第9期。

1.2 化学战受害者纪念日的意义

禁止化学武器组织指出，化学武器近百年来被用作大规模杀伤性武器，导致数百万人丧生，幸存者的健康也遭到不同程度的破坏，生活在痛苦之中。化学战受害者纪念日的设立不仅是为了悼念因为化学战而丧生的人们，更是为了今后世界的和平与安定。战争也许是不可避免的，但是使用化学武器是极其丧失人性的，化学战受害者纪念日强烈谴责了在战争中使用化学武器的行为，强有力地制约了化学武器在战争中的使用。

在第一个世界化学战受害者纪念日中，联合国秘书长安南呼吁还没有加入《关于禁止发展、生产、储存和使用化学武器及销毁此种武器的公约》（简称《禁止化学武器公约》）的国家毫不拖延地批准和加入，已加入的国家须加倍努力以求充分执行该公约，并确保化学武器不流入非政府团体和个人手里[1]。可见，化学战受害者纪念日提醒着广大热爱和平、尊重生命的国际民众为完全排除使用化学武器的可能性而不懈努力。

2 化学武器的化学成分与危害

2.1 化学武器的化学成分

战争中用来毒害人畜、毁灭生态的有毒物质叫做军用毒剂，装有军用毒剂的炮弹、炸弹、火箭弹、导弹、地雷等，统称为化学武器。按化学毒剂的毒害作用，通常把化学武器分为六类：神经性毒剂、全身中毒性毒剂、糜烂性毒剂、窒息性毒剂、刺激性毒剂、失能性毒剂。各类化学毒剂对人类的影响详见表1。

表1 各类化学毒剂对人类的影响

种类	化学剂名称	作用方式	症状	作用时间	途径及持久性
神经性毒剂	环沙林(Cyclosarin，GF) 沙林(Sarin，GB) 索曼(Soman，GD) 塔崩(Tabun，GA) 维埃克斯(VX) 某些杀虫剂 诺维乔克(Novichok)	抑制乙酰胆碱酶作用，阻止神经传递物质乙酰胆碱在突触的分解释放，导致肌肉一直处于兴奋状态而引起肌肉痉挛	瞳孔放大、视野模糊、头痛、恶心、呕吐、腹泻、四肢麻痹、肌肉震颤、呼吸困难、意识低下等	蒸气：数秒到几分钟 皮肤接触：2～18小时	VX较持久而其他战剂较不持久；都具吸入及接触毒性

续表

种类	化学剂名称	作用方式	症状	作用时间	途径及持久性
全身中毒性毒剂	大多数砷化合物 氯化氰(CK) 氢氰酸(AC)	砷化合物：造成溶血，可导致肾衰竭 氯化氰、氢氰酸：氰化物阻断电子传递链，导致细胞无法利用氧气，迫使细胞进行厌氧呼吸，产生过多乳酸而造成代谢性酸中毒	皮肤、手指甲和嘴唇可能是粉红色或樱桃色、发绀、意识障碍、恶心、呼吸困难、代谢性酸中毒	立即发作	非持久性且为吸入毒性
糜烂性毒剂	芥子毒气(HD,H) 氮芥子气 路易斯毒气(L) 光气肟(CX)	战剂为酸性化合物，损害皮肤和呼吸系统，造成灼伤和呼吸困难	严重的皮肤、眼睛和粘膜疼痛及红肿，产生皮肤红斑与水泡，愈合慢，轻度呼吸窘迫，引发呼吸道损害等	芥子气蒸气：4~6小时，经眼睛或肺部会更快；皮肤接触：2~48小时 路易斯毒气：即时	持续性且为接触毒性
窒息性毒剂	氯气 氯化氢 氮氧化物 光气(CG)	类似糜烂性毒剂的机制，但较多作用于呼吸系统，进而导致窒息，痊愈者往往会有慢性呼吸困难	呼吸道刺激、眼睛及皮肤烧灼感、呼吸困难、咳嗽、喉咙痛、胸闷、喘鸣、支气管痉挛	即时到3小时	非持久性且为吸入毒性
刺激性毒剂/催泪性或催吐性毒剂	催泪瓦斯 胡椒喷雾 亚当氏剂(DM) 二苯氯砷(DA) 二苯氰砷(DC)	催泪性，造成严重眼睛刺痛及暂时性失明	催泪瓦斯、胡椒喷雾：刺激眼睛，造成不适 DM，DA，DC：引发呕吐	即时	非持久性且为吸入毒性
失能性毒剂	二苯乙醇酸-3-奎宁环基酯(BZ) D-麦角酸二乙胺(LSD)	暂时使人的思维和运动机能发生障碍，从而丧失战斗力，引起阿托品般乙酰胆碱抑制，并造成与神经性毒气中毒不同的周围神经系统问题	引发明显情绪变化、幻觉等精神障碍，体温过高，运动失调(步伐不稳)，瞳孔放大(散瞳)，口渴	吸入：30分钟~20小时 皮肤：皮肤接触到BZ后36小时以上，期限通常是72~96小时	可持久存在于水中及固体表面；具接触性毒性

2.2 化学武器的危害

与常规武器相比，化学武器毒性强，化学战剂多属剧毒或超毒性毒物，其杀伤力远远大于常规武器，而且常规武器主要靠弹丸或弹片直接杀伤人员，化学武器则可能通过毒剂的吸入、接触、误食等多种途径，直接或间接引起人员中毒。化学武器袭击后的毒剂蒸气或气溶胶（初生云）随风传播和扩散，使得毒剂的效力远远超过释放点，故其杀伤范围较常规武器大许多倍。除了急性中毒造成人员伤亡外，化学武器还会产生长时间的迟滞效应和长期效应，并会由于环境恶化对人类健康造成影响[2]。

例如，越战期间，为打击隐蔽在山林处作战的越共部队，美国空军向越南喷洒了大量落叶剂，杀死大量树木和草丛，其中绝大部分落叶剂是橙剂。橙剂是一种高效除草剂，含有毒气体二恶英。虽然战争已远去多年，但越南人民仍然遭受着橙剂引发的癌症、基因变异等的折磨。

化学武器不仅对人体有伤害，对环境也存在危害。侵华日军在战败投降时，为了掩盖其罪行，将大量化学武器秘密埋藏并丢弃在中国。由于日本遗弃的化学武器的物理性质和化学性质非常稳定，且数量非常大，埋藏范围非常广，自然界难以降解，可几十年保持毒效，因此会长期危害人类并污染环境。化学武器长年在地下有部分泄漏，会造成土壤、水源污染。由此可见，化学武器对人体和环境的危害都是极大的。

3 化学战受害者纪念日的有关活动

禁止化学武器组织自设立化学战受害者纪念日起，每年都在其总部举行纪念仪式，有关纪念活动见表2[3-6]。

表2 有关化学战受害者纪念日的活动

时间	典型活动
2006.4.27	禁止化学武器组织在其位于荷兰海牙的总部举行仪式，这是该组织第一次纪念人类历史上所有化学武器战的受害者，并以此提醒国际社会应保持对化学武器危害的警惕，共同为彻底销毁世界上所有化学武器而努力。联合国前秘书长安南为纪念活动发来一封信，内容主要是关于悼念化学战受害者，增强国际社会对化学武器危害的认识。
2007.1.25	齐齐哈尔“8·4”侵华日军遗弃化学毒剂泄漏事件受害者向日本东京地方法院提起国家赔偿请求诉讼，要求日本政府对受害者和死难者家属给予赔偿。

续表

时间	典型活动
2008.4.29	联合国前秘书长潘基文为化学战受害者纪念日发表致辞，呼吁国际社会全面消除化学武器，敦促拥有化学武器的国家根据公约的规定按期销毁现存化学武器，并呼吁那些尚未加入公约的国家尽快批准和加入。
2009.3.31	义乌市侵华日军细菌战受害者协会筹备总结会议在侵华日军细菌战义乌展览馆举行。常德细菌战受害者代表高峰、丽水细菌战受害者代表庄启俭等人，通过信函表达了各地细菌战受害者受到鼓舞的激动之情，各地将效仿义乌，推动成立细菌战受害者维权社团。
2010.4.3	“日本化学武器受害者解决网络”在日本东京都主办一场主题为“不要化学武器——给孩子们留出一片安全的大地”集会。2003年在中国黑龙江省齐齐哈尔市遭受了化学武器侵害的两名中国人到现场讲述了受害经过。
2011.4.29	联合国前秘书长潘基文为化学战受害者纪念日发表致辞，提出可以利用纪念日的机会，悼念化学战的受害者，并重申国际社会对这一灭绝人性的大规模毁灭性武器的谴责。
2012.4.26	禁止化学武器组织举行纪念化学武器受害者活动，常驻禁止化学武器组织代表张军大使出席。联合国前秘书长潘基文发来致辞，赞扬了《禁止化学武器组织公约》作为第一部禁止一整类大规模杀伤性武器、并规定对销毁这类武器进行国际核查的多边条约，在化学武器销毁核查并防止化学武器再现等方面所作的贡献，敦促缔约国加大努力，尽早完成公约所规定的义务，敦促8个尚未加入公约的国家早日加入公约，使人类免受化学武器威胁和伤害。

4　对化学教学的启示与思考

纵观这些年化学战受害者纪念活动可以看出，纪念活动主要是由发起设立化学战受害者纪念日的禁止化学武器组织举办，联合国时任秘书长致辞。虽然它在世界各国中起到呼吁作用，但对在校园里学习知识的青少年影响不大，广大一线化学教师应重视和关注化学战受害者纪念日活动，充分利用化学战受害者纪念日，在教学或校园中举办有关活动，相信这将对化学教师的专业发展和化学教育教学有很大的促进作用。

4.1　举办形式多样的纪念活动，以多种形式呈现化学内容

墙报与展板、报告与讲座历来都是有效的宣传方式，前者图文并茂，学生可仔细阅读与观看，后者更具直观性和教育性。学生是有好奇心的，看到因化学战而受害的人们，肯定会想：化学毒剂成分的化学式和结构式是什么？化学毒剂的作用过程是怎么样的？带着这些疑问，学生将慢慢走进化学的世界。教师可组织学生在校园里制作化学战中用到的化学毒剂的图片展板。如第二次世界大战中，侵华日军曾在中国使用过芥子气，造成中国军民

死伤无数。通过展板，学生不仅认识到化学毒剂的危害与可怕，同时，对一些化学毒剂的成分和生成方法有了进一步了解（见图2和图3）。

Cl
S
Cl

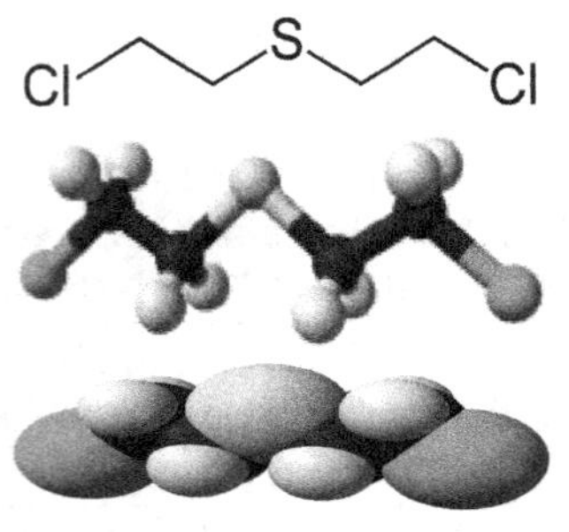

图2　芥子气（学名二氯二乙硫醚，化学式$C_4H_8Cl_2S$）

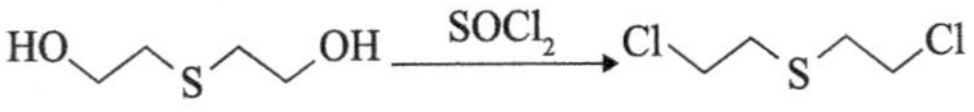

HO
S
OH
SOCl2
Cl
S
Cl

图3　芥子气的合成方法

4.2　及时捕捉新信息，为化学战受害者纪念日活动提供资源

虽然禁止化学武器组织和联合国强烈呼吁禁止在战争中使用化学武器，但由于化学武器具有超强杀伤力，一直以来它从未在战争中消失。教师应时刻关注社会最新新闻动态，主动捕捉相关新颖的化学知识信息，并开发成为化学战受害者纪念日活动资源。例如，2013年8月21日，叙利亚大马士革东部郊区姑塔发生了化学武器袭击事件，联合国调查人员收集了环境、化学与医学等方面的样本，提供了明确、可信的证据，证明地对地火箭弹中包含了神经性毒剂沙林（见图4）。教师就可以以此作为纪念日活动的主题，让学生查阅资料了解此次事件中毒剂的成分、毒害机理等，然后全班同学交流讨论，最后教师总结。在此过程中，学生了解了化学战知识，培养了科学素养，增强了热爱和平的意识。

CH3
O
H3C
O
P
CH3
F

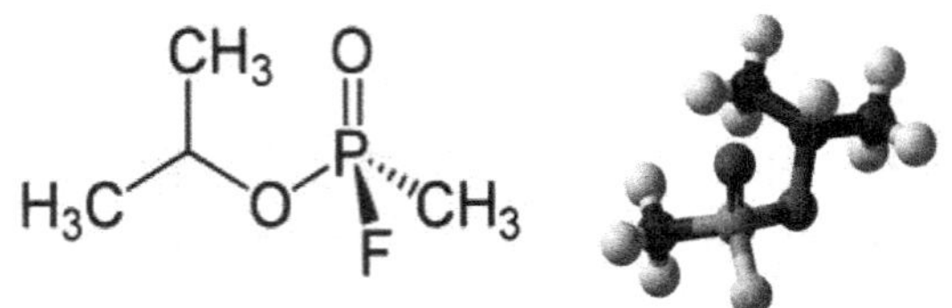

图4　沙林[学名甲氟膦酸异丙酯，化学式$(CH_3)_2CHOOPF(CH_3)$]

4.3 创造条件，培养学生对化学学科的科学情感

科学教育已是当代化学教育秉持的观念，教育不仅应该帮助人类在变化的社会环境中适应环境并求取生存，更应该帮助人类创造更美好的生活。世界上持续发生的以化学毒剂作为武器的战争，让化学成为毒害人类的工具。特别是在化学战受害者纪念日中，受害者的惨状让学生认识到化学毒剂的可怕，有些学生可能因此对化学学科产生错误的认识，认为如果没有化学，就没有化学武器用于战争中。这种认识当然是偏激的，因此教师在学校教育中不仅要注重教化学知识和学科技能，更重要的是帮助学生了解化学的价值，欣赏化学独一无二的美，形成对化学正确的情感态度和价值观。为此，教师可以在班级组织一场辩论赛，让学生辩论化学的功与过，培养学生对化学学科的正确认识，让学生认识到化学武器的产生是由于人类的使用不当造成的。教师还可以播放著名化学家的访谈或讲座，让学生认识化学家的创新科学精神，使学生在情感上陶冶化学情操，从而深刻领会化学文化的内涵。

参考文献

［1］信莲.联合国发起首个“化学战受害者纪念日”［EB/OL］.（2006-04-29）［2013-09-18］. http://www.chinadaily.com.cn/hqkx/2006-04/29/content_580471.htm.

［2］黄培堂.生物和化学武器的公共卫生应对措施——WHO指南［M］.2版.北京：人民卫生出版社，2005：36-37.

［3］刘黎.禁止化学武器组织举行仪式纪念化学武器战受害者［EB/OL］.（2006-04-28）［2013-09-18］.http：//news.qq.com/a/20090223/003010.htm.

［4］王湘江，刘历彬.潘基文呼吁国际社会全面消除化学武器［EB/OL］.（2008-04-30）［2013-09-18］.http：//news.xinhuanet.com/newscenter/2008-04/30/content_8076939.htm.

［5］陈建军.中日各界祝贺义乌设立侵华日军细菌战受害者协会［EB/OL］.（2012-05-23）［2013-09-18］.http：//www.1937china.com/xwjj/ssyw/20120501/4284.shtml.

［6］米灏.曾受化学武器侵害华人受害者东京讲述受害经过［EB/OL］.（2010-04-05）［2013-09-20］.http：//www.chinanews.com/hr/hr-yzhrxw/news/2010/04-05/2207666.shtml.

快速溶解农业废弃物的“神奇溶剂”*

熊言林　刘惠黎

摘　要： 本文介绍了一种“简单而又神奇”的含氢氧化钠、尿素的水溶剂体系及这种溶剂体系溶解农业废弃物的原理，简述了这种溶剂体系的开发意义和应用前景。

关键词： 神奇溶剂　纤维素　农业废弃物

美国圣地亚哥时间2012年3月27日，中国科学院院士、武汉大学教授张俐娜凭借着世界首创的一种神奇低温水溶剂“秘方”，获得2011年度安塞姆·佩恩奖，美国化学会纤维素和可再生资源材料学会主席阿尔弗雷德·弗伦奇为其颁奖。

美国化学会一直代表着国际化学界的最先进水平，而设立于1962年的安塞姆·佩恩奖是国际上纤维素和可再生资源材料领域的最高奖项，每年只颁发给一位在纤维素及其产品基础科学研究和化学技术方面作出卓越贡献的专业人士，张俐娜是半个世纪以来获得该奖的第一位中国人。

1　张俐娜院士简介

张俐娜院士1940年8月出生于福建省光泽县，1963年从武汉大学化学系毕业，并任职于北京铁道科学院，10年后回母校任教。1985年，张俐娜获日本政府学术振兴协会奖学金，赴大阪大学研究一年多。在这段时间里，她开阔了自己的眼界，并明确了自己的科研方向，即生物质研究，主要是用高分子物理理论和方法研究天然高分子——纤维素、淀粉和大豆蛋白质及真菌中多糖及其改性产物的组成、分子尺寸和形态以及生物可降解材料，涉及高分子物理、可再生资源、环境材料及生物学交叉学科。

* 2011年安徽省省级质量工程“中学理科综合类卓越教师培养计划”项目成果。本文发表于《化学教育》2014年第6期。

在张俐娜的研究领域中，最棘手的问题当属纤维素的溶解问题，但是她带领自己的团队迎难而上，经过12年的潜心研究，最终发现了一种新的低温水溶剂体系，并凭借这一体系获得了安塞姆·佩恩奖。

2 揭秘“神奇溶剂”

2.1 “神奇溶剂”溶解原理

张俐娜的这项获奖科研成果——神奇溶剂，是一种只需在－12 ℃用氢氧化钠、尿素和水做溶剂，并控制氢氧化钠、尿素和水的重量比为7∶12∶81，便能使棉短绒、蔗渣、虾壳、蟹壳等农业废弃物迅速溶解的神奇环保的新型溶剂。以含纤维素丰富的棉绒为例，可以简单地将这一溶解过程概括如下：

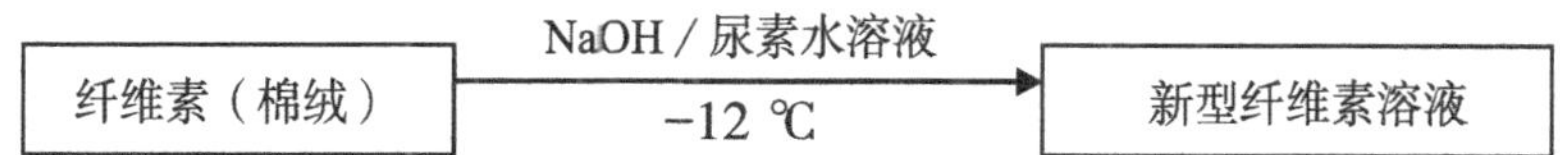

观察发现，纤维素（棉绒）在5 min内迅速溶解，形成一种新型纤维素溶液。这种纤维素溶液在0～5 ℃的范围内能够长时间保持稳定的溶液状态（约1周）。

2.2 高效溶解的关键——氢键

大分子纤维素之所以难溶于水，是因为纤维素大分子之间、纤维素和水分子之间，或者纤维素大分子内部都可以形成氢键，氢键的作用远远强于范德华力。纤维素的聚合度非常大，如果所含的基团均被包含于氢键之中，则分子间的氢键力将非常巨大。纤维素的结构式如图1所示。

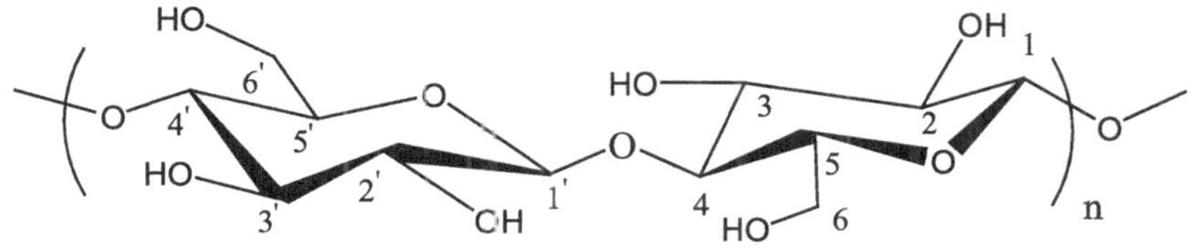

图1 纤维素的结构式

值得注意的是，大分子纤维素不能够溶解在未被预冷或没有尿素存在的上述新型溶剂中，所以尿素的加入和低温环境在纤维素的溶解过程中起到了非常重要的作用。

研究结果显示，在氢氧化钠／尿素水溶液中存在氢氧化钠水合物、尿素水合物和水团簇，它们形成的氢键网络结构在低温下处于高度稳定状态。氢氧化钠水合物很容易与纤维素形成氢键而直接连接到纤维素分子链上，所以在低温下主要通过小分子和大分子间形成新氢键而把紧密堆砌的纤维素链“劈开”导致纤维素溶解。另外，纤维素和氢氧化钠的复合物被尿素包围形成包合物，它对阻止纤维素自聚和促进溶解起重要作用。由此得出，低温创建了纤维素与氢氧化钠水合物、尿素水合物和水团簇形成稳定的氢键网络结构的条件，这些大、小分子自组装成水溶性包合物，从而把纤维素带进水溶液中而使纤维素溶解[1]。

3 “神奇溶剂”的意义

3.1 促进农业废弃物的回收再利用

农业废弃物（Agricultural Residue），也称农业垃圾，是指在整个农业生产过程中被丢弃的有机类物质，按其来源，可以分为植物类废弃物、动物类废弃物、加工类废弃物和农村城镇生活垃圾等四大类[2]。我国每年产生的农业废弃物数以几十亿吨计，由于污染事件逐年增加，农业废弃物逐渐被人们重视。

农业废弃物如果不加以处理，不仅会产生大量污染物，而且会造成大量的资源浪费。随着科学技术的发展，人们已经越来越重视农业废弃物的再利用，但是由于废弃物中大量高分子物质的溶解与提取等技术难关没有攻克，所以目前我国农业废弃物仍然以农用为主，主要是作为能源（如沼气等）、肥料和饲料，即我们常说的“老三样”（还田、青贮、堆肥）。但农业废弃物蕴藏着巨大资源，仅仅用于农用远远不能充分发挥其资源价值。以高值化产品开发为目标，对农业废弃物资源综合利用成为了新的发展趋势。如何溶解与提取这些废弃物中的可再生资源，成为科学界研究的一个重点项目。

张俐娜院士的这一研究成果很好地解决了以上难题。农业废弃物经过这种“神奇溶剂”处理后，不仅能直接拉成化纤丝纺成布，还能制成包装袋、发光膜和生物医学材料等各种应用品，而且这些物品再次废弃后，只需埋入土中2个月，便能被大自然分解得无影无踪，真正实现了农业废弃物利用的绿色化。

3.2 改革高分子溶解的理论与技术

目前，世界上纤维素化学纤维生产仍延续传统的粘胶法工艺，产品即粘胶纤维。粘胶纤维生产不仅工艺过程长、能源消耗大，且产生的有害物质治理难度大、费用高。近十年来，在发达国家已有不少具有较强实力的公司退出了粘胶纤维的生产。

张俐娜院士的新型溶剂运用的是一种通过低温下氢键驱动的小分子和大分子自组装成包合物导致纤维素溶解的新机理，不仅拓宽了高分子溶解理论，而且提出了低温溶解的新概念，突破了加热溶解的传统方法。

另外，这种新溶剂体系采用了最经济、最普通的化工原料，它不仅生产工艺简便、生产周期短、价廉，而且所用的化学原料容易回收，可循环使用。低温溶解技术溶解过程中无任何化学物质挥发，因此是清洁的生产过程，可推进化学绿色化进程[3]。

4 “神奇溶剂”应用举例

低温溶解后的纤维素溶液如何得到更好的应用？这是工厂和企业最关注的问题。张俐娜和她的团队也就其实用性展开了深入研究，并成功研发出新型纤维素丝、纤维素膜、纤维素磁性材料、纤维素水凝胶等，为纤维素科学从基础实验室研究走上材料工业化道路打下了坚实的基础。

4.1 再生纤维素丝

张俐娜及其团队利用这种纤维素溶液，通过小型中试设备成功纺出新型再生纤维素丝。它具有圆形的截面（类似天丝）、光滑的表面和优良的力学性能，其抗张强度已接近商品粘胶丝，工业化生产优化设备后可以大大提高丝的强度。这种无污染、成本低廉、生产周期短的生产再生纤维素丝的新方法，有望取代污染严重的粘胶法。

目前，湖北化纤集团有限公司已经将纤维素溶液纺出长丝[4]，随后他们与江苏海安申菱电器公司合作取得了该项目的初步工业化试验成果。在中国工程院相关院士的建议下，张俐娜的团队目前与唐山三友化纤股份有限公司合作，期待将这项先进技术最终推向市场。

4.2 新型纤维素膜

同样，采用该溶剂体系已成功制备出新型纤维素膜。

另外，基于纤维素水体系的亲和性，碱土铝盐等无机发光粒子可均匀分散在其中，利用这一性质，可制备出荧光膜和发光膜。膜成型后该无机纳米粒子可牢固地埋在纤维素基底中，它经日光照射10分钟后，可在黑暗中发光10小时，是极具前途的信息材料[4]。同时，这些透明膜和荧光膜在土壤中可完全被生物降解，未来同样可以作为环保的包装和特种包装材料。

参考文献

［1］张俐娜，蔡杰，常春雨，等. 2007年全国高分子学术论文报告会论文摘要集（下册）［C］.成都，2007：620.

［2］张承龙. 农业废弃物资源化利用技术现状及其前景［J］.环境保护，2002（1）：22–23.

［3］吕昂，张俐娜. 纤维素溶剂研究进展［J］. 高分子学报，2007（10）：937–943.

［4］陶璐璐. 水体系低温溶解纤维素仅需2分钟［N］. 中国纺织报，2011–05–16（3）.

最轻的固体材料——碳海绵*

熊言林　孔维薇　慈洁琳

摘　要：碳海绵是目前世界上最轻的固体材料，本文介绍了碳海绵的组成、结构、特性、制法及其应用与展望，以拓展师生知识视野。

关键词：碳海绵　结构　特性　制法　应用前景

2013年3月，浙江大学高分子系高超教授课题组研制出了一种超轻材料，这种被称为"全碳气凝胶"（All Carbon Aerogels）的固态材料凭借其仅为0.16 mg/cm^3的超小密度，获得了迄今为止世界上最轻材料的称号（碳海绵）。这一研究成果被《自然》杂志在"研究要闻"栏目中重点配图评论。那么，这种碳海绵究竟是什么？本文将对这种新兴材料的组成、结构、特性、制法及其应用等做简单介绍，以便师生能够及时了解化学领域新成果，拓展知识视野。

1　概　述

1.1　超轻材料

一般密度低于10 mg/cm^3 的材料被称为超轻材料。目前被广泛应用的超轻材料一般有硅凝胶、气凝胶、金属泡沫、聚合物泡沫、碳纳米管凝胶等。它们具有随机的微孔结构，当材料尺寸小到纳米级，其强度和硬度都会上升。结合这种性质再修整微孔的排列结构，超轻材料的特性就会不断提升。

1.2　气凝胶

"气凝胶"（Aerogels）是超轻材料中的一种，是半固体状态的凝胶经干

* 2011年安徽省省级质量工程"中学理科综合类卓越教师培养计划"项目成果。本文发表于《化学教育》2014年第4期。

燥、去除溶剂后的产物。它以纳米量级超微颗粒相互聚集，构成纳米多孔网络结构，外表呈固体状，内部含有众多孔隙，充斥着气态分散介质，因而成为密度极小的轻质纳米固态材料。有时它也被称为“固态烟”或“冻住的烟”。

气凝胶具有多孔结构、密度低、孔隙率高、比表面积大等特点，自1931年美国科学家用二氧化硅制得了最早的气凝胶以来，气凝胶成分和性能一直在不断改进，用途也越来越广泛。

1.3 碳海绵的组成与结构

1.3.1 碳海绵的组成

最近由我国科学家成功研制的“碳海绵”超轻气凝胶（UFA，Ultra-Fly-weight Aerogel），是在受到体育馆等大型建筑结构的启示后，以二维纳米材料石墨烯（Graphene）为壁、一维纳米材料碳纳米管（CNT）为骨架，协同组装成的全碳气凝胶，也就是说它仅由碳元素组成，其结构就像大型体育场馆等大型空间结构。碳纳米管和石墨烯是两种新型碳家族纳米材料。石墨烯是一种由碳原子以C—C键（sp^2）组成的六角形呈蜂巢晶格的单层平面薄膜，是只有一个碳原子厚度的二维纳米材料。碳纳米管主要是由呈六边形排列的碳原子构成数层到数十层的同轴圆管，它是一维纳米材料，重量轻。由于其独具魅力的结构和性质，自被发现以来便在全世界范围内掀起了研究热潮。此次将两者融为一体，结合了两者的优良性能，研制出的这种新型固体材料，将给世界材料领域带来一次更大的冲击。

1.3.2 碳海绵的结构

在SEM（电子显微镜）下观察到，碳纳米管和石墨烯共同支撑起框架，框架是任意取向并且有很多的褶皱，这样就形成了无数个微孔（如图1所示）。TEM（透射电镜）显示，微孔大小从几百纳米到几十纳米不等，整个材料孔隙率达99.9%（如图2所示）。碳海绵中的CNTs（CNT的复数形式）的长度从几百纳米到几十微米不等，它不像用化学气相沉积法得到的CNT气凝胶需要超长的管长。并且这些CNTs都紧紧地覆盖在石墨烯壁上（如图3所示，W表示宽）。更进一步的观察发现，每层之间相互连接形式有重叠、扭曲、包裹，这使得材料整体既轻且强[1]。

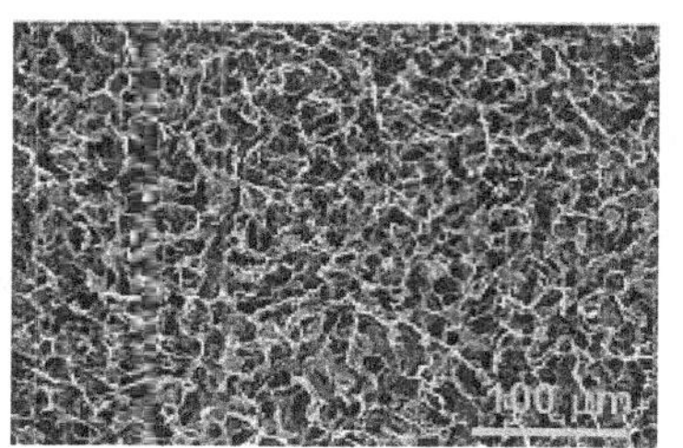

图1　SEM下碳海绵结构

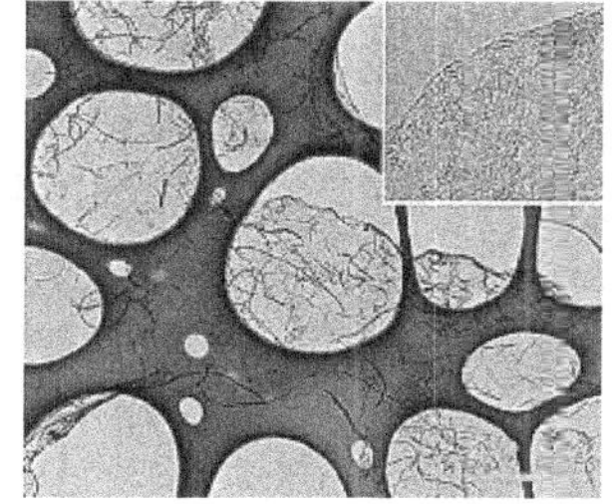

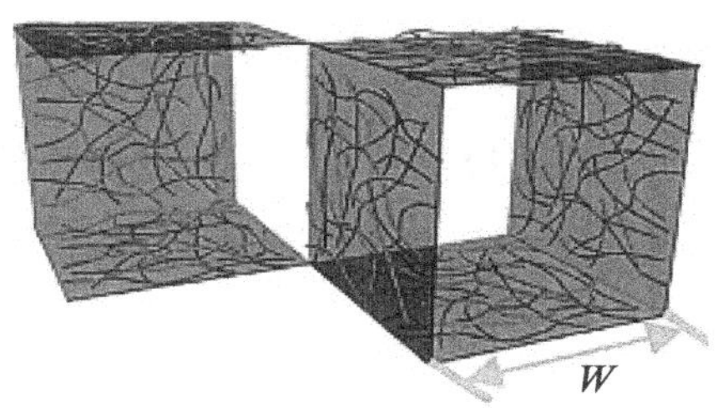

图2　TEM下碳海绵结构　　图3　动画模拟碳海绵3D结构

2　碳海绵的制备方法

在以往制备气凝胶的案例中，科学家主要采用溶胶–凝胶法和模板导向法。制备的基本原理是除去凝胶中的溶剂（液体），让其保留完整的骨架。溶胶–凝胶法就是将含高化学活性组分的化合物经过溶液、溶胶、凝胶而固化，再经热处理而成氧化物或其他化合物固体的方法[1]。如一般在制备石墨烯气凝胶时，先把石墨烯溶解在一些酸性、中性或碱性水溶液中，超声搅拌后，经过高温保存一段时间，形成石墨烯水凝胶，再对其干燥，进而形成石墨烯气凝胶[2]。这种方法可用于批量合成，但是可控性差。模板导向法能够带来有序的多层结构，但同时由于结构良好，并且大尺寸的模板较难制得，而制备气凝胶依赖于模板的精细结构和尺寸，所以就限制了所得气凝胶的可伸缩性，即难以大量制备。如美国科学家在2011年制备出了密度为0.9 mg/cm^3，比空气密度（1.29 mg/cm^3）还低的超轻镍泡沫材料[3]，曾引起很大轰动；但是由于受到模板的限制，该材料难以大量制备。

高超课题组另辟蹊径，探索出无模板冷冻干燥法：将溶解了石墨烯和碳纳米管的溶液在低温下冻干，便获得了碳海绵，并且可以任意调节形状，令生产过程更加便捷，也使这种超轻材料的大规模制造和应用成为可能。

冷冻干燥法的具体过程是将CNTs和氧化石墨烯（GGO）的溶液冻干，然后再用肼蒸气把GGO还原成石墨烯，制造出全碳气凝胶。而不是以前通常用的水凝胶方法。由于无模板冷冻干燥方法非常简单，并且GGO和CNTs能大量制得，所以能够制出人们想要的任何密度和形状的全碳气凝胶，如棒形的、圆柱体的、层状的等。例如，可以用一个1 L的金属板模具来制备出一个体积为1000 cm^{3}的碳海绵圆柱体。这种全碳气凝胶的制备，不需要模板，只与容器有关，容器多大，就可以制备多大。

3 碳海绵的特性

从当前公开的报道看，碳海绵具有密度极小、弹性超好、导电性强、吸油性强等特性[1]。

3.1 密度极小

我们知道在0 ℃、1个标准大气压下，空气密度为1.29 mg/cm^3，氢气的密度为0.0899 mg/cm^3，氦气的密度为0.1786 mg/cm^3，而碳海绵的密度为0.16 mg/cm^3，约是空气密度的七分之一，约是同体积氢气重量的两倍。碳海绵的孔隙率约达99.9%，充斥着气态分散介质，因此才拥有如此小的密度。它可以“踩”在狗尾巴草上，且纤细的草须一点都没有被压弯（如图4所示）。从当前公开的报道看，碳海绵是世界上最轻的固体。这一特性使得它打破了当时的世界纪录，成为材料界的一颗新星。

图4　碳海绵“踩”在狗尾巴草上

3.2 弹性超好

碳海绵的弹性也很好，被压缩80%后仍可恢复原状。碳海绵的弹性没有温度依赖性，温度改变的条件下，其弹性仍能保持不变，甚至可以在极寒或者极热的地区工作。

用DMA（动态热机械分析）分析仪器对碳海绵的弹性性能如储能模量、损耗模量和阻尼比率进行动态热力学分析，发现这些值在一个很宽的温度范围（−190～300 ℃）内几乎都保持一个定值。科学家在用氮气做保护气的条件下，把碳海绵在900 ℃煅烧5 h，它的结构仍然完好无损，并且还有良好的弹性。

取碳海绵的一个锋利的边缘部分来进行实验，用SEM观察到整个施压和释压过程中它的微观结构的变化情况（如图5所示）：对它施压时，其边缘可弯曲到很大程度或者折叠，如扭曲到180°，或弯曲到约60°，其结构都没有破损；一旦压力被释放，它就恢复到原来的形状。同时，在施压过程中CNTs也不会从石墨烯片底层上剥落[1]。

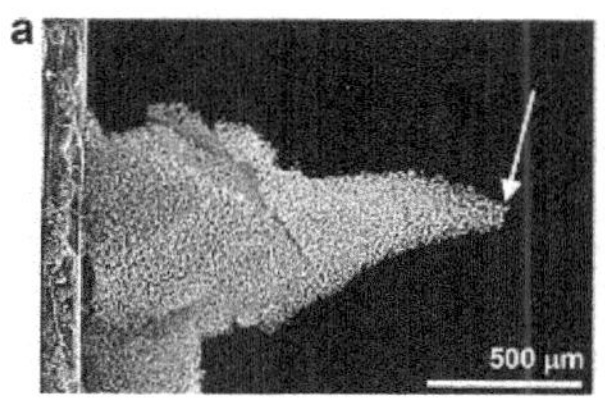

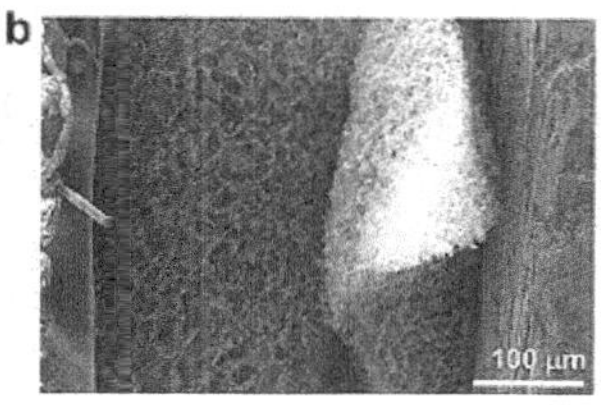

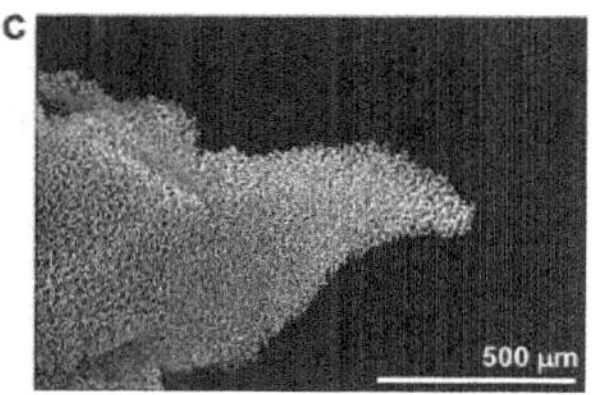

图5　SEM下碳海绵的形变实验

碳海绵良好的弹性归功于石墨烯壁和碳纳米管之间的协同作用。较大的石墨烯片搭成的骨架有很大的空隙，因此使整个气凝胶超轻；CNTs涂层强化了相对灵活的石墨烯底层并且赋予凝胶内在弹性。

3.3　导电性强

碳海绵不仅在力学方面具有优良的特性，且在电学性质上也表现不凡。在6 V的电路中连接上碳海绵，发现小灯泡能够发光，而且灯光的亮度随着碳海绵的压缩和释放而产生波动，这一现象预示着碳海绵能够用在压力传感器上。同时，碳海绵也适用于超低含量填充在导电复合材料中。例如，填充有四氯化碳液体和1-十六醇的固体碳海绵复合材料中，它的填充体积分数只有0.1%，但材料的导电率为0.6 s/m。这个值比填充相同体积分数的CNT基底的复合材料的导电率高出5个数量级，也比只用石墨烯做基底的复合材料的导电率高很多。

3.4　吸油性强

高度疏水的碳海绵有大约99.9%的孔隙率，对有机溶剂和油脂拥有超高的吸收能力和超快的吸收速度。现有的吸油产品一般只能吸收自身质量10倍左右的有机溶剂，而碳海绵对于不同密度的油，能吸收它本身质量的215～913倍，是目前已知的吸油性能最好产品的2～4倍，比那些商业吸油剂高出

1～2个数量级，且只吸油不吸水。同时，碳海绵的吸收速度也很快，1.1 g水面上的甲苯用3.2 mg的碳海绵只需要5 s就能完全吸收。这样可以得出每克碳海绵每秒可以吸收68.8 g有机物，这个速度远高于以前石墨烯材料的每克每秒能吸收约0.57 g有机物。这也让它成为处理海上漏油的不二选择。

4 应用与展望

由于制备碳海绵的原料——石墨烯已经能大规模生产，且碳海绵制备简便，形状、尺寸可任意调节，拥有大规模制造的可能，加上其高弹性、强吸附性等超优性能，决定了它将来可能在很多方面改变人类的生活，有广阔的应用前景。

4.1 电化学领域

碳海绵具有的优良导电性能，克服了传统复合材料高填充低导电率的缺点，为制备低填充高导电复合物提供了一条新的途径。而且其不受温度影响的良好弹性，使碳海绵能在极端恶劣的环境下使用，故可以考虑把它应用在电化学领域。

碳质材料是最早也是目前研究和应用很广泛的超级电容器电极材料，如活性炭、炭黑、碳纤维、碳纳米管等。自成功制备出石墨烯以来，人们又开始探究这种sp^2杂化碳质材料在超级电容器中应用的可能性。现在这种新型的碳海绵结合了石墨烯和碳纳米管这两种材料于一体，为这一应用提供了更大的可能。

碳质材料是最早被人们研究并商品化的锂离子电池负极材料[4]。由于碳海绵具有的高孔隙率结构形成了较好的缓冲空间，加之良好的力学性能，使得由它制成的电极材料或复合材料有了很好的循环性，能延长电池的循环寿命并增强其性能。

4.2 航天领域

碳海绵的超轻特性将吸引军工领域的注意。早在20世纪90年代，美国航空航天局先后把气凝胶成功应用于航天飞机隔热瓦和宇航员的太空服上，并在“星尘计划”中，使用气凝胶材料首次成功采集到彗星尘埃[5]。我们可以考虑用碳海绵来制作新型的太空服。如果能够制成碳海绵复合材料，其抗酸、抗碱、抗盐性能良好，且够轻，也可以应用在飞机的外涂层上。

4.3 环境保护

碳海绵具有大胃王般的吸油能力及超快的吸收速度，这让它成为处理海上漏油事故的不二选择。因为有弹性，吸收的油能够被压出来，所以碳海绵可以回收再利用，使保护海上环境的成本大大降低。

4.4 日常生活

氢能是最新的绿色能源，而要实现氢能的利用，氢的储运是目前要解决的问题[6]。这种新型的全碳气凝胶具有纳米级孔洞、高孔隙率、比表面积大等优良特性，是一种很有潜力和竞争力的多孔吸附储氢材料。

此外，全碳气凝胶的隔热性能和耐老化性能也十分好，可以保证外保温体30年不老化，故可以用在房屋建筑方面。

目前，超轻材料主要还应用在隔音、绝热、催化剂载体、震动能量缓冲等方面，但遥望未来，如果能将超轻材料与其他更多性质理想的材料结合，肯定会在更多领域中和更大范围内显露头角。而最新研发成功的石墨烯应用之一的全碳气凝胶碳海绵，给石墨烯的应用再添新角度。

参考文献

［1］SUN H Y，XU Z，GAO C. Multifunctional，Ultra-Flyweight，Synergistically Assembled Carbon Aerogels［J］. Advanced Materials，2013（25）:1-7.

［2］杨俊和，韩卓，唐志红. 一种高强度氧化石墨烯气凝胶的制备方法：CN102887508A［P］. 2013-01-23.

［3］SCHAEDLER T A，JACOBSEN A J，TORRENTS A，et al. Ultralight Metallic Microlattices［J］. Science，2011（334）：962.

［4］吴诗德，宋彦良，李超，等. 石墨烯材料的制备及其在电化学领域的应用［J］. 材料导报，2011，25（3）：55-59，78.

［5］秦慧元. 二氧化硅气凝胶材料的研究进展［J］. 科协论坛，2013（1）：40-43.

［6］沈军，刘念平，欧阳玲，等. 纳米多孔碳气凝胶的储氢性能［J］. 强激光与粒子束，2011，23（6）：1517-1522.

化学视角识燕窝*

熊言林　张玉刚

摘　要： 本文介绍了燕窝的形成、品种、营养价值和主要化学成分，重点介绍了燕窝的几种简单的鉴别方法及燕窝中亚硝酸盐含量的测定方法，有助于读者从化学视角认识燕窝，拓展化学知识视野，从中体悟“生活中处处有化学”。

关键词： 燕窝　品种　化学成分　鉴别　亚硝酸盐含量测定

燕窝是与人参、鹿茸等齐名的中药补品之一。血燕是燕窝中的一种，真正的血燕产量非常低，而且采摘极其困难，因此价格很高。它已成为不法商贩采取非法手段伪造牟利的对象，从而引发了我国的“问题血燕”风波，由此催生食用燕窝亚硝酸盐临时限量标准。在中国和马来西亚专家联合风险评估的基础上，中国卫生部作出规定[1]：生产经营和进口食用燕窝，其亚硝酸盐含量应当小于等于30 mg/kg，相当于肉制品允许的残留限量。卫生部2012年4月5日公布了这一临时限量标准，同时规定：对使用食用燕窝加工燕窝制品的，生产经营企业应当使用符合以上规定的食用燕窝原料，亚硝酸盐含量按照燕窝制品中食用燕窝的比例进行折算。为拓宽知识视野，现从化学视角介绍燕窝的有关知识。

1　燕窝的形成与品种

燕窝是雨燕科金丝燕属的多种鸟类分泌出的唾液与其绒羽混合凝结于悬崖峭壁上而筑成的巢窝。金丝燕栖息于东起菲律宾西至缅甸沿海附近荒岛的山洞里，燕窝产地包括印度尼西亚、马来西亚、泰国、越南、缅甸等[2]。

明清时期燕窝一般分为白燕、毛燕和血燕三类。在目前商品经营中，燕

* 2011年安徽省省级质量工程“中学理科综合类卓越教师培养计划”项目成果。本文发表于《化学教育》2013年第11期。

窝按品质分为官燕、毛燕和草燕。白燕和血燕则同属于官燕类。毛燕是燕子以唾液和体毛作为筑巢材料形成的巢窝。草燕是燕子以唾液把杂草粘在一起形成的巢窝。按生产环境不同，燕窝可分为洞燕和屋燕。洞燕为采自岩洞的天然燕窝。屋燕是人工饲养的燕鸟在室内筑的窝。按形状不同，燕窝可分为盏、条、块、碎等级别[2]。燕窝含有丰富的蛋白质和矿物质，其特征成分是唾液酸糖蛋白。

2 燕窝的化学成分及其品质鉴别

2.1 燕窝的化学成分

燕窝的成分十分复杂，天然燕窝中含水分10.40%，含氮物质57.40%，脂肪微量，无氮提取物22.00%，纤维1.40%，灰分8.70%[3,4]。

去净毛的燕窝，其灰分为2.52%，内含磷0.035%、硫1.10%，可完全溶解于盐酸。燕窝水解，得到的还原糖含量至少为17.36%（以葡萄糖计）；还含蛋白质数种，含量达49.85%。燕窝中还含有氨基己糖及类似粘蛋白的物质。

2.2 燕窝的品质鉴别

由于燕窝中营养成分复杂，其检验方法相对较复杂。下面介绍两种燕窝鉴别的简单方法。

2.2.1 性状鉴别

称取一定量样品，散放在白色搪瓷平盘中，在自然光下直接观察样品的形态、色泽和杂质，并嗅其气味。

完整的燕窝呈半月形兜状或类船形，淡红色、红色、红棕色或深红色血燕，或类白色、黄白色白燕，长5～10 cm，宽3～5 cm，厚约1 cm，内侧面凹陷成窝状，粗糙，互相交错构成丝瓜络样网状，另一面较平坦而紧密，质硬而脆或有韧性，气微腥，味微咸，凝固体夹有黑细绒羽，无其他异物。纯粹由琼脂、明胶、猪皮、银耳等制成的伪品不具备以上性状特征。该方法可用于初步鉴别燕窝品质。

燕窝的性状鉴别方法主要有看、闻、摸、烧。看：燕窝应该为丝状结构，浸透后或在灯光下观看是半透明状；闻：燕窝有特有馨香，但没有浓烈气味；摸：燕窝用水浸泡后取丝条拉扯，弹性差、一拉就断的为假货，用手指揉搓，没有弹性、能搓成糨糊状的也是假货；烧：燕窝燃烧时不会产生噼啪作响的火花[2]。

2.2.2 理化鉴别

A.沉淀实验：取样品约0.5 g，加水50 mL，加热使其溶解后，取溶液5 mL，加重铬酸钾试液4份与稀盐酸1份的混合液数滴，振荡，静置，观察。正品燕窝不产生沉淀，明胶制成的伪品则生成橘黄色絮状沉淀。

B.颜色气泡实验：取燕窝少量，加稀盐酸适量，煮沸10 min，正品燕窝显棕黄色或棕黑色，并有大量气泡且分散成碎片状，其他非燕窝样品则不产生大量气泡。

C.灼烧实验[5]：取少量干燥样品，置于酒精灯上灼烧，正品燕窝会轻微迸裂、起泡、微烟微焦臭，炭化灰白，灰溶于稀盐酸，而伪品则产生剧烈声响并飞溅火星，不起泡，产生烟多，且炭灰不溶于稀盐酸。

3 燕窝中亚硝酸盐含量测定

天然燕窝中含有亚硝酸盐，含量与多种因素相关，包括燕子唾液中天然存在的亚硝酸盐、引燕屋或洞穴环境中的氨浓度、鸟粪污染燕窝等。部分不法商贩在加工作坊里对白燕窝进行熏制或染色，伪造“血燕”出售。这种行为会致使燕窝中亚硝酸盐含量大大超标（其燕窝产品所检出的亚硝酸盐含量平均达到4818 mg/kg[6]），高达临时限量标准的150余倍，严重危害食用者健康，因此选购燕窝及燕窝制品时要谨慎。下面介绍一种简单的亚硝酸盐含量的测定方法——滴定法[7]。

用滴定法测定食品中亚硝酸盐含量，主要是利用亚硝酸盐在酸性条件下具有氧化性，能把碘离子氧化成碘单质，而碘单质能使淀粉溶液变蓝色，但碘单质也能跟硫代硫酸钠起反应，使蓝色褪去。根据这一特点，可用硫代硫酸钠来滴定氧化出来的碘单质，然后计算碘单质的质量，再间接计算出样品中亚硝酸盐的含量。其反应方程式为：

$$2NO_2^- + 2I^- + 4H^+ = I_2 + 2NO\uparrow + 2H_2O$$

$$I_2 + 2S_2O_3^{2-} = 2I^- + S_4O_6^{2-}$$

4 结 语

燕窝是一种营养价值较高的补品，价格很高，已成为不法商贩采取非法手段牟利的对象，因此，人们在选择燕窝及其产品的时候，要懂得一些与燕窝有关的化学知识，以防受骗和有损健康。从化学角度认识燕窝，学会用简单的方法鉴别燕窝，有助于我们从中体悟“生活处处有化学”这一道理。在中学化学教学中，教师要经常联系生活案例，开展一些化学课外活动，并让学生学会将化学知识运用于生活实际，在生活中学习化学，增加学科情感，从而培养化学学习兴趣，提高科学素养。

参考文献

[1] 吕诺.问题“血燕”风波催生食用燕窝亚硝酸盐临时限量标准［EB/OL］.(2012-04-06)［2012-06-03］. http://www.wzrb.com.cn/article365757show.html.

[2] 林洁茹，周华，赖小平. 燕窝研究概述［J］. 中药材，2006，29(1)：85-90.

[3] 赵守训，黄泰康，丁志遵，等. 中药辞海（第三卷）［M］.北京：中国医药科技出版社，1997：2558.

[4] 胡雅妮，李峰，康廷国. 燕窝的研究进展［J］. 中国中药杂志，2003，28（11)：1003-1005.

[5] 郑建涵. 燕窝及其伪品的鉴别［J］. 海峡药学，1996，8（3)：66-67.

[6] 章苒，屈凌燕，王怿文. 吃燕窝的人多过筑窝的燕子，能不造假?［J］. 中国品牌与防伪，2011（9)：18-19.

[7] 周石洋，陈玲. 食品中亚硝酸盐含量测定的研究［J］. 食品安全质量检测学报，2011，2（6)：286-287.

有关古钱币的化学知识*

吴凤兮　周　倩　熊言林

摘　要：本文从化学视角认识了中国古钱币，主要介绍了利用现代科技方法分析古钱币的化学成分、古钱币的锈蚀机理及除锈方法探讨等，并指出了化学对于古钱币学的重大作用。

关键词：古钱币　化学成分　金相分析　锈蚀机理　除锈与保护

钱币是商品交换的重要媒介，是人类经济活动的历史见证。中国是世界上最早使用货币的国家，从商朝的贝币算起，距今已有近四千年的历史。中国钱币学堪称是中华民族历史的百科全书，研究中国钱币，可以学习数十门学科知识，如政治、经济、人文、历史等。其中钱币与化学学科关系密切，主要体现在金属冶炼铸造技术、金相分析等方面。

1　古钱币化学成分分类

古钱币以青铜钱最多，其次是紫铜钱，到明清时期才有黄铜钱。人们通常所说的白铜钱实际上是含锡量多一些的表鲴钱。常见古钱币的化学成分如表1所示[1]。

1.1　紫　铜

紫铜又称纯铜，古代含铜量约为96%～99%，呈紫红色。

1.2　青　铜

青铜可分为两大类：锡青铜和铅青铜。通常以锡为主要添加元素的青铜，称为锡青铜；以铅为主要添加元素的青铜，称为铅青铜。中国古代许多锡青铜中常会含有少量铅。青铜作为一种合金，与纯铜相比，它的优点是硬

---

* 本文发表于《化学教育》2012年第3期。

表1　常见古钱币化学成分一览表

一级分类	主要添加元素	二级分类	成分	外观
紫铜（纯铜）	—	—	含铜量约为96%～99%	呈紫红色
青铜	锡	锡青铜	含锡20%～30%，含铅3%～8%	含锡量高，呈银白色；含锡量低呈淡棕色或青黄色
	铅	铅青铜	含锡2%～10%，含铅9%～60%	含锡、铅量多，呈灰白色；含锡、铅量少，则呈黄青色
黄铜	锌	黄铜（红铜）	含锌10%～20%	呈金黄色
		铅黄铜	含锌35%～43%，含铅0.3%～3%	
		锡黄铜	含锌9%～40%，含锡0.2%～2%，有时也含有少量铅	
白铜	镍	普通白铜	含镍和钴0.57%～2.6%	呈银白色
		铁白铜	含镍和钴0.5%～1.5%，含锰0.5%～1.2%	
		锌白铜	含镍和钴12%～16.2%，含锌23%～28%	
		砷白铜	含砷约10%	

度高，熔点较低，金属光泽和抗腐蚀性能好。加锡或加铅，其意义不仅在于降低熔点，更重要的是改变合金的硬度。

1.3　黄　铜

黄铜在明清时期就用于铸造铜钱了。古代称锌为“倭铅”，它是用炉甘石（即菱锌矿$ZnCO_3$）熔炼而成的。元代就有“赤铜入‘炉甘石’炼为黄铜，其色如金”的记载。明代后期我国的锌已向国外出口，锌锭含锌量达98%以上。黄铜又可分为黄铜、铅黄铜和锡黄铜。

1.4　白　铜

在明代我国就可生产铜镍合金，之后传到德国，经仿制才制成电阻材料，称为“德国银”。白铜可分为普通白铜、铁白铜、锌白铜和砷白铜。东晋时期生产的砷白铜，即将赤铜加“砒石”炼为白铜，含砷量约为10%，呈银白色，但因在熔炼过程中产生剧毒气体，故很少用。

2 古钱币的币材成分与金相分析

传统的古钱币鉴定，被认为是一门“眼学”，鉴定的主要依据来自钱币表面可以直接观察的部分，通过观察钱币的器形、文字、书法、纹饰，钱体的大小、重量，以及锈蚀情况等来作出判断。清末古钱家高焕文传授古钱鉴定经验时这样说：“辨古泉有四字，曰文，曰质，曰声，曰色……”[1]。但是单纯的物理方法无法鉴定钱币的内在化学成分，于是20世纪兴起了借助科技手段分析钱币金属成分进而鉴定钱币年代、真伪的方法。

我国学者分析古钱币的合金成分时普遍采用化学分析法（简称CA），即以物质的化学反应为基础，通过测定反应中有关物质的量来计算所测元素的含量。该方法分析数据准确度好、可信度高，给古钱币合金成分的研究奠定了可靠的基础。但它的分析过程比较繁琐，费工费时，且是一种损伤性分析方法。

物理仪器分析法是近年来国际上流行的分析占钱币合金成分的先进方法，它包括电子探针、扫描电镜和X射线荧光分析法（如表2所示[2]）。这些方法都具有快速、灵敏、方便和非破坏性特点，但它们的测定范围都很有限。因此，若要测定结果具有代表性，则要求被测样品必须是微观均匀的，从而使无论测定哪个微区的成分，都能代表整体成分。

表2 常用的币材成分分析方法比较

分析方法	检测原理	试样要求	样品损伤程度	精确度
化学分析（CA）	以物质的化学反应为基础，通过测定反应中有关物质的量来计算所测元素的含量	无污染	有损伤	0.2%以上
电子探针（EPMA）	利用电子束轰击待测样品产生X线，根据X线谱中谱线的波长确定元素的种类，再根据谱线的强度确定元素的浓度(即含量)	均匀，平坦，光滑，无污染	基本无损伤	约2%
扫描电镜（SEM）	通过细聚焦电子束与待测样品的作用来实现。作用于点与电子探针法没有区别，但通过面扫描，可以使被测面积达到平方毫米数量级			
X射线荧光（XRF）	利用X射线照射物质时产生的次级X级射线照射待测样品，通过测定荧光X射线的能量或波长判断出原子的种类，再根据各波长荧光X射线的强度来定量元素的含量			

由于古钱币是古代的合金铸造品，且历代铸钱常常掺入大量的铅、锡，

很容易在铸造成品中产生偏析现象，所以其成分不可能做到微观均匀。因此，若要测得古钱币样品的可靠成分，必须采用损伤性取样的化学分析法。然而，作为样品的古钱币特别是一些珍稀品，不可能总是允许损伤性取样来做成分分析的。因此，非取样性的无损分析法必不可少。上述三种无损分析中，X射线荧光分析法测定范围最大，相对来说测定结果的代表性也最好，因此是目前最常用的一种分析方法。

科学家与钱币学家通过合作，对历代古钱币进行检测分析，了解古钱币的内在实质，包括它的合金组成情况、原材料的性能等，并且通过大量实验数据了解和掌握不同时期不同钱币采用的原材料，把握它们的合金组成和铸造工艺，以及循序渐进的演变规律，使钱币鉴定找到了内在依据。因此，化学方法有助于我们对钱币的鉴定与研究，从而使我们更加全面、正确地认识古代钱币。

3 古钱币的锈蚀

3.1 锈蚀现象专用述语简介

在钱币学中，古钱币的锈蚀有专用的术语，为了方便阐述锈蚀现象，现将其简列在表3中。

表3 锈蚀现象专用述语简介表

术语	释义
生坑	从各类型土壤中出土的古铜钱，锈蚀明显并保存完好者称为生坑。它不仅表面有锈蚀，而且内部也有晶间腐蚀等存在
熟坑	出土多年但依旧保留部分锈迹的古铜钱，又称为“老生坑”
传世古	存放在大气中锈蚀的古铜钱，又经长期把玩，表面黑又光亮
黑漆古	存放在干燥环境中的古铜钱，未经把玩，表面呈黑色
水银古	古铜钱含锡量高并在中性土壤中形成可见的“水银光”，即表面有银白色的锈层
包浆	古铜钱在水中或干燥环境中锈蚀后呈多种颜色，即有红、黄、绿锈的“黑漆古”钱

3.2 古铜钱锈蚀机理分析

古铜钱长期埋在土壤中，锈蚀是最普通最常见的现象。现按土壤的特性可分为酸性、碱性、中性三类情况。

3.2.1 酸性环境中的锈蚀机理

古铜钱长期埋在酸性土壤中的锈蚀颜色一般呈绿色（颜色由苹果绿—淡绿—中绿—深绿—橄榄绿渐进变化），并产生碱式碳酸铜，呈淡绿色，有时还会产生碱式硫酸铜，呈橄榄绿色，并在钱币表面形成稳定的保护膜。由于锈蚀的厚度不同，锈的化学成分不同，含量也不同，因此便会形成各种深浅不同的绿色，俗称松绿、瓜皮绿、纯绿、绿漆古、靛蓝绿等。这类锈蚀往往是全面腐蚀和局部腐蚀的综合产物，同时还会产生电化学腐蚀，故钱面会呈斑状、槽状及有坑眼。又因有晶间腐蚀和选择性腐蚀，铜钱内部的锡、铅等易腐部分被腐蚀掉，而使铜钱的比重减小质量变轻，并产生微细的小针眼，使钱声变哑，绿锈从孔中产生，俗称“入骨锈”。

3.2.2 碱性环境中的锈蚀机理

古铜钱一般在民间流通数十年甚至数百年之久。古钱币锈蚀会产生碱式硫酸铜，后又埋在碱性土壤中与还原性物质如有机物糖类发生化学反应而生成氧化亚铜（Cu_2O），呈深红色，还会生成铅丹（Pb_3O_4）而呈大红色，俗称朱砂锈、鸡血斑、枣皮红等。同时还保留部分碱式硫酸铜，故保存部分绿锈，所以古铜钱有红绿锈。由此可知，古铜钱必须先产生绿锈，而后才会被还原而生成红锈，故是红锈盖绿锈。在沙中则形成“干沙锈”，即绿中有沙并有黄、红斑。

3.2.3 中性环境中的锈蚀机理

在中性土壤中（pH=7）古铜钱一般不会生锈，但有些古铜钱的含锡量偏高，若含锡量为15%～32%，从“铜–锡系状态图”分析，会形成固溶晶体和共析体。而其中的金相（Cu_3Sn）及Sn，因锡析出到钱表面而形成所谓的“水银光”，又称“水银浸”。同时锡青铜还会有“逆偏析”趋向，即锡由内外析出，使铜钱表面呈“白斑”，又称为“锡汗”。当含锡量为10%～30%，还会产生二氧化锡（SnO_2），呈银灰色。这些现象会同时产生，或分别产生，但都会使铜钱表面形成“水银光”。因中性土壤极不稳定，很容易发生改变成为酸性或碱性土壤，故有些古铜钱先形成少量的红、绿锈后再产生“水银光”。

古钱币的主要锈蚀成分及外观如表4所示。

表4　古钱币的主要锈蚀成分及外观

化学名称	分子式	外观
氧化亚铜	Cu_2O	呈红色或暗红色
碱式碳酸铜	$CuCO_3 \cdot 3Cu(OH)_2$	呈淡绿色
碱式硫酸铜	$CuSO_4 \cdot 3Cu(OH)_2$	呈橄榄绿色
氧化铜	CuO	呈黑色
碱式氯化铜	$Cu_2(OH)_3Cl$	呈墨绿色
五水硫酸铜	$CuSO_4 \cdot 5H_2O$	呈蓝色
硫化铜	CuS	呈靛蓝色
二氧化锡	SnO_2	呈银灰色
氧化亚锡	SnO	呈棕黑色

3.3　古钱币的除锈方法

古钱币上的严重锈蚀会影响到钱币的质地与价值。古钱币上轻微的锈色不必除去，因为古钱币适当的锈色能增加其审美价值，保持原有的“古代风采”。而且年代久远被氧化锈蚀极其严重的“脱胎”古币已十分脆弱，也不能做除锈处理。但对于多数有锈的古钱币若不进行除锈处理，其上可能会附着一层含有结晶水的无机盐化合物，就易形成更加严重的腐蚀。这里介绍几种易操作的钱币除锈方法（如表5所示[3]）。

表5　四种简单易行的除锈方法

名称	操作方法	注意事项
机械法	用刀、刷、剔针或牙科工具进行剔、挑、剥、刷等，去除钱币锈蚀	注意轻重适度，对比较珍贵的古币则不宜用此法
加热法	加热时将钱币放入承接器皿（如锅等金属容器），适当加一些清水，用旺火加热三四分钟后，将钱币取出，再用冷湿毛巾将钱捂住，锈蚀即可脱落	主要用于锈蚀较浅的铁钱，对于锈蚀严重的“脱胎”钱则不宜用此法
醋泡法	先将钱币洗净，放在小碟中，再倒入少许食用醋，24 h后取出，用刷子刷去残锈，最后用清水洗干净醋液，再用布擦干水迹，阴干即可	主要涉及的化学反应：红锈（氧化亚铜）$Cu_2O + 2CH_3COOH = 2CH_3COOCu + H_2O$ 绿锈（碱式碳酸铜）$Cu_2(OH)_2CO_3 + 4CH_3COOH = 2(CH_3COO)_2Cu + 3H_2O + CO_2\uparrow$
水洗法	把铁钱浸泡在蒸馏水中，白天使温度保持在98 ℃，夜里使其冷却，及时更换蒸馏水，并检查除锈程度，直至铁锈除净	适用于铁钱除锈

4 化学对鉴定和保护古钱币的作用

4.1 通过化学法分析古钱币成分，解决钱币学史上的难题

对古钱币合金成分的研究，有助于解决钱币学史上的很多悬疑问题。例如，北宋“夹锡钱”，究竟是铜钱还是铁钱，历来众说纷纭。根据对文献资料的重新考证释读，特别是根据在北宋徽宗时期某些铁钱中检测出锡，有人令人信服地提出，“夹锡钱”是一种加入少量锡的铁钱[1]。如果不运用科学分析手段，这样的问题是难以解决的。对于钱币鉴定来说，成分分析的直接作用就是提供了一种可以量化的标准。古钱币合金成分研究取得成果，还有钱币学以外的意义。古钱币大多有明确的历史纪年，有的还有明确的铸地，这是研究古代金属的最好标本。

4.2 利用化学原理解释古钱币锈因，有助于古钱币的收藏与保护

金属铸币的材质一般是金、银、铜、铁、铝、镍、铅、锡等。根据金属活动顺序表，排序越靠前的金属化学活动性越强，反之惰性越强。所以金、铂、银等材质做成的钱币与氧化剂发生缓慢氧化的速度比起铜、铝、铁等材质做成的钱币要慢得多。根据金属的置换反应原理，化学活动性强的金属能够把含有化学活动性比它弱的金属的化合物在离子状态下分离出来。另外，化学活动性不同的金属相互接触会形成原电池，从而加大了古钱币锈蚀的程度。

由此可见，在保存金属币时应做到：首先，为防止缓慢氧化，不宜将原封金属币上的那层保护油或者包装去掉。对于已经打磨或者清洗之后的金属币，最好涂一层薄薄的黄油将表面保护起来。其次，存放金属币的环境要干燥防潮，选用干燥剂要讲究，不宜选碱性干燥剂，要选中性干燥剂。如果存放环境受潮或者酸碱性不平衡，则金属币表面容易产生“溶液环境”而使金属表面附着的无机盐化合物处于离子状态，使金属币更容易被腐蚀。再次，存放金属币的环境温度不能太高。因为金属的温度越高，它的化学活动性就越强。最后，不同材质的金属币，不宜存放在一起。因为它们的化学活动性不一样，易发生置换和原电池反应[4]。

参考文献

［1］林振荣. 中国钱币文化欣赏［EB/OL］.（2010-11-29）［2011-04-12］. http://www.360doc.com/content/10/1129/20/4094382_73532531.shtml.

［2］渭雄施，施燕支. 古钱币成分检测的方法及其运用［J］. 中国钱币，1994（3）：61-65.

［3］石晓. 古币除锈有诀窍［J］. 收藏界，2005（3）：5.

［4］赵丛苍. 古代钱币［M］. 北京：中国书店，1999：1-17.

双酚A与热敏纸*

熊言林　马珊珊

摘　要： 以双酚A为原料制成的产品已在生活中广泛应用。本文简要介绍了双酚A的性质、合成、用途及毒性；还介绍了热敏纸的含义、分类及其表层涂料中的化学成分等；最后提出中学化学教学应与人们生活紧密联系的教学思考。

关键词： 双酚A　用途与毒性　热敏纸　分类与成分　教学思考

欧盟宣布自2011年3月1日起禁止生产含双酚A（Bisphenol A，BPA，也称为聚碳酸酯）的塑料奶瓶，这一事件引起了社会的广泛关注，双酚A这种化学物质也由此走进人们的视野。

双酚A是重要的化工原料，主要用来生产环氧树脂（EP）、聚碳酸树脂（PC）等高分子材料。这些材料被广泛用于罐头食品的包装、塑料瓶等数百种日用品的制造。除此之外，现代社会信息传递与交流十分频繁，需要使用大量的以双酚A为主要原料制成的热敏纸。

有关组织研究发现，BPA具有雌激素效应和慢性毒性效应，是近几年新认定的环境内分泌干扰物之一，也是酚类化合物中有代表性的环境污染物。双酚A能干扰人体正常的内分泌，影响生殖发育、遗传、免疫和神经系统等生理功能，而且具有致癌作用[1]。美国研究结果也显示，常用于制造食品罐头和塑料瓶的化学材料双酚A，可能会影响人体的发育和行为，对人体健康造成的危害可能比原先知道的还要严重[2]。人们经常接触到以双酚A为原料生产的物品，会危害人的健康。食品中的双酚A能直接进入人体，热敏纸中的双酚A可以通过皮肤接触而被皮肤吸收进入人体。为让学生了解有关双酚A的知识和热敏纸中的主要成分，下面对此作相关介绍。

* 本文发表于《化学教育》2012年第10期。

1 双酚A简介

1.1 双酚A的性质

双酚A，全名4，4′–二羟基二苯基丙烷，2，2–双（4–羟基苯基）丙烷，4，4′–亚异丙基二苯酚等，简称二酚基丙烷，分子式为$C_{15}H_{16}O_2$，相对分子质量228，白色晶体或白色粉末，可燃，微带苯酚气味，易溶于乙醇、甲醇、丙酮、乙醚及稀碱液等，微溶于四氯化碳，几乎不溶于水[3]。

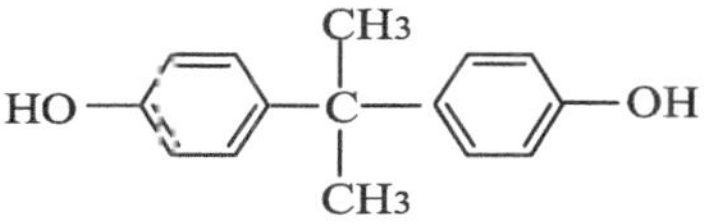

图1 双酚A的结构

1.2 双酚A的合成

双酚A是苯酚和丙酮的重要衍生物，工业生产几乎全部以苯酚和丙酮为原料，在酸性催化剂存在下经缩合反应制得，该反应属于碳正离子机理。根据所采用的催化剂不同，其合成方法又分为硫酸法、氯化氢法及离子交换树脂法。其反应式如下[3]：

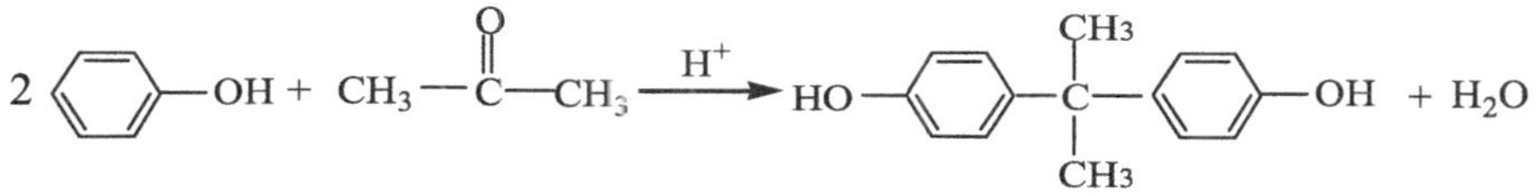

图2 双酚A的制备

1.3 双酚A的用途

双酚A除了用于制造聚碳酸酯、环氧树脂、聚砜和酚醛不饱和树脂等高分子材料外，亦用于制造聚氯乙烯热稳定剂、橡胶防老剂、农用杀菌剂、油漆油墨的抗氧剂和增塑剂等。

聚碳酸酯是一种性能优良的热塑性工程塑料，是由双酚A与二苯基碳酸酯或氯羧酸反应制成的一种聚合物，是近年来增长速度最快的通用工程塑料，目前广泛应用于汽车、电子电气、建筑、办公设备、包装、医疗保健等领域。用其做成的婴儿奶瓶、微波炉饭盒及饮料瓶等容器具有透明度好、耐高温、耐撞击及抗辐射等作用，因而备受青睐。

环氧树脂是用固化剂固化的热固性塑料，主要用作金属防蚀涂料和黏结剂。环氧树脂有很多种类，工业上应用最普遍的是双酚A型环氧树脂，它是由双酚A和环氧丙烷聚合而成。环氧树脂用于食品包装材料， 如罐装饮料与肉类罐头的内涂层、牙齿封闭剂等。食品罐内的涂料主要是环氧树脂涂料与酚醛树脂涂料[4]。

除此之外，BPA常被用于热敏纸中，美国环保组织环境工作组研究发现，购物收据或使用柜员机时打印的收据都含有有毒物质双酚A。超市、便利店、加油站、快餐店、电影院、自动柜员机（ATM）等的票据以及传真纸等上面大都能发现这种物质。该组织称，经化验有40%的收据含过量双酚A，而且热敏纸上双酚A的含量是已知含有双酚A商品（如塑料瓶、奶瓶等）的250～1000倍。

1.4　双酚A的毒性

由于以双酚A为原料制成的产品在生活中被人们广泛使用，因此其安全性问题成了公众关注的焦点。欧盟2002/72/EC法则规定，双酚A在塑料食品接触材料中的迁移限量为3 mg/kg，且规定2005年后不允许含有NOGE（酚醛清漆甘油醚）成分的罐头产品出口到欧盟。美国环境保护署（1993年）规定，双酚A的最大可接受剂量或者参考剂量是0.05 mg/(kg·bw)（每千克体重0.05 mg）。我国的卫生标准规定碳酸酯树脂和成型品中酚的溶出量（蒸馏水，回流6 h）不大于0.05 mg/kg，但尚未对双酚A及其环氧衍生物制定相应的卫生标准[4]。

对于双酚A毒性的争论由来已久，早在1938年，科学家就发现双酚A是一种内分泌干扰物，具有雌激素活性，可通过与雌激素受体结合或影响细胞信号传导途径等方式模仿或干扰内源性雌激素作用，发挥拟雌激素效应，是一种著名的“环境雌激素”。低剂量的双酚A模仿人体自身的荷尔蒙，可能引起健康负效应，长期低剂量摄入双酚A可以导致人体慢性中毒。它可通过皮肤、呼吸道、消化道等多种途径进入人体，干扰机体的内分泌，产生不良影响。目前关于双酚A的毒性研究主要集中于动物，多数研究表明：即使较低浓度的双酚A也会对动物的生殖、发育、肿瘤发生、神经系统、免疫系统功能、肝肾功能、血红素含量等产生不利的影响[5]。

以双酚A为主要原料生产的树脂材料，在聚合不完全或温度较高的情况下，BPA便会从食品包装材料向食品中迁移。研究表明，制造塑料容器的PC材质可能会释放有毒的双酚A，温度愈高释放愈多，速度也愈快。塑料容器在加热、洗涤或装有酸性液体时，双酚A很容易渗入水和食物中，并随之进入人体。收据上也含有双酚A，我们每天都能接触到这种物质，它能通过皮肤接触而被皮肤吸收进入人体。

双酚A对健康有害已经是一个不争的结论。婴幼儿如果长期过多地接触这种物质，可能会对其智力发育不利。因此，欧盟、美国等在食品接触材料中尤其是婴幼儿制品中禁用双酚A渐成趋势。但在“剂量大小决定危害”的传统毒理学观点引导下，人们一直以为日常生活环境中人们接触的双酚A浓度很低，不足以构成对人体的危害，只有当双酚A的剂量远远高于当前人体内的含量时，才有可能对身体造成伤害。在这样错误的认识下，双酚A仍被人们放心地广泛使用。

2 热敏纸简介

2.1 何谓热敏纸

所谓热敏纸是指涂布了含有成色材料，经热信号激励而自身显色的信息记录纸。即热敏纸是在纸的表面给予能量（热能），能使物质（显色剂）发生物理或化学性质变化而得到图像的一种特殊的涂布加工纸[6]。

热敏纸是随着传真机在全世界的普及而迅速发展起来的。由于电子通讯事业的蓬勃发展，热敏纸不仅以传真纸形式普及于个人家庭，更出现在超市、银行、医院、机场等各个方面。其用途日趋广泛，目前主要应用于如下领域：

（1）传真机用热敏纸。主要用于各种型号的热敏纸传真机。

（2）打印与终端记录用热敏纸。可广泛用于文字处理机、医疗检测和工业检测的打印记录，电子计算机的辅助设计与生产（CAD/CMA）、现金自动支付机（ATM/CD）及便携式终端打印机等的打印，购物小票等收据记录。

（3）标签和票据用热敏纸。它是热效纸与不干胶标签结合的新产品，并且发展迅速。

2.2 热敏纸的分类

热敏纸分为两大类，一类是利用热使有色色素物理成色达到记录效果的物理型热敏记录纸，另一类是利用在热的作用下产生化学反应而达到发色目的的化学型热敏记录纸。其中利用化学方法发色的热敏纸占主导地位。化学型热敏记录纸主要有两种：

（1）双组分金属化合物发色热敏纸。这种热敏纸是基于脂肪酸的重金属盐和还原剂（苯酚类）混合，利用加热升温使脂肪酸的盐熔融并和还原剂反应，使重金属还原而游离显色。简单地说，即是在常温下两种发色成分构成物理性的隔离而不发色，加热后由于受热而熔解发生了化学反应而发色（见表1所示）。

表1　金属盐类的热发色材料

金属盐类	发色反应试剂	金属盐类	发色反应试剂
硬脂酸铁	单宁、没食子酸	山梨酸银、硬脂酸银	氢醌
硬脂酸镍、钴、铜盐	碱土金属硫化物	壬酸铁	氨基硫脲
草酸的重金属盐（银、铅、汞）	硫代硫酸钠、硫脲	己酸铅	硫脲衍生物
硬脂酸锡	乌洛托品、联苯三酚	醋酸镍	硫代乙酰胺

（2）无色染料型热敏纸。利用染料发色的热敏记录纸，是基于含有内酯环的无色染料与显色剂混合，在热的作用下，熔点低的（通常是显色剂）先熔化，二者发生反应，无色染料的内酯环开裂而发色。如今几乎所有热敏纸都采用这种方法生产。

2.3 热敏涂料及其化学品

热敏纸是在普通纸基上涂敷微粒粉末，以薄膜相隔，此时化学反应处于“潜伏”状态。当热敏纸遇到发热的打印头时，薄膜融化，打印头所打印之处的显色剂与无色染料发生化学反应而变色，留下记录信息[7]。

热敏纸是一种特殊的涂布加工纸，其外观与普通白纸相似，其制造原理就是在优质的原纸上涂布一层热敏涂料，使纸面平滑，印刷清楚，伸缩性小，色调紫黑色，发色浓度和感度合适。有关热敏纸的纸用涂料配方如表2所示[8]。

表2　纸用涂料配方表

组分	用量 / g	组分	用量 / g
聚乙烯醇	10	苯酰无色亚甲蓝	16.7
染料	25	树脂	40
双酚A	30	消泡剂	23
钛白粉	51	增白剂	33
硬脂酸钙	20	—	—

热敏涂料的主要成分由无色染料、显色剂、增感剂和其他辅助成分（如稳定剂、填料和胶黏剂）组成，通常将几种成分在水性介质中分散均匀，然后涂布纸或薄膜上构成热敏纸。

（1）无色染料。无色染料是一类具有内酯环或杂环结构的有机高分子。这类化合物一旦外部条件合适，其分子的内酯环便会开裂而发色。因此，又有人称它为隐性染料。无色染料大体已经开发的有苯酞类、吩噻嗪和吩咂嗪类、荧烷类和螺吡喃类四类。

（2）显色剂。显色剂作为质子给予体，与热敏染料在加热时熔融而进行显色反应。显色剂一般为固体有机酸性物质，通常是酚类化合物，具有近似酚类的酸性、较低的熔点且不溶于水。另外，显色剂还应具备高感度、高安定性等与热敏染料相同的特点。双酚A是目前常用的显色剂，其价格便宜，图像安定性好。但它熔点较高，发色感度较低，需用增感剂才能达到高感度的要求。增感剂多为芳香族或脂肪族的酯类。

3　教学思考

3.1　化学教学应注重化学知识与学生生活的联系

化学是与生活联系极为密切的学科之一，与生活中的各行各业息息相关。化学给人类带来很多便利，在人们的生产和生活中发挥了不可估量的作用。同时，化学在生产和生活中的应用也为化学教学提供了大量生动的教学情境和教学素材。

在中学化学教学中，教师可以从学生熟悉的自然和生活入手搜集素材，学生有了生活经验的铺垫，会更容易接受化学知识。例如，刚接触到双酚A这个物质名词时学生会感觉陌生，但通过了解其制成的很多生活中常见用品，像购物小票、塑料瓶、传真纸等之后，学生对双酚A这个物质的用途有了初步的了解，这对其学习双酚A的性质及其他方面知识就起到了较好的引领作用。这样，通过化学与生活的联系，学生有了感性的认识，在了解化学知识的同时，也激发了求知欲和学习化学的兴趣。

3.2 化学教学应拓展化学知识以丰富学生的生活

教师可以通过当前与化学相关的新闻报道等来创设生动活泼的教学情境，让学生学会从化学的角度来思考和分析当前社会、生活中的一些热点问题，进而培养学生的观察与思考能力。

在教学中，教师可以指导和组织学生开展化学课外活动，让学生查阅相关资料，收集含有双酚A的物品。此方式能够培养和发展学生的观察能力，提升他们的思维能力和实践能力等，而且在给他们留下充分发挥聪明才智空间的同时，也给其留下了深刻的印象。这种“从自然到知识再回到社会生产、生活”的思路可以拓宽学生的视野，扩大其知识面。但教师要精选与社会生活和学习经验密切联系的内容，尽量设计一些学生乐于参与的学习活动，并增强这些学习活动的趣味性。通过这些活动，可促进学生理解和掌握化学知识和技能，培养学生的知识迁移能力，启迪学生的科学思维，训练学生的科学方法，培养学生的科学态度和价值观，让学生体会到化学学习的实用性和创造性。

3.3 化学教学应引导学生利用化学知识指导生活

虽然到目前为止，我国还没有关于双酚A在某领域的禁用政策出台，国内媒体对双酚A事件也还未表现出足够的关注，但其作为环境激素污染物，必须引起人们的充分重视。

学习化学知识，并将其应用于生活之中来指导生活，才能真正发挥它的作用。例如，学生在了解了双酚A的性质后，会意识到人们在生活中要尽量减少使用热敏纸，多洗手，注意个人卫生。除此之外，人们还要留心在食品业中使用的塑料制品的材质。多数用于盛放食物的塑料容器不会标明它是否含有双酚A，我们只需要留意塑料的材质就可以分辨。在塑料制品的底部会有数字标识，不要使用那些回收标志为数字7的塑料容器，这类容器大多含有双酚A。人们尤其应避免用这类容器加热食品，因为高温会使容器中的双酚A释放出来。

总之，应尽量减少含BPA物品的使用。学生根据所学的化学知识，增加了对生活中物质的认识，进而注意到什么化学用品可以用于我们生活中，使我们的生活变得更加美好、丰富多彩。

参考文献

［1］张艳丽，王茜.高效液相色谱法测定小鼠组织中的双酚A［J］.光谱实验，2010（4）：1645-1650.

［2］佚名.美国研究结果：双酚A危害健康可能比已知严重［EB/OL］.（2011-06-29）［2011-09-18］.http://www.tech-food.com/news/detail/n0557584.htm.

［3］王延吉.化工产品手册：有机化工原料［M］.北京：化学工业出版社，2004：458.

［4］罗辉甲，曹国荣，许文才.食品包装材料中双酚检测与分析方法的研究进展［J］.包装工程，2010（09）：47-50.

［5］杨丹，李丹丹，刘姗姗，等.双酚A对机体的影响及其作用机制［J］.现代预防医学，2008，35（17）：3280-3282.

［6］谭国民.特种纸［M］.北京：化学工业出版社，2005：146-168.

［7］唐明佳，张顺生，陈钢.热敏传真纸消退字迹的光学显现初探［J］.刑事技术，2007（4）：26.

［8］张英.精细化学品配方大全（下册）［M］.北京：化学工业出版社，2001：190.

神奇的石墨烯*

熊言林　曹玉宁

摘　要： 石墨烯有许多与众不同的性质，正是这些特殊性，使它成为一种新材料，各国也投入大量的人力物力来研究它。本文在查阅大量文献的基础上，对何谓石墨烯及石墨烯的结构、性质、制备和神奇应用等作简要介绍。

关键词： 石墨烯　性质　功能　制备　神奇应用

石墨烯，早在60多年前就有人发现了，但是直到2004年，英国曼彻斯特大学研究小组才首次获得了真正意义上的二维形式的碳——石墨烯片。石墨烯的成功制备打破了科学界公认的“完美的二维结构无法在非绝对零度稳定存在”的理论。石墨烯的发现，充实了碳材料家族，形成了从零维的富勒烯、一维的碳纳米管、二维的石墨烯到三维的金刚石和石墨的完整家族系列。正因为如此，2010年10月6日诺贝尔物理学奖被授予英国曼彻斯特大学两位俄裔科学家，以表彰他们在石墨烯材料开发领域的“突破性研究”。本文对何谓石墨烯及石墨烯的结构、性质、制备和神奇应用等作简要介绍。

1　石墨烯及其结构

1.1　何谓石墨烯

何谓石墨烯？石墨烯与富勒烯是同一种物质吗？很多人可能认为石墨烯就是富勒烯，其实不然，石墨烯和富勒烯并不是同一种物质。石墨烯是二维的单原子层面石墨，又名巴基球或巴克球或单层石墨片，是由一层密集的、包裹在蜂巢晶体点阵上的碳原子组成，且碳原子排列成二维结构，与石墨的单原子层类似。从狭义上来说，石墨烯指单层的石墨；从广义上来说，层数

* 本文发表于《化学教育》2011年第11期。

小于十层的都可称为石墨烯。

自然界不存在自由状态的石墨烯片，在一般的自由状态下，石墨烯既可以翘曲成零维的富勒烯，也可以卷成一维的碳纳米管，或者堆垛成三维的石墨，因此石墨烯是构成其他石墨材料的基本单元，被称为“碳材料之母”。

1.2 石墨烯的结构

石墨烯是由一层密集的、包裹在蜂巢晶体点阵上的碳原子组成。与石墨材料相同，构成石墨烯的每个碳原子与其他3个碳原子通过σ键相连接，碳原子的排列也与石墨单原子层一样，形成如图1所示的结构。换言之，石墨烯就是由单层六角元胞碳原子组成的蜂窝状二维晶体，这些很强的C—C键（sp^2杂化，键长大约为0.142 nm）使石墨烯成为已知最为牢固的材料之一：单层石墨烯的厚度只有0.335 nm，仅为头发丝直径的1/200000，理论上，如果能够制作出厚度为100 nm的石墨烯，那么需要施加约200 kN的力才能够将其扯断。

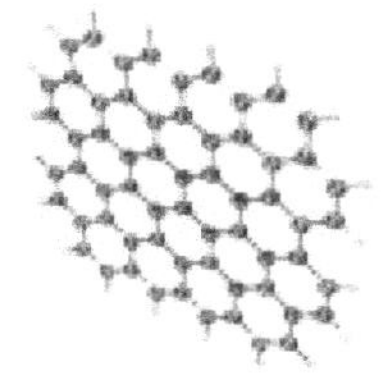

图1 石墨烯的结构

碳原子有4个价电子，其中3个电子位于sp^2杂化轨道，形成σ键，即每个碳原子都贡献一个未成键的电子位于p_z轨道，近邻原子的p_z轨道与碳环平面成垂直方向可形成π键，此时π键为半填满状态，所以电子可在二维晶体内自由移动，赋予石墨烯良好的导电性和其他独特的电学性质[1]。

2 石墨烯的性质

2.1 力学性质

石墨烯中各碳原子之间的连接非常柔韧，当施加外部机械力时，碳原子面就会弯曲变形，从而使碳原子不必重新排列来适应外力，也就保持了其结构稳定[2]。科学家已经证实了石墨烯是目前世界上已知强度最高的材料，达130 GPa，突破了理论极限的数值，比钻石还坚硬，是世界上最好的钢铁强度的100多倍。

2.2 热学性质

石墨烯具有很强的热稳定性，性质不随温度而改变，这是由它的特殊结构造成的。石墨烯是由碳原子按六边形晶格整齐排列而成的碳单质，结构非常稳定。迄今为止，研究者仍未发现石墨烯中有碳原子缺失的情况，即六边形晶格中的碳原子全都没有丢失或发生移位。这种稳定的晶格结构使石墨烯具有优秀的导热性。

2.3 电学性质

石墨烯稳定的晶格结构使其拥有优良的导电性，显示出金属性，为零带隙半导体，电子在石墨烯中的传导速率可达106 m/s，达到了光速的1/300，远远大于电子在一般半导体中的传导速率，是目前已知材料中电子传导速率最快的。即使被切为1 nm宽的元件，其导电性也很好。此外，石墨烯还具有异常的量子霍尔效应、分子霍尔效应及极高的载流迁移率。

2.4 光学性质

从光学角度来说，石墨烯是一种“透明”的导体，可以用来替代现在的液晶显示材料。

2.5 其他性质

由于石墨烯结构特殊，它还具有很多特殊性质，如石墨烯是世界上最薄的二维材料；具有非常大的比表面积，可高达2600 m^2/g；具有独特的电子性质；可以吸附和解吸各种原子和分子；具有很多特殊效应（如双极性电场效应、衬底效应等）；具有高度的柔韧性（褶皱较为常见）和脆性（在高压下会像玻璃一样破裂）；尽管仅有一个原子层的厚度，但包括氦气在内的气体都不能透过它；弹性延展率可达20%，高于其他晶体；有良好的生物相容性等。

3 石墨烯的制备

石墨烯的应用阻力在于无法大规模进行工业制备，高质量的石墨烯很难得到，因此，研究石墨烯的制备的学者有很多，相应地，石墨烯的制备方法也就有很多种，大致可将其分为物理方法和化学方法。下面列举几种常见的制备方法并对它们加以比较。

3.1 物理方法

石墨烯可用物理方法制备，常用物理方法及其优缺点如表1所示。

表1 石墨烯的物理制法

方法名称	代表人物	制法介绍	优点	缺点
机械剥离法	俄裔英国人 Novoselov	利用机械力，如透明胶带的黏力，将石墨烯片从具有高度取向热解石墨晶体表面剥离开来[1]	最简单有效，工艺简单，成本低廉	费时费力，可重复性差，无法可靠地制造长度可供应用的石墨薄片样本，难以大规模制造，只能用于实验室小规模制备
取向附生法	美国科学家 Peter W. Sutter	利用生长基质原子结构“种”出石墨烯。首先让碳原子在1150 ℃下渗入钌，然后冷却，冷却到850 ℃后，之前吸收的大量碳原子就会浮到钌表面，镜片形状的单层碳原子“孤岛”布满了整个基质表面，最终它们可长成完整的一层石墨烯[3]	得到的单层石墨烯薄片表现令人满意	晶膜生长需要利用稀有金属钌且温度要求较高，条件苛刻，不适合大批量生长，另外这种方法生产的石墨烯薄片往往厚度不均匀，而且石墨烯和基质之间的黏合会影响碳层的特性
加热SiC法	美国科学家 Claire Berger	该法是通过加热单晶6H-SiC脱除Si，在单晶(0001)面上分解出石墨烯片层。具体过程是：将经氧气或氢气刻蚀处理得到的样品在高真空下通过电子轰击加热，除去氧化物。用俄歇电子能谱确定表面的氧化物完全被移除后，将样品加热使温度升高至1250～1450 ℃后恒温1~20 min，从而形成极薄的石墨层[4]	形成的石墨层很薄	该方法通常会产生比较难以控制的缺陷及多晶畴结构，很难获得较好的长程有序结构，制备大面积具有单一厚度的石墨烯比较困难[4]，且需要利用真空及高温条件，成本高，不易操作

3.2 化学方法

石墨烯的常用化学制法及其优缺点如表2所示。

表2　石墨烯的化学制法

方法名称	代表人物	制法介绍	优点	缺点
电弧放电法	印度科学家Rao	在维持高电压、大电流、氢气气氛下，当两个石墨电极靠近到一定程度时会产生电弧放电，在阴极附近可收集到CNTs及其他形式的碳物质，而在反应室内壁区域可得到石墨烯[5]	使用电弧法制备的石墨烯排布规则，晶型较好，有望获得较高的导电性和较好的电化学性能	成本较高且有一定危险性
化学剥离法	中国科学家戴宏杰	首先将石墨在H_2SO_4和HNO_3中进行氧化处理，然后在Ar气氛下（含3%的氢）快速加热至1000 ℃，在此条件下石墨片将发生剥离，最后将它们在化学溶液中再进行超声分散，就可以得到许多细长的纳米带[1]	方法简单易行	石墨烯片容易发生褶皱或折叠。另外由于不能彻底消除石墨烯片上的官能团，所以制得的石墨烯片厚度较大，一般在1 nm以上[1]
氧化还原法	美国科学家Ruoff	将天然石墨与强酸和强氧化性物质反应生成氧化石墨，经过超声分散制备成氧化石墨烯（单层氧化石墨），再加入还原剂去除氧化石墨表面的含氧基团，如羧基、环氧基和羟基，得到石墨烯[6]	成本低廉，容易实现规模化生产，而且可以制备稳定的石墨烯悬浮液，解决了石墨烯不易分散的问题	制备的石墨烯存在一定的缺陷，如五元环、七元环等拓扑缺陷或存在—OH基团的结构缺陷，这些将导致石墨烯部分电学性能的损失，使石墨烯的应用受到限制[6]
化学气相沉积法（CVD法）	美国科学家Kong	首先在SiO_2/Si基底上沉积一层100～500 nm厚的金属镍薄层，然后在1000 ℃及高真空下，以甲烷、氢气及氩气混合气为反应气，在较短的时间内制备石墨烯	可制备出面积较大的石墨烯片，而且所获得的石墨烯主要为单层结构	成本较高，工艺复杂

4　石墨烯的神奇应用

4.1　力学性质带来的应用

石墨烯是世界上目前强度最高的物质，不仅可以用来开发制造出纸片般薄的超轻型飞机材料和超坚韧的防弹衣，甚至可以让科学家梦寐以求的2.3万英里（1英里＝1609.344 m）长的太空电梯成为现实[2]。不仅如此，石墨烯还可以作为添加剂广泛应用到高强度复合材料中。例如，如果作为包装袋，它可以承受约两吨的重物。

4.2 热学性质带来的应用

由于石墨烯具有高导热性和高强度，它可制成导电塑料用于太阳能电池板或计算机中的散热部件。

4.3 电学性质带来的应用

利用碳代替硅制成的电路，速度提高了十倍，设备可以更小，功耗更低，有更大的能量输出，并且可以首先运用在诸如手机这样使用较小规模芯片的设备中[1]，这将为高速计算机芯片和生化传感器带来诸多进步，因此它将来有望取代硅，在电子产品生产中得到广泛应用。利用石墨烯的高导电性和较大的表面体积比，石墨烯还可用作传感器、导电薄膜、电极材料和制备最快的碳导体管。另外，由于石墨烯是性能优异的半导体材料，所以它可以用于制作纳米电子器件，如单电子晶体管、高频转换晶体，可以加快计算机微型化步骤，提高其运算速度，从而使电子工程领域极具吸引力的室温弹道场效应管成为可能。

4.4 光学性质带来的应用

石墨烯的可见光透过率为97.7%，且与波长无关，因此自由悬浮的石墨烯是高度透明且无色（无味）的。目前的液晶显示器利用的是以铟为基础的金属氧化物薄膜，而铟这种金属十分稀有，预计在未来十年内就可能出现短缺[2]，而石墨烯的出现正好弥补了这种不足，由于它的“透明”性，石墨烯将成为未来的液晶显示材料。

4.5 其他方面的应用

石墨烯除了具有上述性能外，还有许多其他优异性能，在生活的各个方面有广泛的运用。例如，由于石墨烯有优良的机械和光电性质，结合其特殊的单电子层平面二维结构及高比表面积，它可以用于制备基于石墨烯的各种柔性电子器件和功能复合材料[7]。提取石墨烯中的一个正六边形碳环作为结构单元，由于每个碳原子仅有1/3属于这个六边形，因此一个结构单元中的碳原子数为2。六边形的面积为0.052 nm^2。由此可计算出石墨烯的面密度为0.77 mg/m^2。假设有一张面积为1 m^{2}的石墨烯吊床，其质量仅为0.77 mg[8]。

另外，由于石墨烯具有优异的氢气吸附特性，所以它是很好的储氢材料。再者，由于石墨烯有单层二维表面结构、极大的比表面积和良好的生物相容性，所以它还可用作催化剂和药物载体。不仅如此，石墨烯还可作为超导材料、可自洁的玻璃窗、烟幕干扰新材料、防静电的衣料、减少噪声的元件等。

5 结 语

石墨烯虽然有很多方面的应用和许多优异的性质，但是它的工业化大批量生产还是一个难以攻克的难点，只要能够完成石墨烯的大批量生产，就可以实现石墨烯的全面开发与应用了。总之，石墨烯具有广阔的应用前景，这颗“新星”刚刚升起，它的功能与性质将会随着科学研究的进展日益增多，会向世人揭开自己神秘的“面纱”。

参考文献

［1］顾正彬，季根华，卢明辉. 二维碳材料——石墨烯研究进展［J］. 南京工业大学学报（自然科学版），2010，32（3）：105-110.

［2］马圣乾，裴立振，康英杰. 石墨烯研究进展［J］. 现代物理知识，2009，21（4）：44-47.

［3］黄桂荣，陈建. 石墨烯的合成与应用［J］. 炭素技术，2009，28（1）：35-39.

［4］李旭，赵卫峰，陈国华. 石墨烯的制备与表征研究［J］. 材料导报，2008，22（8）：48-52.

［5］胡耀娟，金娟，张卉，等. 石墨烯的制备、功能化及在化学中的应用［J］. 物理化学学报，2010，26（8）：2073-2086.

［6］张伟娜，何伟，张新荔. 石墨烯的制备方法及其应用特性［J］. 化工新型材料，2010，38（4）：15-18.

［7］黄毅，陈永胜. 石墨烯的功能化及其相关应用［J］. 中国科学（B辑：化学），2009，39（9）：887–896.

［8］朱宏伟. 石墨烯：想象的空间［EB/OL］.（2010–10–18）［2011–01–18］.http://www.sciencenet.cn/m/user_content.aspx?id=374388.

法医学中的化学*

熊言林　刘阿娟

摘　要：本文主要介绍了我国法医学的源起及化学对法医学的贡献，并对法医诊断的化学方法，如对指纹鉴定、硝酸银显现法等作了介绍。

关键词：法医学　化学检验方法　指纹　砒霜　DNA分型技术

知识有一个严密的科学体系，随着现代科学技术的发展，各门学科相互交叉，相互渗透，联系越来越紧密。化学作为一门中心学科，在不断推动人类进步和科学技术发展的过程中，不仅表现出其自身的特殊属性，同时在与物理学、生物学、天然学、医学等其他学科的相互交融与启迪中也作出了巨大的贡献。其中，化学作为法医学家检测犯罪物证的重要理论之一，一直以来与法医学就具有重要的联系。本文主要介绍法医学中所使用的与化学原理有关的法医诊断方法。

1　法医学的源起与化学对法医学的贡献

1.1　法医学的源起

法医学（Forensic Medicine）主要是应用医学、生物学和其他自然科学理论与科学方法，研究尸体、活体以及人的组织、体液斑等，用来解决法律上有关人身伤亡问题的一门应用科学，是联结医学与法学的一门交叉科学[1]。法医学作为一门应用科学，其诞生和发展，与社会经济的发展、法的出现以及医学和其他自然科学的进步有着密切的联系。我国是世界上最早出现法医学的国家。最早的法医学检验可以追溯到战国时代（公元前475—公元前221年），那时就有“令史”从事法医检验工作。到了秦代，法医检验已有发展。1975年12月在湖北云梦出土的“睡虎地秦墓竹简”中的《法律答问》

* 本文发表于《化学教育》2010年第11期。

《封诊式》是我国最早的与法医学有关的刑法条文及法医检验案例文字记载。其中《封诊式》对活体检验、尸体检验和现场勘验方面均有明确、详细的记载，已经形成了法医学的雏形。汉唐时期（公元前206年—公元907年）法律制度进一步完善，相应的法医检验日趋进步，提出了诈死诈伤的概念及检验方法。我国最早的一部法典《唐律》对损伤程度、确定致命伤则提出了明确的法医学检验鉴定标准。其中，我国宋代被誉为“世界法医学之父”的宋慈编著的《洗冤集录》，是中国也是世界上第一部系统记录利用科学原理破案的法医学专著。它广泛总结了宋代以前法医学尸体检验的经验，内容涉及现代法医学中心内容的大部分，对于尸体现象、窒息、损伤、现场检查、尸体检查等方面，作了大量的科学的观察和归纳。其范围之广、内容之深入，成为以后各时期及西方国家法医学迅速发展的一块重要奠基石[2]。

1.2 化学对法医学的贡献

化学作为一门以实验为基础的科学，一直以来对推动法医学的不断发展作出了重大的贡献。8世纪，中国出现的指纹鉴别方法是最早的利用科学原理来确定和鉴别物证的法医学技术。之后在长达7个世纪的时间里，除了其中典型的检测人体内尼古丁的斯塔斯-奥托测试法发明之外，法医学化学科学方法取得的进展相对较少。一直到19世纪中期，由于解剖尸体的开展、显微镜技术的出现和化学分析方法的应用，法医学取得了迅速的发展，特别是在法医病理学和中毒学的进展尤其显著。这一时期，用来鉴别犯罪现场血液的舒贝因发明的过氧化氢测试法和范·迪恩的愈创木脂测试法是最早用于法医学的化学实验方法。1832年发明的第一种毒药化学测试方法——测试砷的马什检测法，是法医学历史上的第一个转折点。19世纪80年代研究子弹的“指纹分析”也开始出现。随后，研究人员开始利用大量化学技术来分析血液、指纹、DNA技术、文件、军火炸药、药品、土壤、细菌、和其他微生物、燃烧残留物，甚至声波指纹。法医学理论日益科学化，法医学检验也由主要通过体表检查而发展到主要依赖于解剖和实验方法检验。第二次世界大战以后，科学技术的发展不断促进法医学发展。20世纪60年代，大量现代化学分析仪器的运用，新的检验技术的开发，使法医学得到突飞猛进的发展，法医化学等法医学分支科学纷纷诞生。化学科学日趋成为现代法医学的重要基础理论[1]。

2 法医诊断的化学方法

法医学中有关诊断的化学方法主要有：应用化学分析方法对毒物、排泄物、呕吐物等进行定性和定量分析；利用化学反应鉴别物证是否有血迹以及用生物化学方法识别人体酶型和遗传指纹（DNA技术）等。

2.1 指纹鉴定

指纹是指手上皮肤花纹的形态。当人用手接触某物体表面，手中汗腺形成的少量分泌物会残留在物体表面，即形成指印。现代化学分析表明，汗腺分泌物中约98%是水，其中溶解有少量但种类繁多的固体物质。这些固体溶解物中大约2/3为氨基酸等有机物质，1/3为氯化钠等无机物质（见表1所示）。对指纹技术人员来说，其中最重要的是氨基酸。这些物质在指纹中含量虽少却非常重要，它们可能是用来探测指纹的存在的某些化学反应的基础物质。因而指纹是揭露和证实犯罪最有力的证据之一。

表1 汗腺分泌物中的常见化学物质[3]

有机物	无机物
氨基酸、尿素、尿酸、乳酸、单糖、二糖、肌氨酸酐、胆碱	水（超过98%）、氯化钠、金属离子、硫酸盐、磷酸盐、氨

指纹鉴定中，使用最广泛的化学测试方法包括硝酸银显现法、碘熏法和“502”粘合剂显现法。

2.1.1 硝酸银显现法

硝酸银（$AgNO_3$）显现法是最古老的潜在指纹探测方法。这种方法的原理是：硝酸银能够与汗腺分泌物中的氯离子发生反应，生成氯化银固体。在光线照射下，固体氯化银很容易分解，形成氯气和固态灰黑色金属银粒子。银粒子沉积于汗液指纹印上，从而显出纹线。

$$AgNO_3(\text{溶液}) + Cl^-(\text{溶液}) \rightarrow AgCl(\text{固体}) + NO_3^-(\text{溶液})$$

$$2AgCl(\text{固体}) + h\nu \rightarrow 2Ag(\text{固体}) + Cl_2(\text{气体})$$

硝酸银显现法中，探测指纹常用浓度为1%~3%的硝酸银无水乙醇溶液。喷洒或用棉球蘸取少量溶液轻轻涂在待测表面后，放置在阴暗处晾干，然后在紫外线下曝光，控制好时间，指纹一旦显现出来就要抓住最好时机立即拍照。该方法成本低，操作简便，主要用于显现普通浅色纸张、较新的本色木和单色纸张上的汗液指纹印。但其形成的指纹图案在较短一段时间后很容易变得模糊不清，故不能用来测试留存时间长于几周的指纹。

2.1.2 碘熏法[4]

碘熏法是通过指印物质中油脂对碘的粘附和吸收作用，利用碘蒸气的熏染来显现潜在指印的方法。一般将带有指纹的物面悬挂在封闭容器中，然后在一个名为碘熏枪的孤立容器中加热碘晶体，并将生成的碘蒸气导入到正面透明的封闭测试容器。碘晶体受热升华，当有汗腺分泌物存在时，碘会与其中的脂肪酸发生反应，生成一种十分明显的褐色络合物，其化学反应是：

$$CH_3—(CH_2)_7—CH=(CH_2)_7—COOH+I_2$$
$$\longrightarrow CH_3—(CH_2)_7—\underset{\displaystyle I}{\underset{|}{CH}}—\underset{\displaystyle I}{\underset{|}{CH}}—(CH_2)_7—COOH$$

二碘硬脂酸

由于生成的络合物极易分解，指纹在表面形成的褐色证据会很快消失。因此，进行这种测试时可以在容器中引入第二种试剂，将探测得到的指纹“固定”并长时间保存。常用的物质是淀粉溶液。淀粉溶液与指纹上沉积的碘单质发生反应形成更持久的蓝色图案。也可在碘蒸气生成的指纹图案上喷洒浓度为0.3%的7，8-苯并黄酮（也称为萘黄酮）溶剂或涂抹1%的氯化钯溶液，使指纹印呈深紫色或棕褐色被很好地固定下来并保留更长时间。碘熏法适用于显现光滑纸张、蜡纸、复写纸、竹器、本色木、石灰墙、塑料、细纱纺织品等表面上的新鲜或较陈旧的指纹印。由于碘具有一定的氧化性，所以不适于检验易被其氧化的金属物表面的纹印。

2.1.3 “502”粘合剂显现法[5]

“502”粘合剂以α-氰基丙烯酸乙酯为主体。由于有很强的吸电子基团—CN和—$COOC_2H_5$存在，α-氰基丙烯酸乙酯单体很容易在水或弱碱的引发下进行阴离子型聚合，形成白色的固状物，再基于潜指印本身具有或处理后具有的湿度或弱碱条件，从而显现出潜指印。这种方法很容易操作：首先将待测物悬挂在至少一面透明的容器中，再向容器中加入几滴“502”粘合剂，密封后将容器加热至100 ℃左右。容器中的α-氰基丙烯酸乙酯受热挥发后，遇物体表面有汗渍的部位，引发α-氰基丙烯酸乙酯单体聚合，形成固状聚合物，从而显出白色或灰白色指纹印。整个过程一般需要两个多小时就可以完成。“502”粘合剂显现法设备简单，费用低廉，操作方便，灵敏度高，已成为检测无孔物体如玻璃、塑料、橡胶和皮革上的潜在指纹的标准选择。

2.2 砒霜检测

单质砷无毒，而砷的氧化物有剧毒，最常见的是三氧化二砷（As_2O_3），即砒霜。砒霜又名信石，为白色粉末，无臭、无味，易溶于酸、碱，微溶于水，易升华（193 ℃）。口服中毒量为0.005～0.05 g，致死量为0.1～0.2 g。其混于食物中不易被人察觉，可经口服吸收而中毒，故是古今中外投毒杀人或服毒自杀、食物污染和医疗不当等的常见毒物。砒霜的毒性作用，主要是与人体细胞酶蛋白的巯基（—SH）相结合，使细胞酶失去活性，引起糖代谢停止，蛋白质分解，促使细胞死亡，尤其对神经细胞危害最大。它还能通过血液循环，作用于毛细管壁，麻痹毛细血管，造成营养组织障碍。砒霜中毒的主要表现有胃肠炎症状和神经中毒症状，如感觉异常、眩晕、气短、心悸、食欲不振，严重的上吐下泻，酷似霍乱，四肢疼痛性痉挛，呼吸麻痹而死亡。严重中毒者，虽抢救未死，其后遗症也很严重。《水浒传》中武大郎在体质极弱的状态下，就是被潘金莲用一包砒霜调在药内灌下，当时“腹痛”“气闷”，而很快死亡[6]。对于砒霜的检测最具影响力的方法是1832年发明的第一种毒药化学测试方法——马什检测法，至今仍被广泛使用。其测定原理如下：

向待测样品中加入纯金属锌和硫酸。如果样品中含有砷元素（以砷的氧化物形式存在），它会被金属锌还原。

$$As_2O_3 + 6Zn + 6H^+ = 2As^{3-} + 6Zn^{2+} + 3H_2O$$

酸性条件下，得到的As^{3-}离子与硫酸中的H^+离子组成一种砷化三氢（AsH_3）气体。

$$As^{3-} + 3H^+ = AsH_3$$

然后将砷化三氢气体通过一个被加热的长管道，气体受热后发生分解，生成的单质砷会形成银状的黑色薄膜，同时产生氢气。

$$2AsH_3 = 2As + 3H_2$$

这层砷薄膜被称为砷镜。砷镜的面积直接正比于检测品中砷元素的含量，因此这种方法可以定量测试体内的中毒量。

2.3 DNA分型技术——限制性片段长度多态性分析技术

DNA分型技术，是指利用分子生物学技术检测、分析人类遗传标记，进行个体识别和亲子鉴定的技术。1985年英国遗传学家Alec Jeffreys应用该技术成功地进行了第一起移民案涉及的亲子鉴定，开辟了法医物证DNA分析的先河，实现了由否定到认定的法医鉴定的质的飞跃，给法医学领域个体识别和亲子鉴定带来革命性变化，在鉴定生物证据方面显示出巨大生命力[7]。DNA即脱氧核糖核酸是细胞内线性生物多聚体，它存在于真核细胞中。在人类进化过程中，DNA不断发生突变，在DNA复制时发生序列滑动和染色体的分离与组合，从而形成了人类DNA的个体差异及DNA多态性。DNA分型技术就是利用此现象，通过检测遗传标记的遗传学特征，确定不同个体的一致性和遗传关系，从而达到个体识别和亲子鉴定的目的。

限制性片段长度多态性分析技术（RFLP，Restriction Fragment Length Polymorphism），是最先发展起来的DNA分型技术。该技术利用了一种特定种类的酶，即限制性内切酶，这种酶可以辨认DNA分子中特定碱基对序列的具体位置，并从这些位置将DNA分子切断。人体基因组DNA以特定的限制性内切酶消化，经电泳分离、萨神印迹（Southern Blotting）转移，然后选择特定小卫星DNA探针杂交，而显示出高度多态性图谱，该图谱恰似手指的纹理一样复杂，故被广泛称为DNA指纹图技术。DNA指纹具有高度的个体差异性，图谱的个体特异性取决于所用的限制性内切酶和探针的选择，能很好地反映出群体中个体DNA的特征，使鉴定者能直观地比较其异同及其是否有遗传关系。RFLP分析主要有DNA分子的煮解、电泳分离、印迹转移、探针标记、放射自显影等化学操作步骤[8]。

2.3.1 DNA分子的煮解[3]

将分离彻底且分子完整的DNA待测样品和所选择的限制性内切酶一起放在培养管中（按照限制性内切酶要求的特定反应条件配制反应体系），然后将培养管在高温的环境中放置一段时间，通常需要24 h。限制性内切酶是从细菌体内提取的一种核酸水解酶，能够识别双链DNA分子特定碱基序列，并以内切方式水解DNA分子中的磷酸二酯键。因此，在这个过程中内切酶能识别出DNA分子链中所有目标位置并将之切断，反应完成后，即DNA分子被煮解。当确定DNA分子被完全煮解，即可以进行确证实验。煮解一旦完成，培养管中将存在大量等位基因。由于这些等位基因只是起始和结尾碱基对之间的重复单元出现的次数不同，故称之为长度多态性。实际上正是由于这些DNA片段具有丰富的多态性，人们才选择它们加以切割。

2.3.2 电泳分离[9]

首先将煮解后的DNA分子加入电泳槽。选择0.8%的琼脂糖凝胶作为支持介质，1×TAE（Tris-乙酸缓冲溶液）作为电泳缓冲液，用潜水式电泳方式分离。由于DNA分子中四种核苷酸带电荷相同，在中性或弱碱性溶液中（pH=8.0）带负电荷，因此在电泳时，将待测样品点加在阴极端。在直流电场的作用下，DNA片段将按其分子量的大小以不同速度泳向阳极。电泳后，DNA片段将按其分子量的大小排列在由阴极至阳极的凝胶上。DNA片段的迁移率与分子量的对数或片段长度成反比。琼脂糖凝胶电泳法是分离DNA的标准方法，此方法不仅简单，而且能分离其他不易分离的DNA片段混合物，并可由凝胶中置入的荧光染料溴化乙啶染色，在紫外光下直接观察DNA片段的位置，可检验至少1 ng的DNA量。

2.3.3 印迹转移[9]

电泳后，限制性DNA片段排列在凝胶上，但由于凝胶的机械强度不高，在杂交过程中容易碎裂，而且DNA在凝胶上极易扩散，时间过长甚至可以离开凝胶，因此必须将分离后的DNA片段原位转移到固体支持膜上。萨森印迹转移法是最常用的方法。具体方法是：首先用一定量盐酸溶液浸泡凝胶，再用NaOH与NaCl配制成的碱性溶液使凝胶上的DNA片段变性，由双链变为单链，并保持单链状态。然后利用吸水滤纸的毛细作用吸取转移缓冲液，使移动的缓冲液依次通过凝胶、尼龙膜，顺势将DNA片段从凝胶转移到尼龙膜上。萨森印迹转移法操作简单，效果不错，但时间较长。目前利用核酸真空转移仪改进了上述转移方法，它主要利用真空吸引作用将DNA片段转移至尼龙膜上，再经烘烤加热或紫外线照射，使DNA固定在膜上，简化了操作步骤，节约了试剂，提高了转移效果。

2.3.4 探针标记

印迹转移后，尼龙载体上的DNA片段仍是不可见的。为了观察到这些片段，需用DNA探针标记。DNA探针是一些人工合成的小段DNA链，用来与测试片段中已知的特定碱基对序列形成化学键。当这种探针被加到尼龙载体上时，它就会“搜寻”匹配相同的片段并与之形成化学键，从而结合在一起。通过对标记物检测，可以测定出与探针杂交的靶DNA。DNA探针标记物是一类示踪分子，最常用同位素标记的是^{32}P，其灵敏度和特异性较高。

2.3.5 分子杂交

分子杂交实质上是DNA复性，即将变性后的单链DNA分子与任何来源的单链DNA分子按其碱基配对原则重组，构成新的双链DNA分子。此过程是被检测的DNA分子与标记的DNA探针进行杂交。杂交反应体系的温度和离子强度可人为地控制。例如，在5×SSC［主要成分为氯化钠、柠檬酸钠、三（羟甲基）氨基甲烷］缓冲液、55 ℃的较低温度和较高离子强度条件下，DNA探针可以与多个片段杂交，形成多基因座“DNA指纹”；在0.1×SSC缓冲液、65 ℃的较高温度和较低离子强度条件下，探针可以与对应的靶片段杂交，形成单基因座“DNA纹印”。

2.3.6 放射自显影

将杂交后的尼龙膜与感光胶片叠在一起，置于密封的曝光暗盒内，−70 ℃下感光后，将感光胶片（根据信号强弱决定曝光时间，一般在1～3天）取出暗盒，室温下放置1～2 h，使其温度上升至室温，然后冲洗感光胶片（洗片时先洗一张，若感光偏弱，则再多加两天曝光时间，再洗第二张片子），显影定影后即可获得DNA指纹图。

限制性片段长度多态性分析技术在法医学生物物证鉴定中的应用较早，其可靠性较高，具有很好的共显性、重复性和种属特异性且来源于自然变异。但它也有一定局限性：其灵敏度较低，一次检测需要的DNA量至少要500 ng，不适于微量材料的鉴定；操作过程费时繁杂，一般要3~7天才有结果等[10]。当前法医DNA分型主要采用STR分析技术、线粒体DNA序列分析技术和以PCR技术为基础的其他DNA分析技术等。现代科技迅猛发展，如纳米技术、微电子技术、生物技术等，为DNA检验的发展提供了物质和技术基础，不仅使DNA检验准确高效，而且向微型化、智能化和全自动化方向发展，并将会在更多领域内发挥作用，同时也向从事法医学DNA检验的工作人员提出了新课题。

3 展 望

随着纳米技术、光谱分析等现代化学新科学技术研究的不断发展加深，化学在法医学领域的分析能力会越来越强，鉴定范围也会越来越广，将为法庭提供更加精确真实的证据，用自己独特的技术服务于社会，以期在新技术应用、毒（药）物基因组学、生物标记物、DNA分析等法医学方面有更新的发现突破。

参考文献

[1] 陈世贤. 法医学［M］. 2版. 北京：法律出版社，2005：1，9.

[2] 王宏川. 宋慈与《洗冤集录》[J]. 河南公安高等专科学校学报，1999（1）：55–57.

[3] DAVID E N. 法医化学［M］. 杨延涛，译. 上海：上海科学技术文献出版社，2008：7，19，127.

[4] 胡子威，沈阳，杨睿，等. 新法消退碘熏显手印中的杂景［J］. 湖北警官学院学报，2008（6）：108.

[5] 李琼瑶. 司法物证鉴定技术［M］. 北京：中国民主法制出版社，2005：1301.

[6] 朱小曼. 从武大郎被毒杀谈起［J］. 新医学，1980（11）：610.

[7] 胡萌. DNA分析技术在法医学中的应用及进展［J］. 医学信息手术学分册，2008（7）：633.

[8] 朱金玲，罗佳滨. DNA分型技术在法医学中的应用［J］. 黑龙江医药科学，2003（5）：108.

[9] 孙言文. 物证技术学［M］. 北京：中国人民大学出版社，2009：362–363.

[10] 朱金玲，罗佳滨. DNA分型技术在法医学中的应用［J］. 黑龙江医药科学，2003（5）：108.

教育教学理论篇

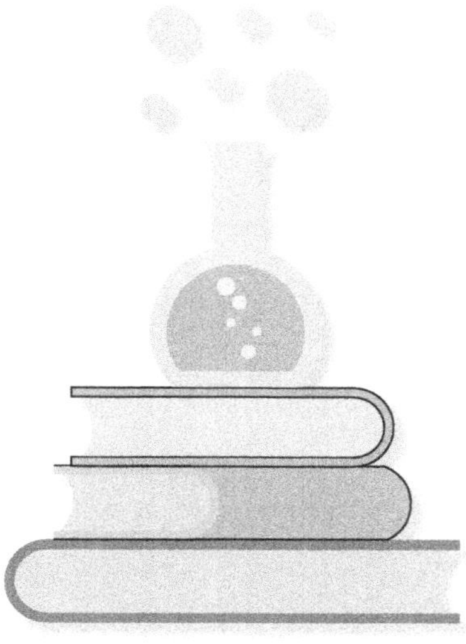

基于元认知理论的化学实验教学策略*

熊言林　刘阿娟　余婵娟

摘　要：实验是化学学习中获取知识、培养创新思维和实践能力的主要渠道。把元认知理论应用于化学实验教学实践来指导学生的学习，可以解决“如何教会学生学习”及“如何提高元认知能力”等问题。本文对在化学实验教学中如何提高学生元认知水平提出了几点教学策略，以期元认知理论能与化学实验教学真正结合，对培养学生全面发展产生积极的影响。

关键词：元认知　化学实验　教学策略

元认知（Metacognition）是由美国心理学家约翰·弗拉维尔于1976年在其《认知发展》（*Cognitive Development*）一书中提出的。根据弗拉维尔的观点，元认知就是个体在对自身认知过程意识的基础上，对其认知过程进行自我反省、自我控制与自我调节。元认知概念包括三方面的内容：一是元认知知识，即个体关于自己或他人的认识活动、过程、结果以及与之有关的知识；二是元认知体验，即伴随着认知活动而产生的认知体验或情感体验；三是元认知监控，即个体在认知活动进行的过程中，对自己的认知活动积极进行监控，并相应地对其进行调节，以达到预定的目标。因此，元认知过程实际上就是指导、调节我们的认知过程，选择有效认知策略的控制执行过程[1]。简言之，元认知就是认知的认知，是以认知策略为基础，以自身的认知系统为认知对象，对主体认知过程的自我意识和自我调节，是一种重要的认知能力。

在个性心理品质中，元认知是个体认知发展中的高级心理机能，是对自身认知的认知，是个体对自己的认知加工过程的自我观察、自我评价和自我调节，是实现自我监控和自我调节的基本前提条件。元认知理论是提高学生

* 2011年安徽省省级质量工程“中学理科综合类卓越教师培养计划”项目成果。本文发表于《化学教育》2013年第10期。

学习能力的理论基础，对于个体心理发展具有重要价值。我国《普通高中化学课程标准（实验）》的课程目标中就包括“能对自己的化学学习过程进行计划、反思、评价和调控，提高自主学习化学的能力”[2]。这正是对培养学生元认知能力重要性的肯定与重视。在化学实验教学中，有关元认知的研究还处于一种不自觉的、自发的状态，学生的元认知能力还未能得到有效的开发。中学时期是培养和发展学生认知和元认知能力的重要阶段，结合化学实验教学特点培养学生的元认知能力，提高学生自主解决问题的能力，是重视学生全面发展，培养学生综合素质的一种重要教学方式。那么应如何体现新课标理念，更好地在化学实验教学中培养和提高学生的元认知能力呢？本文特提出以下几点化学实验教学策略。

1　逐步渗透知识体系，优化学生元认知结构

一堂化学实验课，学生做实验前、实验中、实验后的相关工作，这实际上就是元认知体现的三个阶段：

（1）主动评价阶段。即学生结合自己的思维特点、化学实验步骤和已有化学知识，主动、客观地评价自己对进行实验学习的动机、态度、目的、任务、方案和结果的质量等做出分析，找准起点，做好进行化学实验的各项心理准备。

（2）主动调整阶段。在前一个阶段的基础上，学生根据具体可行的实验操作方案，采取有效策略、方法，遵循最优化原则配合教师实验教学或进行自主操作，从而找到适宜自己特征的科学、有效的认知行为途径。

（3）认知实现阶段。即在前认知行为途径的有效作用下，表现为圆满地完成化学实验学习目标，提高实验操作技能和善于发现和创新。同时，对实验知识与技能的认知过程是一个心理发生过程，也是元认知水平进一步发展的心理过程。如此循环，构成学习效率和能力螺旋式双向发展与进步。

教师在化学实验教学中要做到：结合实验教学内容，改进教学方法，培养和训练学生的元认知能力。具体可采用问题导入、师生互动、感悟反思的授课方式。具体做到：实验前，有针对性地指导学生再现与该实验相关的理论知识，掌握实验操作的理论依据，复习与本次实验相关的基本操作（包括操作步骤、原理和注意事项等），根据不同的实验内容，简明扼要地书写实验预习报告（包括先做什么、后做什么和实验成败的关键是什么等），选择

最佳的实验步骤的途径。实验后，要求在实验报告中对本次实验进行总结、反思（如得出什么结论，需要的原理，类似的问题，何处可做突破口，等等），寻找自己实验的不足，并在下次相关实验中及时进行补救性学习，对部分实验要求学生写出探索与改进的可行性报告；还可以进行师生角色转换，选择适当的实验内容，让学生查阅资料、备课、写出教案，教师审阅后每次组织1至2名学生进行试教，然后课堂授课、学生补充、教师给予评价。在实验教学过程中将元认知理论逐步渗透，使学生逐步学会在实际中应用元认知理论，最终达到学生能自动优化其认知结构的教育目的[3]。

同时，学生对化学知识的掌握情况取决于知识的结构化状态，化学实验可以很好地将化学各部分知识有机结合起来。因此，教师在具体的实验教学过程中，还不应忽视学生学科知识结构的优化，要以学生的认知特点和心理特征为依据，从学生已有学科知识结构和课时目标出发，善于引导学生将实验和理论知识相融合，要结合学生的发展规律，逐渐引导学生学会将知识结构化，这样学生就不容易混淆知识，更有利于知识的提取和使用，达到更好的学习效果。

2 善用实验激趣功能，优化学生元认知体验

国内外有关智力发展的研究证明，一个人的智力要发挥出最大的效能，必须有突出的非智力因素相配合。如果没有非智力因素的配合，智力因素不可能获得充分的发展，甚至会阻滞它发展。学生实验学习中困难形成的原因是多方面的，而很多都是受非智力因素影响。在非智力因素中，兴趣和探索的动机是发展创造性的促进剂，是主动学习的前提。我国古代著名教育家孔子也曾说过："知之者不如好之者，好之者不如乐之者。"而化学实验兴趣就是个体对化学实验特殊的活动倾向，是为了获得关于化学实验的知识、经验、体验或者解决化学问题而带有情绪色彩的意向活动[4]。学生对化学实验有了兴趣，才会有动手的兴趣，才会有探索的兴趣，才会苦苦思索、追根溯源。国内外教育界问卷调查的统计结果表明，学生因喜欢做实验而爱学化学的人数占被调查人数的70%以上。还有不少化学家就是在中学学习阶段感受到老师深厚的专业知识、实验技能以及化学教学魅力而对老师肃然起敬，对课程充满好奇心，从而对化学产生浓厚兴趣的。因此，教师在实验教学中不要只注重理论知识的传授，要充分发挥实验的激趣功能，采取相应的策略来

发展学生学习化学的兴趣，调整和优化学生的学习心理，增强学生实验学习的元认知体验，使学生能自觉地调整和控制自己的学习行为，建立起喜爱化学、迷恋化学的学习情感，从而培养学生的自我意识和调控能力。

具体可以做到：教师要善于研究和发掘高中化学新教材中相关的潜在实验素材，联系化学与生产、生活，利用实验的直观性、生动性等特性来激发学生的兴趣。例如，鲁科版《化学1（必修）》中关于“碳酸钠和碳酸氢钠”的化学性质学习时，为了加深学生对这两种物质性质的认识，教师可设计问题让学生自己动手做家庭实验：厨房中3个调料瓶里都盛有白色固体，它们分别是食盐、纯碱和小苏打，请用家里现有的条件把它们鉴别出来。需要指出的是，所鉴别的物质不是实验室中的药品，而是日常生活中不可缺少的、家庭厨房中常见的调味品，所以可以用嘴品尝，用手触摸，用食醋鉴别等。设计这类问题不仅培养了学生实验设计的能力和动手做实验的能力，而且还可帮助学生克服在处理问题时的思维单一化，培养了学生思维的深度和广度，更重要的是还大大激发了学生学习的兴趣[5]。再如，学习碘的性质时，用碘和淀粉做一个“白纸显字”的趣味实验。在讲硅酸盐时，利用大多数硅酸盐不溶于水及一些金属离子所呈现的不同颜色等性质，修一座美丽的“水中花园”等，这些五颜六色的药品、各种形状不同的玻璃仪器、实验过程中激烈变幻的化学反应，会使学生感到新奇“有趣”，能使学生的注意力集中并积极地参与思考，主动去探索其中的奥秘。

但对于高中学生，则不能再一味地拘泥于直观和操作兴趣，这是因为高中学生已经具备较好的抽象和逻辑思维能力，外部的刺激是暂时的，往往无法培养学生的兴趣，只有内在的思维所带来的乐趣才是持久的。因此，对于高中学生的化学实验教学中要注重学生探究兴趣和创造兴趣的培养。例如，可以通过化学实验设计、实验探究（如海带中碘元素的测定、茶叶中咖啡因的提取、驾车司机是否饮酒的分析检测、不同洗涤剂的洗涤能力的比较等与生活密切联系的探究课题）来诱发学生突破常规，跳出原有知识的框框，充分激活学生的思维，使学生的创造能力得到培养和开发，着意使学生的实验兴趣从“有趣”过渡到“乐趣”，使学生动手解决简单问题的本领逐渐增强，使他们对化学学科产生学习兴趣，最终形成“志趣”[6]。

教学中还可适当向学生介绍化学学科前沿和发展方向、化学对人类所作的贡献、化学使生活更美好，等等，打破学生对化学学科所存在的偏见。通过介绍，有助于学生认识化学的未来，激发他们奋发进取、立志献身科学的壮志豪情。总之，利用化学实验的激趣功能，能使化学课堂充满生命活力，有利于发挥教师的主导作用，增强学生学习的内驱力，使学生的主体参与性得到落实，从而促进学生学习质量的提高和元认知能力的发展。

3 有效利用探究实验，优化学生元认知监控

课程改革提倡在科学探究过程中培养学生的元认知能力，化学课程标准强调要在化学课程中实施以化学实验为主的科学探究方式。可见，在探究过程中从提出问题、制订计划、进行实验、搜集证据、解释与结论、反思与评价到表达与交流，等每一环节都需要学生参与。这正是元认知理论在探究学习中的体现和价值。因而，化学实验探究是培养学生元认知监控能力的有效途径。

然而，教师在实验探究教学中应发挥什么样的作用？需不需要引导？如何引导？引导过多，教师代替了学生，导致学生自主性不够，探究也就失去了意义；引导过少，学生开放性过大，探究盲目性过大，目的性不强，同样达不到预期的效果。对“引导”程度的把握，成了教师比较困惑的疑难问题。笔者认为，教师在实验探究中要起着步步“监控”的作用，针对学生有关实验可能会遇到的问题，不是明确告诉学生该做什么，不该做什么，而是引导学生自己观察或以各种问题的形式追踪学生的思维发展，帮助学生理清自己的实验思路，引起他们自己对问题的反思，这样，在不知不觉中不仅锻炼了学生的元认知监控能力，同时，教师也从学生的回答中了解到学生更具体更细节的想法，为自己更进一步指导实验提供了依据。譬如，很多化学实验因反应条件、试剂浓度、试剂加入顺序的不同而产生不同的现象，有的与教材中的叙述有出入。当类似问题出现时，教师可用上述方法及时引导学生设计实验方案，进行实验探究，让学生在重做实验过程中发现问题，分析问题，并运用所学知识来解决问题，从而深化认识化学反应的本质及其变化规律，优化学生的认知监控能力。

例如，教材中介绍了将NaOH溶液滴入$AlCl_3$溶液中所产生的现象，学生对$Al(OH)_3$的两性有了感性的认识。如果将这两种溶液按反向顺序滴加时其现象如何呢？让学生带着这个问题再做探究实验，结果实验现象恰恰相反，即铝盐溶液滴入到NaOH溶液里，虽然也有沉淀生成，但生成的沉淀很快溶

解，得到澄清的溶液，再滴入一定量后，溶液中开始产生沉淀，且沉淀量逐渐增加。面对新的实验现象，同学们进行着积极的思考和热烈的讨论，在具体的问题解决情境中，学生对$Al(OH)_3$的两性认识更清晰，而且还认识了偏铝酸盐的有关性质——铝盐与偏铝酸盐两溶液混合可生成$Al(OH)_3$[7]。

4 着重强化实验反思，优化学生元认知策略

反思过程是主体自觉地对自身认识活动进行回顾、思考、总结、评价和调节的过程，也是思维过程辩证性的一种体现，即一个思维活动过程的结束包含着一个新的思维活动过程的开始。通常化学实验反思，一是思考是否已掌握与实验有关的学科知识和实验目的；二是回忆实验的全过程，找出其中的问题；三是思考是否有更简捷更佳的方法；四是思考自己和别人的思路方法不同，体验别人的思路和技巧，加强自身思维的意识和调节能力。在反思过程中，不但元认知能力可以得到实际的锻炼和提高，而且反思后学习能力的提高可以使其元认知理论不断丰富、完善和发展。

笔者通过对芜湖市几所中学的学生进行的有关调查和访谈发现，化学实验学习后能回头总结的学生还不到40%，更别说反思了，半数学生不了解自身学习状况，学到哪里算哪里的现象比较普遍。可见学生反思性学习的意识比较淡薄，这是元认知水平低的重要症状之一。因而，在化学实验学习过程中，教师应给学生提供一个和谐的、民主的反思环境，及时、准确、适当地对学生的监控活动做出科学合理的评价，指导他们逐步学会对自己的学习方法、策略过程和结果进行反馈和评价，及时引导学生多反思、回顾和总结，促进元认知能力的发展。

“反思型化学日记”是培养学生自我反思的一种有效形式[8]。教师可引导学生从以下几个方面书写反思型化学日记：（1）在实验过程中，你最喜欢哪方面或哪项操作？最不喜欢什么？哪些因素影响了你的实验？（2）计划是否合理？哪些需要改进和调整？（3）操作方式、方法是否有效？（4）实验过程中遇到了哪些问题和困难？（5）通过什么方式克服了困难？是否还有更好的方法？（6）实验过程中能否调整和保持良好的学习情绪？（7）实验结果是否令你满意？（8）对以后的实验学习是否有信心？（9）能否选择适合自己的学习方法？……例如，实验结束后要留出一点时间让学生回顾一下整个实验过程，并对所选择的实验方法及实验结果与数据进行评价；要求学生对自己的

成功经验及失败原因进行分析与总结等。同时，教师要对反思型化学日记提出明确的要求。根据学生的反思型化学日记，教师可以了解到学生在实验中的状况，利用积极的方面帮助学生进一步树立学习化学的信心，优化其学习兴趣，增强学生的自我效能感；针对反馈上来的不好方面，教师应帮助学生分析问题的关键，找到问题的症结，采取合理的行动或重新选择实验方案或重新做实验，帮助学生优化反思能力，提高其元认知学习策略。

综上所述，对学生进行元认知策略的应用，有助于提高学生的自主学习能力，学生对化学实验正在做什么、如何做、实验现状如何、下一步该如何操作等问题能有自觉的意识和反应，能够做到学习的自我计划、自我调整、自我指导和自我强化。同时，对教师今后的化学实验教学也提出了新的要求，教师个人只有很好地把握和实际运用有关元认知知识，善于收集、整理、研究有关化学学习的元认知知识，才能对学生进行有针对性、策略性的传授和培养，才能对学生和教师在学习过程中的角色进行重新定位。

参考文献

［1］董奇.论元认知［J］.北京师范大学学报（哲社版），1989（1）：68.

［2］中华人民共和国教育部.普通高中化学课程标准（实验）［M］.北京：人民教育出版社，2003.

［3］左国防，李艳红.元认知理论在化学实验教学中的应用［J］.实验室研究与探索，2003，22（1）：14.

［4］吴俊明.中学化学实验研究导论［M］.南京：江苏教育出版社，1997，270-271.

［5］高英华，刘成坤.实施新课程中培养学生学习兴趣的方法研究［J］.化学教育，2011，32（7）：13-17.

［6］李广洲，陆真.化学教学论实验［M］.北京：科学出版社，2006：6.

［7］王秀红，李艳梅.在科学探究中培养学生的元认知能力［J］.化学教育，2004，25（9）：6.

［8］费伦猛.利用“反思型化学日记”培养学生化学元认知能力探索［J］.化学教学，2001（12）：12.

导教图——一种思维疏导的教学设计工具*

熊言林　周　倩

摘　要：课堂教学设计是一项十分复杂的教学活动，需要考虑教师、学生、教学内容及教学媒体等诸多要素之间的联系。导图作为一种可视化的教学设计工具，能够使复杂的教学设计直观化、形象化，使教学过程层次化、简洁化，使各种教学要素信息一目了然，是课堂教学活动实施的蓝图。本文简介三种经典导图，并对原有形式进行拓展与延伸，提出一种新的模型——导教图。然后从化学新课程改革理念出发，以导教图作为有效优化教学组织结构、完善课堂教学设计的工具，并结合具体案例探讨了其在化学教学设计中的实际应用。

关键词：化学教学　导教图　教学设计　可视化

1　问题的提出

1.1　课堂教学设计的重要性与复杂性

教学设计的思想自20世纪50年代起至今已发展成为一门较为成熟的教学理论。所谓教学设计，就是运用系统方法分析教学问题和确定教学目标，建立解决教学问题的策略方法、实行解决方案、评价实行结果和对方案进行修改的过程[1]。简言之，教学设计就是用最优化的思想对教学中的各要素，包括教学目标、教学策略、教学媒体、教学过程和教学评价等内容进行系统的计划，以形成最佳的组织结构。因此，优化课堂教学设计是一种组织协调的导演调控艺术，教师需要掌握并灵活运用教学设计的原理和技术以使备课这一环节走上科学化、规范化的轨道，取得事半功倍之效。

* 2011年安徽省省级质量工程“中学理科综合类卓越教师培养计划”项目成果。本文发表于《化学教育》2013年第9期。

1.2 导图法在教学设计中应用的有效性与可行性

信息化社会和知识经济的发展对教师能力提出了更高的要求。教师作为教学设计实践的主体，其教学设计能力的高低直接决定着课堂教学的实施与学生学习的效果。然而，根据笔者开展的关于“化学教师教学设计能力及导图认知程度”的调查，教师进行教学设计时有困难的主要原因（多选题）有以下几个方面：

表1 进行教学设计时有困难的主要原因

主要原因	比例
教学设计的理论与实践同我国的教育实际有差距	42%
教学设计的理论比较抽象、宏观，操作性不强，缺乏简单有效的辅助工具	70%
现有的教学设计模式和工具多是表格、流程，束缚了教师教学过程中的创造性	52%
教学设计的步骤有些繁琐	32%

结果显示，认为教学设计缺乏简单有效的辅助工具的高达70%，由此可见，确实需要一种简单有效且能发挥教师创造性的工具来辅助教学设计。导图作为一种可视化的工具可以有效地应用于教学设计之中。

为什么要在教学设计中使用导图？首先是由语言的线性引起工作记忆的超载导致的[2]。语言是思维的外壳，是知识传播的重要途径。然而传统的文字叙述性教学设计在描述复杂的教学过程及各要素相互关系的时候，文字多、篇幅大，容易引起工作记忆的负担，使得思维难以进行深层次加工。另外，常言道：“百闻不如一见”“一图胜过千言”。研究表明，人类关于外在世界的信息80%以上是通过视觉通道获得的。人类处理视觉信息的速度一般比处理文字信息快6000倍，使用视觉辅助能够将学习效率提高400%[2]。因此，使用导图能够使复杂的教学设计直观化、形象化，使教学过程层次化、简洁化，使各种教学要素信息一目了然。

2 导图的类型与功能

现代教育教学研究中的概念图、思维导图等实际上就是导图或命题网络的一种枝状或网状结构的表达形式。近几年教科研活动中经常应用的教学过程流程图也是一种科学、实用的导图。此外，教学设计中使用的导图还包括认知地图、思维地图、网络图甚至图表等多种形式。以下对三大常用的典型导图进行简要介绍。

2.1 概念图

概念图（Concept Map），又称概念地图，是一个表示概念之间相互关系的空间网络结构图，由美国康奈尔大学的诺瓦克博士于20世纪60年代根据奥苏贝尔的有意义学习理论提出的。概念图的图表结构由概念、命题、交叉连线和层级结构四个基本部分组成。概念是事物或事件的规则属性，用专有名词或符号进行标记；概念与概念之间通过连接线上的连接词，如“包括”“表示”“是”等而形成意义关系，连接词连接两个重要概念并构成命题[3]。通常概念图呈现的是思维的结果。在具体的教学过程中，教师可以通过备一节课的概念图，深层次地把握主要概念以及这些概念之间的关系，以提高教学效果。

2.2 思维导图

思维导图（Mind Map）是英国人东尼·博赞于20世纪70年代提出的一种将发散性思考可视化的思维工具。它让人的左半脑和右半脑在思维过程中同时运作，模拟了人脑的工作方式，焦点清晰地集中在中央图形上，主题的主干以脉络状分支延伸出去，分支出一个关键的图像或者线条上面的关键字；各分支形成一个连接的节点结构。各级主题的关系用相互包含与相关的层级图表现，形成一种树状思维[4]。

在传统的教学体系中，教师往往沿着惯性的线性思维方式进行教学设计，这样会限制思维拓展而不适应于现代多元化知识体系思维整合的需求。思维导图运用放射性思维方式，将知识整合与问题解决的过程转换为以知识为核心概念或以关键问题为中心，借助联想式思维技巧实现全方位解读知识概念和全面优化解决问题的过程，从而有助于教师拓展教学设计思维的广度和深度，激发灵感。

2.3 教学过程结构流程图

教学过程结构流程图简称教学流程图，是教学设计方案的组成部分和图示。它是指教师为完成教学任务，将教学双边活动的进程、内容、结构、层次用图形固定下来，并依此开展教学活动的指导图示。通过教学流程图可以一目了然地看出课堂教学结构设计的思路、方法、师生的双边活动和相关逻辑联系。教学流程图包括不同的形式，如示范型、逻辑归纳型、逻辑演绎型、探究发现型、练习型等，一节课往往包含多种形式的融合。因此，教师需要根据教学设计的要求和实际情况的需要，创造性地设计教学过程结构流程图。

3 导教图模型的开发与建构

3.1 导教图模型的提出

导图是优化教学设计的有效工具，近年来也得到普遍的研究与使用。但就目前的研究趋势来看，各种经典导图之间大有融合之势。例如，一直颇有争议的概念图与思维导图异同说，由于两者都是可视化工具，都是用于引导人们思维的图示，即使二者在由来、定义、形式等方面阐述有所不同，但很多研究者都持不区分观点。对于一线教师来说，在使用导图时采用何种名称并不重要，为了能够促进教学，可通过一定的变式适当结合各种图示，优势互补，灵活配合，以达到更好的辅助效果。

基于导图融合的思想，笔者提出一种新的图示概念——导教图。导教图是指教学设计者用简单的文字符号表示教学过程的思路、步骤和内容，并用带箭头或标号的流程连接关联的内容的思维过程示意图。它摒弃了导图在除教学外其他领域内的功能，缩小了概念的范围，使这一教学设计辅助工具更具针对性、实用性。图1表示了导教图与其他各种导图之间的关系。

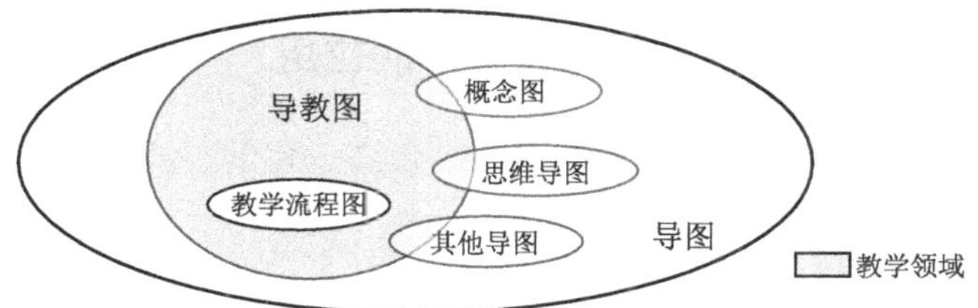

图1　导教图与各种导图之间的关系

3.2 导教图模型的结构

笔者开发的导教图模型（图2）实际上是一种嵌套式的导图组图，是用思维导图的形式绘制出的由1个中心主题、6个二级主题和18个三级主题组成的多元教学思路图。在教学内容和教学过程部分，分别嵌套一个知识框架体系图和一个教学流程图。

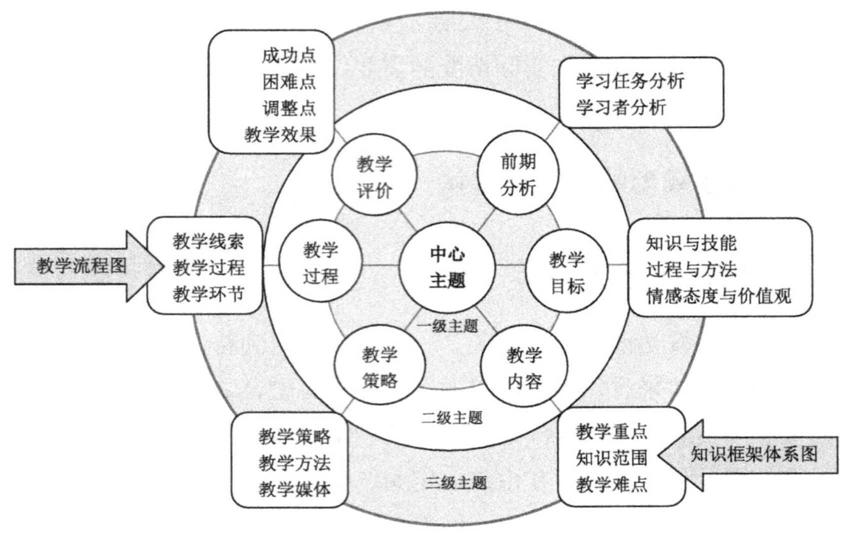

图2　导教图模型

辐射状的结构覆盖教学设计的各个方面，有利于思维的发散和联想；知识框架体系图整合了零散的知识点，有利于在大脑中形成提纲挈领式的知识全景；根据学生的认知能力和知识结构设计的教学流程图理清了教学脉络，有利于教学支架的建构和重难点的突破。可见，三图融合的导教图模型是一种纵向思维与横向思维、静态结构与动态流程相结合的复合型导图，它使教学设计更加系统科学，提高了教学设计效率。

4　导教图模型在课堂教学设计中的应用

下面从课堂教学设计的六个方面，结合高一化学“离子反应”具体案例探讨导教图在化学教学设计的实际应用。

4.1　教学的前期分析

教学的前期分析就是在教学活动展开前对教学背景，包括学习任务和学习者等进行分析（图3），它是教学设计的起点。教学设计者可借此了解教学主题、教学对象的基本情况，做到心中有数，为教学设计的后续开展打下坚实的基础。

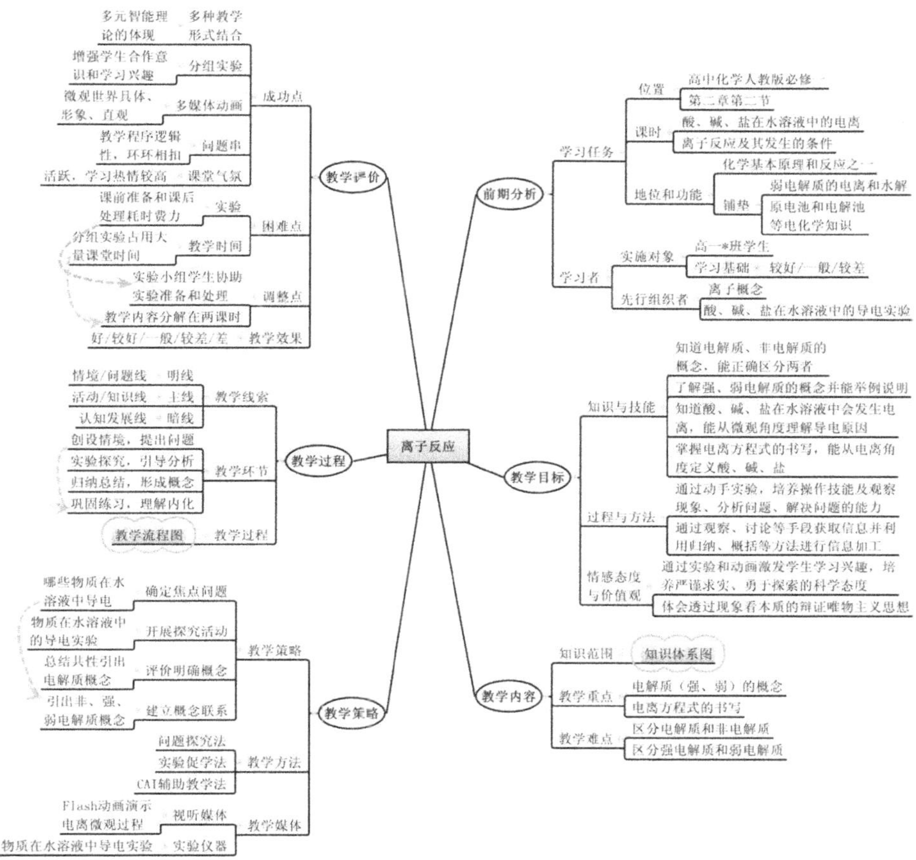

图3 用FreeMind软件绘制的“离子反应”教学设计思路图

4.2 教学目标的确定

化学课堂教学目标是对化学课堂学习活动预期达到结果的表述，它确定了教学工作的方向，制约着化学课堂中教与学的活动，有助于在确定教学内容方面做到详略得当。我国的化学教学目标分类采用的是布卢姆的分类系统，图3中从知识与技能、过程与方法、情感态度与价值观三个方面对该课的教学目标进行了详细分析。

4.3 教学内容的分析

通常情况下，一个核心知识点的教学难以通过一堂课的教学来实现，因此需要选择相关内容进行整体单元设计。可利用导教图建立起整体教学的宏观知识体系图，再划分单元课时的微观教学任务。图3中指出了教学的重难点，并通过内容的选择与组织确定课程内容的基本框架，嵌套的知识框架体系图如图4所示（深色表示教学的重难点）：

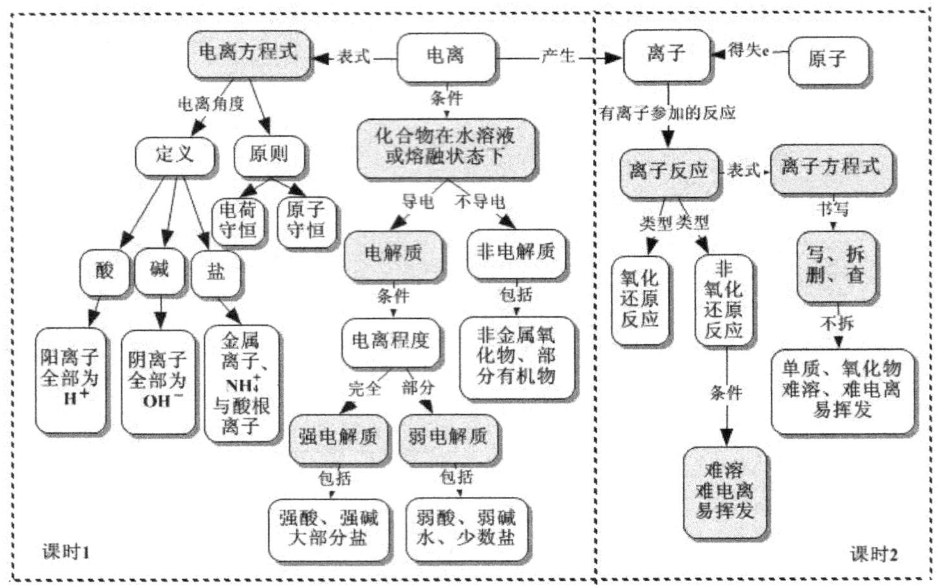

图4 用Inspiration7.6软件绘制的“离子反应”知识框架体系图

4.4 教学策略的制定

教学策略的制定是有效解决“如何教”问题的教学设计的重要环节，主要研究教学顺序的确定、教学活动的安排、教学组织形式的选用和教学方法的选择等一些教学具体问题。教学策略具有灵活性和多样性，不同的教学目标应采用不同的教学策略，表2是一些常见的教学策略模型，该课采用了“探究—建构”的教学策略，并对教学方法、教学媒体进行了相应的选择（见图3）。

表2 三种常见教学策略模型[5]

策略	“接受—建构”策略	“信息加工—建构”策略	“探究—建构”策略
模型结构	呈现先行组织者→呈现学习材料→分析、讨论，建构意义→归纳联系，完善知识体系	创设情境，引发环境刺激→实验、观察等获取感官信息→理解信息，认识本质与规律→巩固应用，建构知识体系	确定焦点问题→开展探究活动→评价明确概念→建立概念联系→形成理论

续表

策略	"接受—建构"策略	"信息加工—建构"策略	"探究—建构"策略
适用内容	元素与物质的分类、化石燃料、单元复习、习题教学等	配制一定物质的量浓度溶液、实验设计知识等	化学概念、基本理论等

4.5 教学过程的设计

教学是一门艺术。一堂化学课往往包含若干教学活动环节，教师要科学合理地安排这些环节，使下一步的输入正是上一步的输出，保证整个教学过程脉络清晰，形成鲜明的层次性，还要利用教学线索串起课堂教学的各个环节，使课堂教学实现由点、线、面到立体的飞跃，体现课堂教学的整体性。在"离子反应"的案例中，笔者设计了以情境／问题为明线，以活动／知识为主线，以学生认知发展为暗线的"三线"教学模式，提供了按照流程的走向和三线索纵向的多视角读图方式，更加体现了线索在教学中的突出作用，加强了教学设计的逻辑性。图3中展示了该课的教学线索和教学环节，嵌套的教学过程结构流程如图5所示。

4.6 教学评价的生成

教学设计是课堂教学设计中不可或缺的环节，是教师不断优化教学设计，提高教学技能的重要内驱力。图3中从教学效果、成功点、困难点、调整点四个方面生成了教学评价，进而以评价为反馈来检验计划并不断修正完善教学设计。

5 结 语

导教图模型从全新的视角为化学教学设计提供了一个可供参考套用的模式。指向明确、脉络清晰的导教图使教师摆脱了做化学教学设计时无从下手和思路混乱的困境；巧妙的构图和精炼的文字将教师从传统教案拖沓的文字和长篇的论述中解脱出来。导教图模型指导下的化学教学设计更富整体性、层次性、逻辑性，拓展了广度、延伸了深度、细化了精度，对化学教学设计无论是宏观整体的把握，还是微观细节的处理都更为完善。

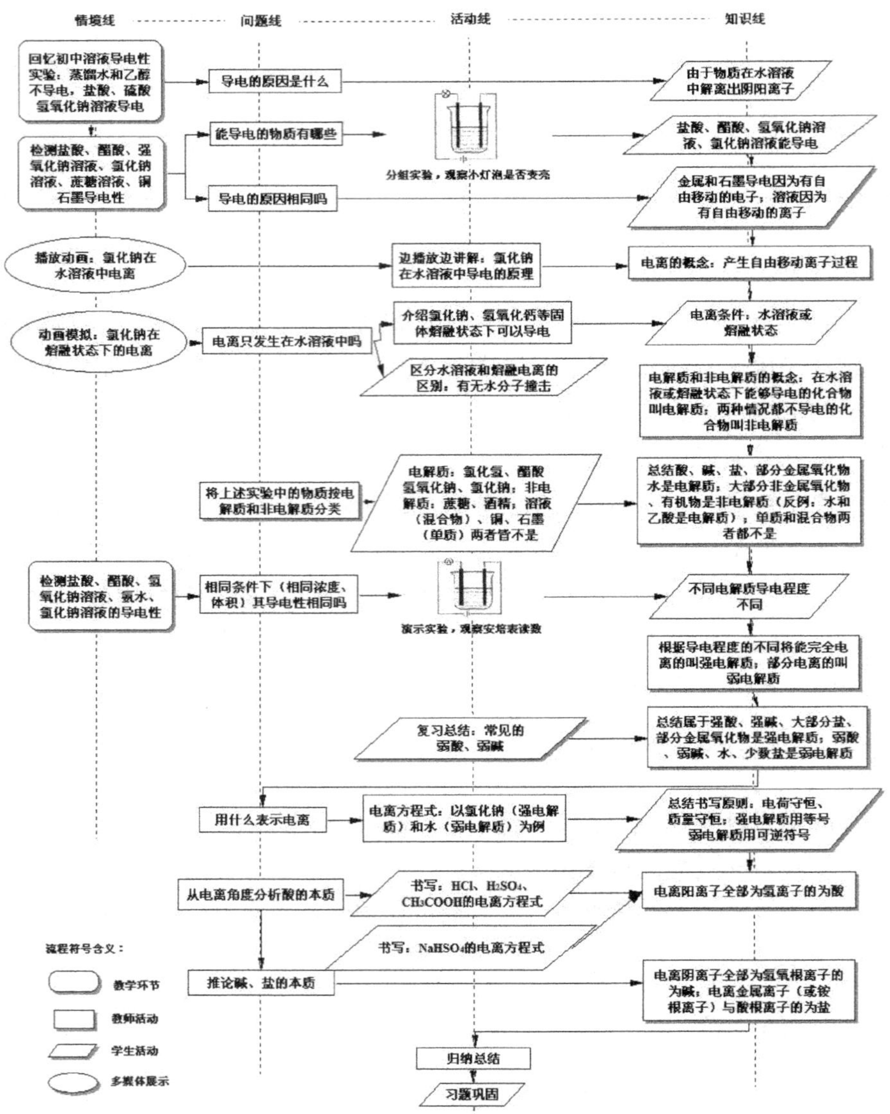

图5 “离子反应”(第一课时)教学过程结构流程图

然而，作为新鲜事物的导教图模型不可避免地存在着一些问题，诸如反常规的表现形式不符合人们线性的阅读习惯，要得到大众的认可需要经历一段时期的磨合。另外，由于传统手绘导图不美观和不易修改的缺点，目前导教图的绘制主要借助相应的软件，这就对教师的教学技术水平提出了更高的要求。目前已开发的绘图软件如FreeMind、MindManager和Inspiration等，界面美观，简单易学。熟练掌握这些软件的操作方法，不仅可以大大提高导教图成图效率，而且可以使教师在制图过程中体会思维发散的快乐及成图时的巨大成就感和喜悦感。

参考文献

[1] 乌美娜. 教学设计 [M]. 北京：高等教育出版社，1994：11.

[2] 段维清. 知识可视化方法的教学应用之研究 [D]. 重庆：西南大学，2007：1.

[3] 徐晨红，蔡亚萍. 概念图、思维导图和思维地图的辨析 [J]. 科教文汇，2010（11）：101-108.

[4] 托尼·巴赞. 思维导图 [M]. 北京：中信出版社，2009：34.

[5] 王后雄. 中学化学新课程课堂教学设计 [J]. 中学化学教学参考，2008（10）：12-15.

基于p值流程图计算水溶液酸碱度的方法*

熊言林　余婵娟　马善恒

摘　要：化学教学中，水溶液酸碱度的计算对于初学者来说，既是重点也是难点。在参考外文资料的基础上，本文介绍了一种用于酸碱度计算的p值流程图，学生通过回答流程图上的一系列问题，并找到正确的方程式，即可十分方便地求解常见溶液pH的计算问题，而不需要借助于计算器。

关键词：p值流程图　酸碱度　化学教学

1　问题的提出

在化学分析时，常使用溶液pH对水溶液酸碱度进行定量分析，它是通过水溶液中H^+或OH^-离子浓度来表示的[1]。pH是水溶液中H^+离子浓度的负对数，即$pH=-\log[H^+]$。pH的提出，给实际应用和记忆带来了很大方便，同时也给缺乏计算技能和对数知识的学生带来了解题上的困难。有关水溶液pH的计算，是大学化学教学的重点和难点，同时也是高中化学的难点及高考命题的热点。不少同学在解答此类问题时，经常由于分析不够透彻而出错。

在水溶液中，存在着水的电离平衡（$H_2O \rightleftharpoons H^+ + OH^-$）。当改变外界的某些条件时该平衡可能被破坏，如改变温度、加入其他电解质等，从而改变了溶液的酸碱性。对于不同的水溶液体系，其酸碱度的计算要考虑多种影响因素。如强酸（强碱）、弱酸（弱碱）、各种盐类及缓冲溶液等，必须考虑电解质本身的电离程度，还要考虑阴阳离子的水解情况，这些影响因素给溶液pH的计算带来了一定的复杂性。实际上，获得pH唯一可靠且有效的方法是测量而不是计算。测量溶液pH的方法很多，最精确的是用pH酸度计测量。但在实际教学中，让学生学会如何获得pH估值并预测溶液酸碱性强弱，比用精确的数字呈现出来更加具有教育教学价值。

* 本文发表于《大学化学》2010年第5期。

初学者对于复杂的溶液体系，往往分析不清，容易混淆。鉴于学生在计算水溶液pH时遇到的各种困难，本文在参考外文资料的基础上，介绍了一种不需要借助于计算器就可以快速获得各种复杂溶液pH近似值的辅助工具——p值流程图[2]（见图1）。

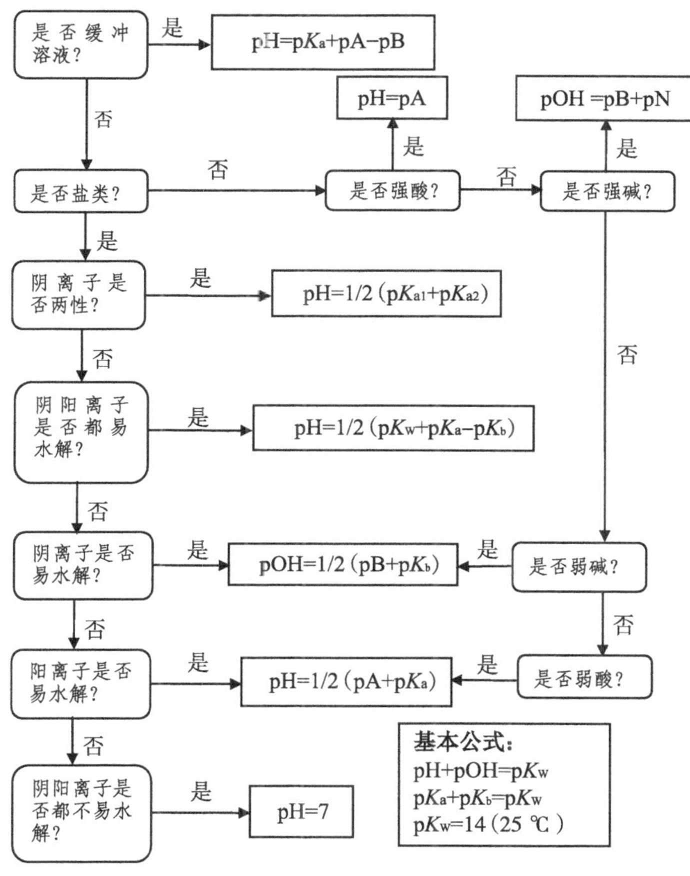

图1　p值流程图

2　p值流程图

对于水溶液的pH，定义pH=－lg[H^+]。所谓p值流程图，就是采用同样的定义方法将所有相关的量都定义为pX=－lg[X]，其中[X]可表示[A]（酸的浓度）、[B]（碱的浓度）、K_a（弱酸的电离常数）、K_b（弱碱的电离常数）、K_w（水的离子积常数）、[H^+]以及[OH^-]等，并且在整个流程图中出现的全部公式均用pX的形式呈现。

3 p值流程图的计算

3.1 p值流程图的计算原理

使用p值流程图解决溶液酸碱度问题时，A和B部分的浓度要求必须小于或等于1 mol/L。因此，在计算过程中X的值可以表示为：

$$[X]=m\times 10^{-n}\quad (1\leqslant m<10) \tag{1}$$

类似于pH的定义式，定义p值公式为：

$$pX=-\lg[X] \tag{2}$$

将（1）式中的[X]值代入（2）式中，得：

$$pX=n-\lg(m) \tag{3}$$

3.2 强酸（强碱）溶液pH的计算

在强酸强碱溶液中，强酸和强碱完全电离，在浓度较大的溶液中可以忽略水的电离，只有在极稀溶液中，除考虑酸碱本身电离外，还要考虑水电离的H^+或OH^-离子的影响。

对于强酸溶液，p值公式即为：

$$pH=pA=n-\lg(m) \tag{4}$$

对于强碱溶液，p值公式即为：

$$pOH=pB+pN \tag{5}$$

该式类似于式(4)，区别在于在强碱溶液公式中引入了一个校正因子pN，N是指碱化学式中OH^-离子的数目，如$Mg(OH)_2$中含有两个OH^-离子，即N=2。

例如，浓度为2.50×10^{-3} mol/L的HCl溶液的pH计算如下：

$$pH=pA=3-\lg(2.50)\approx 2.6\ \text{（小数点后保留一位数字）}$$

学生在利用p值流程图计算溶液的酸碱度时，仅需借助于对数函数$m\sim\lg(m)$图（如图2），而不需要计算器就可以解决这些酸碱度计算问题。

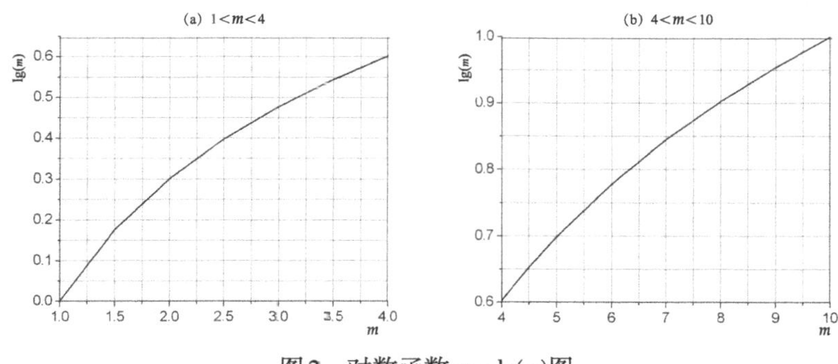

图2　对数函数$m \sim \lg(m)$图

3.3　弱酸（弱碱）溶液pH的计算

不完全电离的弱酸（弱碱）溶液，存在电离平衡，其酸碱度的计算可以依据ICE理论（初始浓度、变化浓度、平衡浓度），计算结果的相对误差不大于5%。由于弱酸（弱碱）的电离程度很小，解题时，会给学生一个标准让其预先考虑是否要忽略水的电离影响，通常可利用溶液的初始浓度和弱酸（弱碱）的电离常数之间的比值来判断。对于弱酸溶液，如果$[A]/K_a$的值大于100，则可忽略水的电离影响而直接使用p值法；如果$[A]/K_a$的值小于80，则必须考虑水的电离部分。下面（6）（7）式是在忽略水的电离时，用于计算弱酸和弱碱的pH近似值。

$$pH = 1/2(pK_a + pA) \tag{6}$$

$$pOH = 1/2(pK_b + pB) \tag{7}$$

值得注意的是，因为流程图中假设水的电离可以忽略，所以我们可以不区别初始浓度（$[A]_0$或$[B]_0$）和平衡浓度（$[A]_{eq}$或$[B]_{eq}$），仅用A和B来表示浓度。但必须告诉学生的是，在实际情况中，初始浓度和平衡浓度并不相等，即$[A]_0 \neq [A]_{eq}$、$[B]_0 \neq [B]_{eq}$，所以（6）（7）两式计算的值是不精确的。

3.4　酸碱缓冲溶液pH的计算

酸碱缓冲溶液是指能减缓因外加强酸或强碱及稀释而引起的pH急剧变化的溶液，一般是由浓度较大的弱酸及其共轭碱所组成。因为缓冲溶液中缓冲剂本身浓度较大，对计算结果不要求十分准确时，可以采用近似方法进行。p值流程图在缓冲剂中的应用为Henderson－Hasselbach方程式（汉－哈二氏方程式），如下：

$$pH = pK_a + pA - pB \qquad (8)$$

例如，利用p值流程图计算含有7.2×10^{-1} mol/L $H_2PO_4^-$和5.0×10^{-1} mol/L HPO_4^{2-}的缓冲溶液的pH［已知$K_a(H_2PO_4^-) = 6.1 \times 10^{-8}$］。

解析：首先，通过式（3）计算pK_a值，得$pK_a = 8 - \lg(6.1) = 7.21$［如前面所述，学生通过对数函数$m \sim \lg(m)$图（图2）可以求得$\lg(6.1)$］。同理，利用p值流程图可以分别处理$[H_2PO_4^-]$和$[HPO_4^{2-}]$，得到pA=0.14、pB=0.30。最后将数值代入式（8）即可得到该缓冲溶液的pH=7.1。

在p值流程图中，还给出了两性物质溶液及弱酸弱碱盐溶液pH的计算。最后还附加3个关于溶液酸碱度计算的基本方程式：

$$pH + pOH = pK_W，pK_a + pK_b = pK_W，pK_W = 14（25\ ℃时）$$

4　p值流程图的计算步骤

p值流程图是根据对水溶液中电解质设置相关的问题，并针对电解质不同的性质所对应的公式绘制的图形。学习者只需要按照箭头的正确指向回答流程图中的问题，并找到合适的方程式，就可以定性和定量地求解pH。借助于p值流程图，学生仅需要认识酸或碱的种类，会区分化学物质中显酸性的部分A和显碱性的部分B即可，如在乙酸溶液中，CH_3COOH为A，CH_3COO^-为B。通过流程图中的方程式，可以计算出浓度范围为$1.0 \times 10^{-3} \sim 1.0$ mol/L溶液的pH估值，计算结果保留小数点后一位数字。

例如，计算浓度为2.5×10^{-2} mol/L的NH_4Cl溶液的pH［已知$K_a(NH_4^+) = 5.55 \times 10^{-10}$］。

解析：按照p值流程图上箭头的正确指向回答问题即可找到正确的公式，如图3所示。从中可得到所需的方程式为$pH = 1/2(pK_a + pA)$。

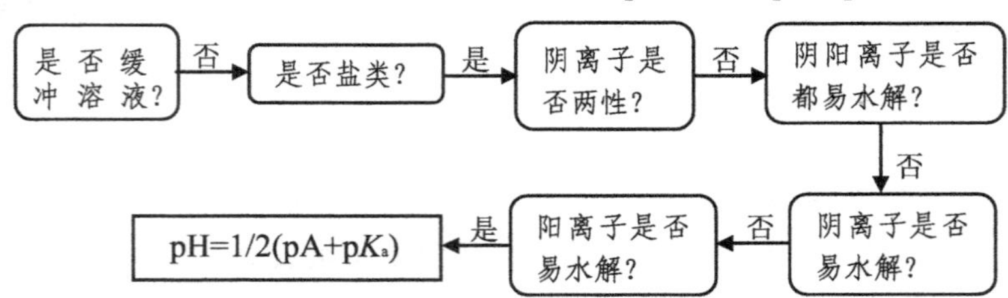

图3　利用p值流程图计算NH_4Cl溶液的pH

然后通过（3）式及对数函数$m \sim \lg(m)$图（图2），学生即可以得到NH_4Cl溶液的pH：

$$pH = 1/2(9.24 + 1.60) = 5.4$$

5 结 语

本文介绍了一种用于解决溶液酸碱度计算的p值流程图。该流程图结合弱酸、弱碱的近似方程及其他标准方程，几乎涵盖了化学中可能遇到的所有物质酸碱度pH的计算。借助于p值流程图，学生不需要计算器，只要按箭头正确指向的顺序沿着流程图中的问题寻找合适的公式，就可以解决一系列溶液pH的计算问题。对数函数$m \sim \lg(m)$图的使用，深化了被计算器替代了的溶液pH图示求值法。

应该注意的是，使用p值流程图计算溶液pH时，要求溶液中只含有单一的电解质或缓冲体系，且忽略了水的电离部分，求算的结果只是pH的近似值，在p值公式中要求溶液的浓度必须小于或等于1 mol/L。

参考文献

［1］武汉大学. 分析化学［M］. 北京：高等教育出版社，2000.

［2］PABLO A M. Acid–Base Calculations with a Flowchart of p Values［J］. Chem. Educator，2008，13（4）：207–209.

试论图式理论在化学概念教学中的应用*

熊言林　徐泽忠　张　燕

摘　要： 图式理论是认知心理学中用来解释心理过程的一种理论模式。本文通过分析图式理论与化学概念教学的关系，探讨了图式理论在化学概念教学中的实际应用。

关键词： 图式理论　化学概念　教学　应用

化学概念是反映物质在化学运动中的固有属性的一种思维形式，在化学知识体系中充当着知识网络的"节点"，是化学知识的核心。掌握化学概念，有利于化学知识的结构化和系统化。在学生的认知结构中，若难以形成清晰的概念体系，则谈不上真正领会化学变化的内在联系及规律。

图式是现代认知心理学中的一个重要概念。在如何高效学习及解决问题备受关注的今天，将图式理论恰当地应用于化学概念教学中，既符合学生的认知规律及心理发展规律，又能帮助学生形成清晰、稳固的知识结构，是一种提高教学效果的有效策略。本文在介绍图式理论及其基本要点的基础上，探讨图式理论在中学化学概念教学中的应用。

1　图式理论概述

图式（Schema）一词最早来源于生理学，最初指对身体的表象，后来英国心理学家巴特莱特将它扩展为处理外部世界的内部记忆加工模式。瑞士著名的心理学家、教育家皮亚杰也十分重视图式的概念，他用图式来描述儿童认知发展的阶段特征，认为不同发展阶段的儿童对外部世界的认知存在着特定的加工图式[1]。同时，他还认为图式是指动作的结构或组织。

当代认知心理学家发展了图式的定义，认为图式是指围绕某一主题组织起来的知识的表征和储存方式，是认知的建筑材料（或组块），是信息加工

* 本文发表于《中学化学》2009年第5期。

的基本要素。人们所习得的知识不是杂乱无章地储存在大脑之中的，而是围绕某一主题相互联系起来形成一定的知识单元，这些单元就是图式。现代图式理论是在信息科学、计算机科学深入到心理学领域，使心理学中关于人的认知发生了深刻变化之后，于20世纪70年代后期发展起来的。

2　图式理论的基本要点

2.1　图式具有变量和一般性

图式具有变量是指图式是由变量构成的，但不是变量的机械相加。图式提供给个体的只是一个框架，围绕这个框架，变量可以与环境的不同方面相联系从而使当前的一定的情境得到解释。

一般性是指图式是从许多具体例子中抽象概括出来的，而不是指具体某个例子在头脑中的储存，因此图式具有普遍意义，易于提取和迁移。

2.2　图式具有知识性和结构性

知识性是指图式所表征的是知识而不是定义。图式犹如一个丰硕的知识包，它囊括了陈述性知识、程序性知识和策略性知识[2]。可以这样理解，我们所掌握的图式就是我们所掌握的知识，我们所习得的所有知识都包含在我们所具有的图式里面。

结构性是指图式的各知识点之间是按一定的联系组成的一种层次网络，它由知识的结构性决定，是一种等级结构。也就是说，图式有简单和复杂、抽象和具体、高级和低级之分，即图式之间具有上下位的关系。

2.3　图式的形成是新旧知识的有效整合

现代认知心理学认为，图式是在以往经验的旧知识与新信息相互关联的基础上，通过“同化”与“顺应”而形成的，是以往经验的积极组织，是新旧知识的有效整合。图式不是被动地接受信息，而是积极地把新信息同图式表征的旧知识联系起来。每个图式在发展过程中都受到协调作用而发生变化。低级的图式通过同化、协调、重构而逐渐向层次越来越高的图式发展。

“同化”和“顺应”是皮亚杰图式理论的两个重要概念。“同化”就是把外界信息纳入已有的图式，使图式不断扩大，也就是依托原有的认知图式进行的学习和迁移，属于量变的过程。“顺应”则是当环境发生变化时，原有的图式不能再同化新信息，而必须通过调整改造才能建构新的图式，属于质变的过程。

3　图式理论在化学概念教学中的应用

3.1　利用图式的变量，抓住化学概念的特征信息

应用图式理论来指导化学概念的教学，我们会发现学生对化学概念的建构，其实质就是学生头脑中形成了有关化学概念的图式。因此，我们可以把化学概念看作图式，每个化学概念都是由相互关联的部分构成的，这些相互关联的部分便是这一化学概念图式的变量。在化学概念教学中，要注重引导学生分析化学概念的几个构成部分（化学概念图式的变量），并从中找出概念的特征信息，把握好整体与部分的关系。

例如，在“电解质”概念的教学中，应先找出其图式的特征信息：“水溶液”“熔融态”“能导电”“化合物”等，即可将“能导电的单质（如银、铜等）”“不能导电的化合物（如蔗糖、乙醇等）”“溶于水并与水反应生成另外物质的化合物（如二氧化氮、二氧化碳、二氧化硫等）”等干扰概念理解的种种因素弃去。

一旦学生能自觉地通过有关特征进行分析，并对特征信息进行抽象与概括，就有助于用语言清晰地表述和有序地记忆这些特征，进而形成化学概念的正确图式，这是掌握概念的前提[3]。

3.2　利用图式的关系，理清化学概念的内在联系

图式理论指出，图式不是变量的机械相加，而是按一定规律结合的有机整体，其变量之间有相互制约的关系。化学概念的图式也不例外。在概念教学中，我们不仅要分析化学概念的构成部分，更要理清这些构成部分之间及化学概念之间的内在联系和知识结构关系。如在“原电池”概念的教学中，我们不仅要知道原电池是由活泼性不同的两个电极、电解质溶液和导线构成的，还应明确三者之间的关系是形成了化学能转化为电能的装置。

化学概念的图式之间同样也存在低级与高级、简单与复杂之分。例如，“金属键”这一概念包含在“化学键”概念中，从图式的高级与低级来看，金属键的图式是低级或下位图式，而化学键的图式则是高级或上位图式。从

图式的简单与复杂来看，金属键的图式相对比较复杂。又如，“非金属氧化物”这一概念隶属于“非电解质”概念，从图式的高级与低级来看，非金属氧化物的图式是低级或下位图式，而非电解质的图式则是高级或上位图式。从图式的简单与复杂来看，非电解质的图式相对比较复杂。

因此，在概念教学中，应用图式理论可以帮助学生更好地理解化学概念各构成部分之间及化学概念之间的内在联系和知识结构关系，形成化学概念网络。学习心理学认为，一个重要的概念，是在概念的系统中形成和发展的。一个概念只有纳入相应的系统中，才能被学生全面、深刻地理解和掌握。

3.3 利用图式的形成过程，进行化学概念之间的迁移

学生对化学概念的形成是一个从对化学现象和事实的感性认识出发，经过抽象、概括，达到对化学变化的理性认识的过程。它首先建立在先前经验的旧概念和新知识相关联的基础上，然后通过新知识与原有概念的相互作用构建新的化学概念，从而顺利实现化学概念之间的迁移。这一过程恰恰是图式理论所描述的原有图式可通过“同化”与“顺应”形成新的图式的过程。

例如，电离平衡概念图式的形成，首先是化学平衡概念的图式（原有图式）同新信息“离子化速率和分子化速率相等”产生有机联系，再通过“同化”，化学平衡概念图式将新信息纳入自己的图式，使之成为电离平衡概念图式的一部分，最后形成电离平衡概念的完整图式。

从图式理论来看，氧化还原反应概念的完整图式则是通过从初中得氧失氧角度定义的氧化还原反应概念图式的“顺应”，不断调整自己的组成部分和结构而形成的。因为从“得氧失氧”角度到“电子得失或偏移”角度定义的这一高层次氧化还原反应概念的发展过程中，“得氧失氧”角度定义的概念图式不能通过“同化”形成“电子得失或偏移”角度定义的概念图式，只能通过呈现一些没有氧得失的氧化还原反应的实例，分析它们与原有氧化还原反应概念的本质联系是都有化合价变化，而化合价变化又是由于发生了电子得失或电子对偏移，这样，通过调整、改造、重组即“顺应”，就可形成高层次的氧化还原反应的概念图式。

在实际教学中，教师应钻研教材，明确概念间的内在联系，找准新概念与认知结构中原有概念的勾连点，顺利进行概念间的“同化”或“顺应”，以使学生形成比较完整的有关化学概念的图式，这是掌握化学概念的基础。

3.4 利用图式的知识性，指导化学概念的应用

学生初步形成某一化学概念后，不应只停留在下定义或做注释的水平上，而应特别注重在不同情景中运用概念，将已学概念推广或引申到同类事物或相关事物中，解决新的问题，进一步深化对概念的认识和理解。图式既表征了抽取出来的一般性命题，同时又有附属于命题的具体解决思路[4]。化学概念图式同样包括与概念相关的陈述性知识、程序性知识和策略性知识。因此，化学概念图式的形成特别有利于化学概念知识的迁移，有利于产生新的解决问题的能力。

例如，学生学习了“电解”概念图式之后，即可用于解释电解精炼、电镀、酸碱工业原理。又如，掌握了“离子键”概念图式的特征，就可说明为什么离子晶体一般具有较高的熔点、沸点且难挥发。再如，领会了“水解”概念图式的实质后，就可用于分析强酸弱碱盐及强碱弱酸盐的水溶液不显中性的原因。

化学教学中，把学生已形成的概念图式及时应用于化学问题的解决过程中，使学生产生由理性认识到实践，又由实践来检验和巩固理性认识的飞跃，有利于学生从更深的角度来理解概念，这是理解和掌握化学概念的关键。

总之，图式理论是关于知识的心理组织结构的理论。图式教学重视学生完整的知识结构的建构与活化，并能消减因知识难度增加所带来的认知障碍。在化学概念教学中，应用图式理论可以使教师从教育心理学的视角更好地指导学生建构与掌握化学概念。

参考文献

[1] KAHMEY H. Problem solving [M]. Buckingham Philadelphia: Open University Press, 1990: 72.

[2] 张向葵，华炜. 图式：发展学生创新能力的奠基石 [J]. 当代教育论坛，2003 (12): 54.

[3] 朱俊峰，刘坤. 化学概念的形成策略初探 [J]. 中学化学教学参考，2003 (11): 11-12.

[4] 王国钧. 促进“问题图式”形成的教学策略 [J]. 大连教育学院学报，2003 (2): 13.

化学教研成果转化的理论与实践*

熊言林

摘　要：化学教研成果转化到教学中对提高化学教学质量具有至关重要的作用。本文构建了“教学、教研、成果转化与评价”的循环体系，并介绍了化学教研成果转化的实践途径和效果。

关键词：化学教学　教学研究　成果转化　理论与实践

作者长期在教学第一线从事高师院校化学课程与教学论相关课程教学，并一直坚持教学研究。近4年来，发表教研论文40多篇，主持省级教研项目1项、校级教研项目6项，编著《化学教学论实验》教材1部[1]，该教材被评为校优秀教材，还编写《化学实验研究与设计》讲义1部。2006年被评为校成人高等教育教学优秀教师，2008年被评为校首届教育硕士优秀导师，申报的“教研成果转化的实践与探索”教学成果项目，2008年被安徽师范大学评为高等教育教学优秀成果奖。这些教学研究成果及荣誉的获得，都与作者平时的教学研究及其成果转化分不开。

1　构建“教学、教研、成果转化与评价”的循环体系

在长期的教学实践中，作者深切感受到化学教学研究对提高化学教师自身业务水平十分重要，同时也深刻理解“教而不研则浅，研而不教则空，研而无果则耗，果而不用则废，用而不评则粗”的内涵。化学教研成果转化到教学中对提高化学教师教学质量具有至关重要的作用。为此，作者平时在教学、教学研究及其成果转化的过程中，逐步形成并构建了“教学、教研、成果转化与评价”循环体系（见图1），保证了化学教研成果的有效转化。

* 安徽省教研项目“高师院校化学实验教学评价体系研究与实践”（编号2007jyxm206）研究成果。本文发表于《化学教育》2009年第2期。

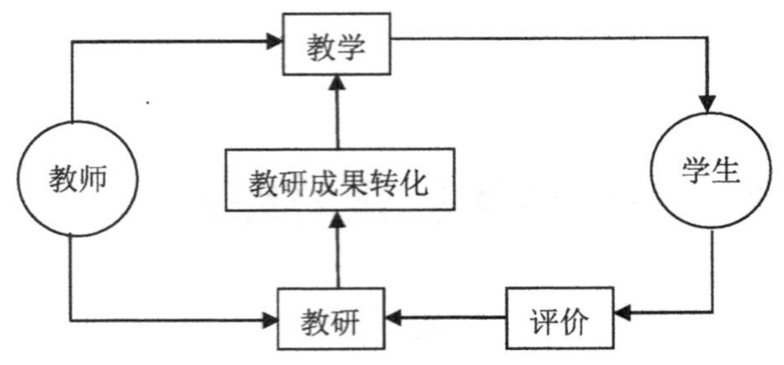

图1 “教学、教研、成果转化与评价”循环体系

在这一循环体系内，以教师为主导、学生为主体的师生互动中，教学是教研及其成果产生的沃土；教研成果转化到教学中才有生机和活力，才能促进教学质量的提高；评价是改进与完善教研成果，促进教学研究不断深化的抓手；教研成果转化的同时，可生成新的教研成果；新的教研成果产生又将促进新的教研成果转化，从而形成良性互促的“教学、教研、成果转化与评价”循环体系。

不难看出，图1的循环体系具有互促性、实践性、生成性、探究性、可行性和实效性特点，它能很好地保证化学教学研究成果的有效转化。

2 化学教研成果转化的实践途径

2.1 在理论课教学中转化，优化教学理念

理论课教学是其他教学形式的基础，也是传播各种先进教学理念的重要场所阈。教学理念是教学行为的先导，有思路才有出路。为此，作者在理论课教学中，以学生为主体，将自己研究的适合先进教学理念的新的教学方式转化为可行的教学方法，并应用到理论课教学中，改变以往大学课堂灌输式教学方法，收到了较好的教学效果。

例如，在讲到“化学实验设计的内容”时，作者要求学生课前查阅资料，课上分组讨论、汇报，课末师生共同总结，课下教师将相关讨论内容整理为《化学实验设计的内容与思考》一文并发表。又如，在讲到“学生化学实验成绩评价的内容”时，作者要求学生根据自己的实验经历和体验，分组讨论学生化学实验成绩评价应评价哪些项目及其赋分比例，然后师生共同总结，并将结果在实验教学中试验，效果较好，后整理为《高师“化学教学论实验”课程教学评价体系的建立与实践》一文并发表。理论课上按照这样类

似方式进行教学，不仅优化了各种教学理念和教学方法，还使课堂气氛更加活跃，培养了学生的能力。

2.2 在实验课教学中转化，更新实验内容

实验课教学是巩固与应用理论课上所学的知识和方法，培养学生实验技能和创新能力的主要途径。化学实验内容是培养学生实践能力和创新能力的重要载体。当今社会对人才的要求已发生很大变化，教育教学也随之发生变革，原有的化学实验内容已不再适应新的教育要求，因此，改革化学实验教学内容势在必行。

长期的化学实验教学中，作者感到有许多实验本体问题没有引起重视或解决得不好，化学实验教学也存在这样或那样的问题。在这种形势下，作者编著了《化学教学论实验》教材和《化学实验研究与设计》讲义，并将自己研究的新理念、新原理、新方法、新装置、新操作、新设计和新实验编入或融入到教材和讲义中，使其更加科学、新颖，符合新时代发展的要求，如化学实验设计的思路与策略、硫蒸气颜色的实验探究与思考、二氧化硫系列演示实验的设计、浓稀硝酸跟铜反应比较实验新设计、铜跟硫反应封闭式实验的新设计、白磷的制取及其系列实验新设计、二氧化氮的制取和喷泉组合实验新设计、对重铬酸铵热分解产物的质疑、红色酚酞溶液逐渐褪色的原因探讨，等等。这些教研成果的有效转化，使化学实验教学内容得到更新，实验类型出现多样，实验方法变为多种，从而为使化学实验的成功率更高，实验教学效果更好提供了保证。

2.3 在指导第二课堂活动中转化，培养动手能力

第二课堂活动是理论课、实验课的延伸和拓展，也是检验学生知识与技能掌握情况和培养学生能力的重要活动。为此，作者所在学院每年都举办学生实验技能大赛和实验开放周，并由作者主讲和本教研室其他教师参与指导。在每年主讲和指导的过程中，作者都将自己最新的教研成果转化到学生实验技能大赛和实验开放周中，并演示了化学振荡实验新设计和红色酚酞溶液逐渐褪色新实验等。新颖的实验内容、精彩的实验表演，很受学生欢迎，学生学习化学的热情更高涨，学生的动手能力和研究能力在活动中也得到了有效培养。

例如，2005级化学专业学生虞新晨和张敏利用实验开放周的课余时间进入化学教学论实验室，进行实验方案设计，试做实验，制作出精美的硫酸铜大晶体，并撰写了《溶液生长法制作硫酸铜晶体实验探究》一文。又如，2004级化学专业学生马莉和罗娜红利用学生实验技能大赛的时间，在设计和表演实验后，撰写出《"黑面包"实验新设计》一文，已在《化学教育》杂志上发表。

2.4 在指导教育实习中转化，丰富实习资源

教育实习是高师院校本科（师范类）教学的重要环节，也是社会检验高师院校学生质量的第一关。化学是一门实验学科，化学实验是化学学习的重要内容和方法，因而基础教育化学新课程改革对化学实验教学要求很高，可见，高师院校学生化学实验能力将直接影响其教育实习的成败。为此，在教育实习之前，作者向学生详细讲授了"化学实验失败的原因""化学实验中的异常现象浅析""钠的性质教学程序设计""化学实验设计与研究""'最近发展区'理论在'物质的量'教学中的应用初探"等内容，并选择一些化学实验进行演示，丰富了学生教育实习的资源，得到了学生的好评。

学生在实习中有了这些资源，可避免化学实验中很多不确定因素，确保了化学实验教学的成功进行，为圆满完成教育实习任务打下了坚实的基础。

2.5 在指导毕业论文中转化，提高创新能力

撰写毕业论文，尤其是实验性论文，是培养学生研究能力的重要环节，也是培养学生实践能力和创新能力的重要渠道。在每年指导的学生论文中，作者都要求学生撰写实验性论文，并将自己的实验研究思路、研究策略、研究方法、研究手段、研究案例和研究成果转化在学生的论文指导过程中，从而不断地培养学生的实验能力、研究能力和创新能力。

例如，作者指导的1985级学生薛传海、1999级学生王治江、2001级学生桂顺利、2003级学生孟令宝、2004级学生房成飞、2005级学生裴传友等同学的论文[2-7]相继发表，并获得了较好的社会评价。

2.6 在考核学习成绩中转化，完善评价手段

学习成绩评价是一项十分繁杂的工作，尤其是化学实验成绩的评价。如

何公正、公平、合理、有效地评价学生化学实验的成绩，是一个值得研究的课题。为此，作者于2006年成功申报了省级教研项目“高师院校化学实验教学评价体系研究与实践”（编号2007jyxm206）。

在课题研究过程中，作者全面深入地分析、调查、试验并初步总结，得到了比较科学合理的学生化学实验成绩评价体系，还将这些成果在作者所在学院和外校化学实验教学中进行试验，改变了以往化学实验成绩评价中存在的不足，大大完善了实验成绩评价手段，从而达到了预期的评价效果，获得了可喜的研究成果[8]，并得到了参与化学实验成绩评价的师生认可。

2.7 在为基础教育服务中转化，引领中学化学教学

为中学教学服务是高师院校师范类专业教学的主要目标。作为高师院校一名化学课程与教学论的教师，要深入了解中学化学教学情况，研究中学化学教学及教学中的疑难问题和学科前沿问题，从而提出有效的建议和对策，为基础教育化学教学服务，引领中学化学教学。为此，作者对中学化学教学中的实验教学问题进行了相关研究，并获得了相应的教学研究成果，为中学化学教学解决了一些问题。

例如，氢气还原氧化铜的产物是土红色的，人们一直认为土红色物质是氧化亚铜。但作者和魏先文教授研究发现，这种土红色物质是铜，并将其研究成果撰写成《土红色物质是氧化亚铜还是铜》一文发表在《化学教育》杂志上。该论文后被中国化学课程网全文转载，一个月内点击次数达500多次。又如，20世纪90年代末，作者就在研究并实践探究性化学实验教学，并将其研究成果《探索性化学实验的设计原则、内容及其教学模式》一文发表在2002年第4期《化学教育》杂志上，其内容与当前化学新课程倡导的科学探究教学内容有一定的相似之处，这对当前中学化学教学具有实践指导作用。另外，作者还组织学生到中学开展教学调查，撰写出很有见地的调查报告[9-11]。

2.8 在对外交流中转化，展现学校风采

要使教学研究成果得到别人的认可或进一步完善，其中对外交流是一条重要的途径，同时也能展现学校教师的业务水平和风采。为此，在每次外出参加学术交流会或讲座时，作者都尽可能提交相应的论文和讲座材料，向同

行专家学习，与同行专家交流、讨论，以便进一步完善自己的教研成果，提升自己的教学研究水平。例如，2005年在“全国高师化学教学论课程内容与教学方式改革研讨会”（沈阳）上，作者被推荐为闭幕式报告人之一，报告的题目是“高师院校‘化学教学论实验’课程改革的实践与探索”（此报告整理成文后发表在2006年第1期《化学教育》杂志上），得到了与会专家较高的评价。

3 化学教研成果转化的效果

根据图1的教研成果转化循环体系，作者在重视自己教学、教学研究及其成果转化的实践基础上，逐步形成了教学研究成果转化的方法和途径，并在长期的教学实践中试验、检验、完善，取得了较好的效果。

通过教研成果转化的研究与实践，作者在理论课和实验课的教学过程中，将所有教研成果适时地转化到相应的教学内容中，完善了教学内容，拓宽了学生的视野，学生变以往被动地听课为主动思考着听课，变以往“照方抓药”“按图索骥”式实验为主动探究实验，出现了“要我学”变为“我要学”，“要我做”变为“我要做”的学习情境，充分激发了学生学习的兴趣，有效调动了学生的积极性和创造性，大大发挥了学生的潜能，较好地培养了学生的实践能力和创新能力。在相关课程教学结束后，作者就教学内容、教学方式和教学效果对学生进行了问卷调查，平均有91.5%的学生对化学实验感兴趣（开课前为67.9%），有91.7%的学生认为最能发挥学生主体性的课程是实验课程，有96.8%的学生希望多开展一些探究性实验[12]。

由上可见，化学教育教学工作者只有沉下身子，深入教学第一线，脚踏实地，诚心服务学生，用心教授化学，潜心研究教学，精心转化教研成果，才能提高化学教学质量。

参考文献

［1］熊言林.化学教学论实验［M］.合肥：安徽大学出版社，2004.

［2］熊言林，薛传海.量气法测定阿伏加德罗常数［J］.实验室研究与探索，1994（2）：86-88.

［3］王治江，熊言林.另类喷泉实验例谈［J］.化学教学，2003（10）：10-11.

［4］桂顺利，熊言林．高一化学新教材有关实验的几个问题［J］．中学化学教与学，2003（5）：40-41.

［5］孟令宝，熊言林．乙炔性质系列实验的组合设计［J］．化学教学，2004，（4）：14-15.

［6］房成飞，熊言林．从心理学角度探讨新课程下的说课［J］．中学化学教学参考，2006（5）：8-9.

［7］裴传友，熊言林，阮志明．检验烟花爆竹燃放中产生SO_2的实验设计与思考［J］．化学教育，2008，29（3）：59-60.

［8］崔洪珊，熊言林．基础化学实验教学评价体系的探索与研究［J］．安徽理工大学学报（社会科学版），2007，33（4）：85-87.

［9］熊言林，强世苍，倪放放．校本化学实验教学研究初探［J］．化学教育，2007，28（11）：47-61.

［10］强世苍，熊言林，严增进．新课程高中化学实验教学的调查报告［J］．化学教育，2008，29（3）：53-63.

［11］阮方来，熊言林．试谈目前中学化学实验教学中存在的问题和对策［J］．化学教育，2008，29（9）：5-18.

［12］熊言林，江家发，阎蒙钢，等．高师“化学教学论实验”课程改革的尝试［J］．化学教育，2006，27（1）：42-54.

化学实验设计的内容与思考*

熊言林

摘　要： 化学实验是化学教与学的重要内容和方式。在实施化学实验教学之前，有一项十分重要的准备工作就是要进行化学实验设计，但化学教师往往容易忽视此工作。本文着重介绍了何谓化学实验设计及化学实验设计的内容。

关键词： 中学化学　实验设计　内容　思考

化学学科中，以化学反应为基础的实验统称为化学实验。实验既是进行科学研究的重要方式，也是实施科学探究的关键环节，还是化学教与学的重要内容和方式，因此第八次基础教育课程改革以科学探究为突破口，着力将实验教学与探究学习融合起来，不但让学生获得知识与技能，更重要的是学到获得知识的过程与方法，让学生受到科学方法与科学思维的训练，养成科学精神和科学品德，形成合作学习的意识，发展学习的兴趣，这是化学新课程的显著特征。要很好地落实这一教学理念，在实施化学实验教学之前，有一项十分重要的准备工作不能忽视，那就是要进行化学实验设计。何谓化学实验设计？化学实验设计的内容有哪些？化学实验设计时应注意哪些问题？本文将就此类问题作些探讨与思考。

1　何谓化学实验设计

化学实验设计，又称化学实验方案设计[1]。它是在实施化学实验之前，根据化学实验的目的和要求，运用相关的化学知识和技能，对化学实验的药品、仪器、装置、方法和步骤所进行的一种合理、细致的安排。可见，化学实验设计重在实验操作过程细致化的设计。

化学实验设计是化学实验设计思路或化学实验规划的一种具体化、细节

* 本文发表于《化学教育》2008年第2期。

化的体现。它对化学实验成功与否、实验安全与否、实验效率高低都将起到至关重要的作用。可见，化学实验设计不再可有可无，它的重要性不容置疑。化学实验设计不同于设计性实验，设计性实验是化学实验类型中的一种。从过程看，化学实验设计是设计性实验过程中的部分环节。

化学实验设计者既可以是亲自进行实验的实验操作者，也可以不是实验操作者，仅是实验设计者。对于后者，化学实验方案设计应该具体化、细节化，否则他人难以成功验证。

2 化学实验设计的内容

在化学教学中，化学实验设计的内容一般包括实验目的、实验原理的选择、实验仪器及药品的选用、实验装置的设计及装置的连接顺序、实验操作的顺序和实验注意事项等。

化学实验设计的内容、类型多种多样，现没有一个统一的格式。但是一个比较科学、合理、规范、完整、适用的化学实验设计，一般包括以下8个部分。

2.1 实验目的

“实验目的”是实验操作者研究或学习化学的指路标、方向盘。在化学实验教学中，实验设计者根据实验课题（题目）或教学情境所提供的信息，明确“做什么”“为什么要做”。

关于“做什么”，就化学实验本体而言，是指做具体的、明确的化学实验。关于“为什么要做”，是与化学实验教育教学的功能和作用有关，主要涉及“三维”教学目标。实验目的的制订，可以侧重“知识与技能”教学目标的落实，或侧重“过程与方法”教学目标的落实，也可以是侧重“情感态度与价值观”教学目标的落实，还可以是优化整合“三维”教学目标的落实。总之，实验目的的制订既不能过高，也不能太低，要符合课标要求、学情和校情，要整体优化、科学合理、切实可行。

例如，义务教育新课标化学教材中的实验内容“探究稀盐酸和稀硫酸的化学性质”，其实验目的为：“（1）探究2种稀酸的化学性质的共同点；（2）通过实验初步学会归纳方法，同时增强勇于探索、合作交流的意识和能力；（3）练习使用试管、滴管，学会固体和液体试剂的取用、振荡、加热和试管内进行化学反应的操作。”[2]又如，“乙酸乙酯的制备及反应条件探究”的实验目的为：“（1）制取乙酸乙酯；（2）探究浓硫酸在生成乙酸乙酯反应中的作用；（3）体验通过实验的方法获取知识的过程。”[3]有的化学实验设计将“实验目的”表述为“你将会有哪些收获”。例如，“锌及其化合物性质的研究”实验中的“你将会有哪些收获”为：“……了解金属锌、氧化锌、氢氧化锌、氯化锌等含锌物质的一些用途；……学习研究某些元素及其化合物性质的实验方法；……提高研究无机物性质的实验能力。”[4]但是很多化学实验设计中都没有“实验目的”这一项，这不能不说是化学实验设计中的一个缺陷。因此，教师在设计和安排实验时应该考虑：实验目的是什么。

2.2　实验原理

“实验原理”是化学实验能够顺利进行的理论依据。实验设计者根据课题（题目）或教学情境所提供的信息以及已储备的知识和经验“搜索”达到这一“实验目的”有哪些途径（原理），再考虑在各方面因素（其中包括现有实验条件等因素）的基础上从中筛选出最佳途径（原理）作为本实验的原理，即明确“做的实质是什么”。

在化学实验设计中，实验原理大多数是用化学方程式或一段文字和化学方程式表示。例如，“铜与浓硝酸反应实验”的实验原理为：“$Cu+4HNO_3$（浓）$=Cu(NO_3)_2+2H_2O+2NO_2\uparrow$”；又如，“乙酸乙酯的制备及反应条件探究”的实验原理为：“乙酸乙酯是一种有机酸酯，它可以由乙酸与乙醇在一定条件下生成：$CH_3COOH+CH_3CH_2OH \rightleftharpoons CH_3COOCH_2CH_3+H_2O$，该反应为可逆反应。”[3]但是，也有少数实验原理是用一段叙述文字表示，这类实验一般不涉及化学反应原理，只涉及实验方法或者物理方法。例如，“关于2种液体混合后增容的实验探究”的实验原理为：“本实验采用密度法，用密度瓶测出乙酸、苯和混合液的密度，然后用电光分析天平分别称出乙酸、苯和混合液的质量，根据$V=m/\rho$，计算出乙酸、苯和混合液的体积，用混合液的体积减去乙酸和苯的体积，得混合后液体的增容。”[5]又如，“海水的蒸馏”的实验原理为：“海水的化学成分复杂，含有较多盐类，如氯化钠、氯化钾、硫酸镁等。通过蒸馏的方法，可以将海水淡化。”[3]因此，实验原理是化学实验设计中的核心部分，在设计时应确保它的科学性和可行性。

2.3 实验用品

“实验用品”是顺利进行化学实验的物质保障。化学实验中，正确选用仪器和药品是保证化学实验能够顺利完成的前提条件之一。实验设计者根据实验目的、实验原理、反应物和生成物的性质和特点及反应条件（一般有常温、加热、加压、催化剂、光和电等条件[6]）等因素，选择所需要的实验仪器和药品，即明确“需要什么东西”。

对于一个专业知识扎实、实验经验丰富的实验设计者，他在化学实验设计中，不仅能给出所需实验用品的名称，而且还能注明所选用的实验仪器的规格和药品的用量，若药品是溶液，则还能注明溶液的浓度是多少。这种化学实验设计，不但给实验员的实验准备工作带来了极大的方便，而且有利于实验操作者顺利进行实验，还为节省实验用品提供了参考依据。例如，“证明氯酸钾里元素成分的实验设计”中的实验用品为：“铁架台（带铁夹）1副，硬质试管1支，木条2支，酒精灯1盏，蒸发皿1只；1 g $KClO_3$，10滴1% $AgNO_3$溶液，2滴2% HNO_3溶液，10 mL无水乙醇，10 mL蒸馏水，火柴1盒。”[1]

目前，绝大多数化学实验设计中给出的实验用品很笼统，既无规格，又无用量，像这样的化学实验设计，会给实验操作者带来诸多不便，应引起化学实验设计者的关注。

2.4 实验装置图

“实验装置图”是表示化学实验中仪器之间相互连接并形成固定装置，及药品盛放部位的图示。根据实验原理、反应物和生成物的性质和特点、反应条件和已选择的实验仪器和药品等，实验设计者通过大脑构思后将化学反应在哪里发生、进行，物体又是怎样流向的，用简单明了的图示直观地表现出来，即明确“实验装置或设备是什么样子”。

大多数化学实验设计中，都有实验装置图。绘制一个比例合理、结构科学、连接正确、标注规范、线条清晰的实验装置图，不仅能让实验设计者得到绘制实验装置图技能的训练，而且能为实验操作者正确快速地安装仪器、理解实验步骤提供帮助，还能让实验操作者获得实验装置图美的熏陶和享受。例如，“白磷的制取及其系列实验新设计”中的实验装置图见图1所示[7]，此图就比较直观、清晰、规范、美观。

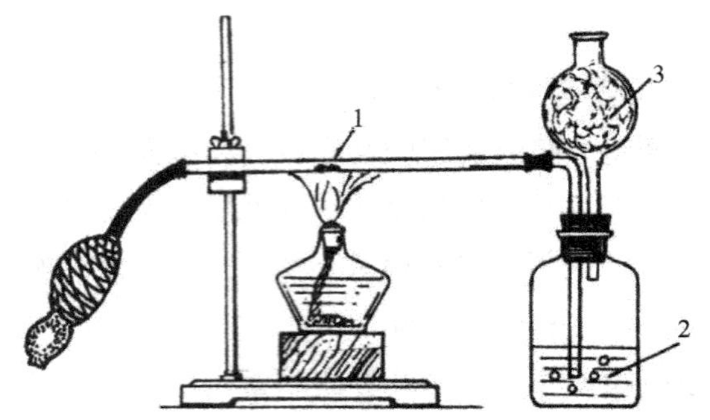

1. 红磷；2. 滴有石蕊溶液的热水；3. 浸有氢氧化钠溶液和酚酞溶液的脱脂棉

图1　白磷的制取及其系列实验装置

但是，目前许多化学实验设计中的实验装置图绘制不规范，平面图与立体图混用在一起，线条模糊，仪器连接难以理解，甚至还有错误。这种错误出现的原因可能有两方面：一是实验设计者没有按照真实的实验装置、仪器比例绘制，以及绘图（制作）技能欠佳引起的；二是某些出版社、杂志社的排版人员在重新制版时出现疏漏引起的。总之，实验装置图是化学实验设计中不可忽略的部分，尤其是在基础教育化学实验教学中。

2.5　实验步骤

"实验步骤"（具体的实验操作过程）是化学实验设计中的重点部分，是实验思想和实验方法的具体体现。根据实验目的、实验原理、反应条件、实验用品和实验装置或设备等，实验设计者要精心设计出合理的实验操作步骤和实验操作方法，即明确"怎样具体做"。

无论是在化学学科中还是在化学教学中，化学实验都可以分为验证性实验和探究性实验两大类。在化学教学中，验证性实验应该怎样设计实验操作步骤，探究性实验又应该怎样设计实验操作步骤，其设计方式仁者见仁，智者见智。

在验证性实验设计中，实验设计者对实验现象和结论是清楚的，因此设计的实验步骤就比较具体、明确、简洁。但对实验操作者来说，他对实验设计者所设计的实验步骤未必理解，对实验现象和结论未必清楚，而且有的实验操作者"按图索骥""照方抓药"去做实验也未必能够得到正确的实验现象和结论。可见，做好验证性实验有许多教育教学功能，千万不能否定、贬低它的作用。

在化学研究中，做好验证性实验也有很大的作用，例如，中国工程院院士、天津大学化工学院王静康教授为提高某一物质结晶的纯度，重复做了上万次结晶实验，最后终于获得成功，这一技术在世界上产生了一定的影响。怎样设计验证性实验的实验步骤呢？比较理想的设计形式是："清晰的实验步骤+思考着结果和结论"。这样的设计方式，使实验操作者在积极进行实验操作的同时能主动地思考，不会出现操作与思维断裂，即保持操作与思维同步。例如，"硝酸银与碘化钠反应"的实验步骤为："（1）向盛有2 mL 0.5 $mol \cdot L^{-1}$ $AgNO_3$溶液的试管中加入1 mL 1 $mol \cdot L^{-1}$ NaI溶液，实验结果为________________；（2）再向上述试管中加入1～2 mL 1 $mol \cdot L^{-1}$ NaI溶液，实验结果为____________________；（3）分析上述实验结果，可得出的结论是____________________________（可用化学方程式表示）。"

在探究性实验设计中，无论是实验设计者还是实验操作者，对实验结果和结论未必都清楚。因此，在方法设计上力求做到"灵活的探究程式+重点的实验探究"，以更好地发挥实验的探究功能，为发展学生的探究能力，促进学生科学素养主动、全面地提高不懈努力。义务教育化学课程标准中关于科学探究提出8个要素（提出问题、猜想与假设、制订计划、进行实验、搜集证据、解释与结论、反思与评价、表达与交流），在探究性实验设计中，是否都要体现这8个要素呢？答案是否定的。在设计时，应根据具体情况制定探究的过程与方法，重点是在实验探究步骤设计上。

例如，对"硝酸银溶液与碘化钠溶液混合，生成黄色沉淀之后迅速消失"这一现象的原因探究，实验探究步骤可以设计为如下。（1）提出问题：硝酸银溶液与碘化钠溶液混合后生成沉淀消失的原因是什么？（2）进行假设：可能的原因为$AgI + I^- \rightleftharpoons [AgI_2]^-$。（3）实验探究：根据假设，实验设计者设计出3套实验方案给予验证。方案1：在碘化钠浓溶液中滴加硝酸银溶液，实验结果为没有发现沉淀生成；方案2：在硝酸银溶液中滴加碘化钠稀溶液，实验结果为发现有黄色沉淀生成；方案3：在黄色沉淀中滴加碘化钠浓溶液并振荡，实验结果为黄色沉淀迅速消失。（4）实验结论：从上述实验探究的结果可以推出，硝酸银溶液与碘化钠溶液混合，生成黄色沉淀之后迅速消失的原因，是硝酸银与碘化钠反应，生成黄色沉淀碘化银（$Ag^+ + I^- = AgI\downarrow$），碘化银又迅速与多余的碘离子结合，形成可溶性的二碘合银离子之故。可见上述假设是正确的。

又如，“探究稀盐酸和稀硫酸的化学性质”的实验探究步骤可以设计为如下表格：

问题与预测	实验步骤	实验现象	结论和化学方程式
问题：稀盐酸和稀硫酸能分别与金属反应吗 预测：稀盐酸和稀硫酸能分别与金属反应	在稀盐酸、稀硫酸中分别加入镁条、粗锌粒和铜片	加入镁条、粗锌粒的稀盐酸和稀硫酸中均产生气体 加入铜片的稀盐酸和稀硫酸中均无反应现象产生	结论：稀盐酸和稀硫酸能与某些金属反应 $Mg+2HCl=MgCl_2+H_2\uparrow$ ……
……	……	……	……

（注：上述表格中横线上的文字是实验后的结果或结论。）

应该指出的是，在化学教学中，实验设计者的教育理念越新颖、化学专业知识越扎实、实验经验越丰富，设计的实验步骤就越全面、具体、细致，验证与探究的实验结论和体验与获得的教育教学价值就会越接近实验目的。

2.6　实验现象及结果记录与处理

“实验现象及结果记录与处理”是记录实验操作结果和推出结论的预留空白处。它是实验设计者根据实验目的和要求，对实验过程中需要记录的实验现象、实验数据和实验结论而设计的专用空白处或空白表格，为后来分析实验现象、数据，得出实验结论，提供化学事实依据，即明确“要得到的结果和结论”。

在化学实验设计中，“实验现象及结果记录与处理”往往与上述的“实验步骤”合二为一，称为“实验操作与结果结论”。这样的处理方法，便于实验操作者及时完成实验现象和（或）实验数据的记录、实验结论的得出和实验报告的书写。其格式可参见上述“实验步骤”中的案例。

2.7　注意事项

“注意事项”是实验设计者对在实施化学实验过程中的关键条件、操作重点和安全要素等给以的详细说明、讨论和解释，以引起实验操作者的重视，帮助其把握实验操作要点和安全操作点等，即明确“怎样才能做好、做得安全”。

可是，目前有些化学实验方案设计中缺少“注意事项”这一部分。在对它们进行验证时，往往出现重复性很差，甚至出现无法成功的现象。这一原因，可能与实验设计者没有强调说明实验中的关键问题或实验设计者本身就不清楚实验中的关键操作不无关系。可见，化学实验方案设计中的“注意事项”应引起实验设计者的重视。

2.8 参考文献

“参考文献”是对化学实验设计有直接参考价值并且引用在化学实验设计之中的一类研究成果，通常引用的是正式出版的论文论著。在进行化学实验设计时，实验设计者查阅与该实验相关的文献资料越多，对实验设计者的启迪会越大，实验方案设计会越完善、越有新意。参考和引用别人的研究成果，是人类文明进步的标志之一。在化学实验设计中，注明参考和引用别人的研究成果的出处，既是对别人的尊重，承认别人研究成果的价值，又方便其他阅读者知道哪些是实验设计者自己的研究成果，哪些是别人的研究成果，同时还能方便查阅引用的原始文献，最终说明实验设计者具有良好的科学作风和科学态度，即明确“实验方案设计与别人的有什么不同”。

可是，在现有的中学化学教科书、中学化学教学参考书和中等化学教育教学杂志中，有关化学实验设计的文章里有参考文献索引的较少，可能的原因是：(1) 编著者、作者撰写的文稿中未注明参考文献的索引；(2) 有的出版社或杂志社为了版面而删去文稿中注有的参考文献索引。这些做法都是不妥当的，不利于提高化学实验设计这类文章的整体质量，也不利于形成良好的科学作风。关于参考文献的引用格式，读者可查阅相关文献资料。

总之，关于化学实验设计的内容应尽量做到科学合理、详略得当。要使化学实验设计有较高的质量，更加完美，可在化学实验设计方案中，多提出一些问题，发掘实验方案中的缺陷。而提出的问题越详尽，就有可能使化学实验设计得越好。提出的问题可从3个方面思考：(1) 思考问题的顺序；(2) 思考仪器连接的顺序；(3) 思考实验操作的顺序。

参考文献

[1] 熊言林. 化学教学论实验 [M]. 合肥：安徽大学出版社，2004：40，60.

[2] 钱哉宇. 新课程背景下化学实验报告的优化设计 [J]. 化学教育，2007，28（7）：24.

[3] 人民教育出版社课程教材研究所化学课程教材研究开发中心. 普通高中课程标准实验教科书　实验化学 [M]. 北京：人民教育出版社，2005：27，18-19.

[4] 王磊. 普通高中课程标准实验教科书　实验化学 [M]. 济南：山东科学技术出版社，2006：28-29.

[5] 张月梅，郑长龙. 关于2种液体混合后增容的实验探究 [J]. 化学教育，2007，28（7）：55.

[6] 孙跃枝，郭瑞霞. 提升化学实验能力的探究 [J]. 中学化学教学参考，2007（7）：19-20.

[7] 熊言林. 白磷的制取及其系列实验新设计 [J]. 化学教育，2005，26（7）：57-62.

基础化学实验教学评价体系的探索与研究*

崔洪珊　熊言林

摘　要：本文通过分析高校原有基础化学实验教学评价的不足，将基础化学实验教学评价分为平时评价、实验报告评价、操作考核评价、期末笔试评价四个部分，建立了新型基础化学实验教学评价体系。

关键词：基础化学实验教学　评价体系　评价改革

基础化学实验是注重化学实验“基础”，训练学生基本实验操作、基本实验技能，规范学生基本实验方法的实验学科，它包括无机化学、分析化学、有机化学和物理化学等实验内容。基础化学实验不仅在培养学生的观察思考能力、手脑协调能力、科研开发能力及实事求是、严谨认真的科学态度等方面都具有极其重要的作用，更是启迪学生创新思维，培养学生开拓创新能力的重要方法和途径。其目标是为今后的专业实验、毕业论文实验、研究生实验奠定基础[1]。目前，许多高校基础化学的实验教学评价较为滞后，缺乏相对独立完整的评价体系。这势必会影响到基础化学实验教学质量的控制和监督，不符合新型评价理念中促进学生知识与技能、过程与方法、情感态度与价值观全面发展的要求。

本文在对现有基础化学实验教学评价体系局限性分析的基础上，提出了基础化学实验教学评价体系改革的新思路，建立了新的基础化学实验教学评价体系。

1　现有基础化学实验教学评价存在的不足

1.1　评价方法单一

现有的基础化学实验教学评价，过分强调结果性评价，忽视过程性评

* 本文发表于《安徽理工大学学报（社会科学版）》2007年第4期。

价，对学生在实验教学中具体表现情况的评价重视不够，考核的成绩主要来自于期末实验笔试和实验报告的优劣，缺少质性评价。这样就造成了学生重视文字材料、不重视实际操作技能的训练与掌握，本末倒置，甚至出现有的学生没有做实验，其所得成绩比实际参加者还好的现象，难以激励他们认真地对待化学实验[2]。因此，建立新的基础化学实验教学评价体系显得十分重要。

1.2 评价主体唯一

现有的基础化学实验教学评价中评价的主体是任课教师，而将学生作为被评价者处于消极的被评价地位，没有形成诸多主体共同参与、交互作用的评价模式，忽视了学生发展过程中的同伴评价、自我评价和自我调控。这样，一方面不利于学生个性的发展和他们主观能动性的发挥及创新精神和创新能力的培养；另一方面教师也不能及时准确地发现问题，不利于发挥评价的调节、激励、改进和教育教学等方面的功能。

1.3 评价功能狭窄

现有的基础化学实验教学评价为了选拔“合适教育的学生”，在很大程度上是检查学生的化学实验知识掌握情况和化学技能操作是否纯熟，过分强调化学实验评价的甄别与选拔功能，强调终结性评价，而忽视形成性评价，忽视学生掌握化学实验知识、化学实验技能操作的过程与方法，以及与之相伴随的情感态度与价值观的形成。

1.4 评价内容片面

现有的基础化学实验教学评价在实验课程教学评价内容上，过多倚重化学学科知识，特别是课本上的知识，而忽视了对实践能力、创新精神、心理素质以及情绪、态度和习惯等综合素质的考查；过分重视评价学生“动手”的规范训练，即实验操作本身和实验的直接结果，而忽视了对科学过程与方法、情感态度与价值观方面的评价；过分重视评价的结果，而对学生在化学实验过程中的具体表现重视不够。完成实验就算完成考核任务，不利于实验教学质量的提高，更不利于通过实验探究培养他们的创新意识。

2 建立基础化学实验教学评价体系的原则

2.1 全面性原则

评价的内容既要包括对学生化学学科知识的评价，又要加强对学生的化学实验研究能力、实验探究能力、实验创新能力、实验动手能力的评价。同时，将学生在实验过程中呈现的对实验的情感态度与价值观进行评价，从而培养学生严谨认真的科学态度，实事求是的科学精神，独立思考、分析问题、解决问题的能力及做实验时的主动性与合作精神等。

2.2 多样性原则

评价时，可采取平时考查和定期考试相结合，理论考核和教学实践（演示讲解）相结合，形成性评价和终结性评价相结合，口头评价和评语评价相结合，质性评价和量化评价相结合，书面考查与实验技能考核相结合，自评与他评（师评和同学互评）相结合等方式。

2.3 简约性原则

在制定实验评价体系时，要注意有所取舍、有所组合，各指标间既相关又不重叠，更不互相矛盾，并要给出合理的评价权重、评价内容、评价方式和评价主体，使操作简约化。

3 基础化学实验教学评价体系的建立

要改变以往教师仅凭借实验报告和期末笔试来评价学生实验成绩的局面，将基础化学实验教学评价分为平时评价（30%）、实验报告评价（20%）、操作考核评价（30%）和期末笔试评价（20%）四个部分，学生的实验课成绩按总成绩来评价（见表1）。

3.1 平时评价

平时是学生化学实验能力提高的基础，也是化学实验教学评价的基础。在平时的评价中，要体现学生对化学规律的认识水平和运用能力、实验操作的技能和水平、实验结果的准确程度以及对实验结果分析、讨论的广度和深

表1　基础化学实验教学评价体系

评价类别	权重	评价内容	评价方式	评价主体
平时评价	0.3	仪器操作、试剂取用、观察记录、实验耗时、结果分析、清洁卫生、合作精神、实验探究能力、实验态度、节约物品、考勤纪律等情况	过程性评价（定性评价）	教师
实验报告评价	0.2	相关资料查找、实验原理、实验步骤、实验后反思、装置图绘制、实验报告撰写、实验数据处理等情况	过程性评价（定性评价）	教师
操作考核评价	0.3	实验设计、实验演示、实验讲解、实验操作、实验装置、实验现象等情况	终结性评价（定量评价）	教师、学生、自己
期末笔试评价	0.2	实验仪器和试剂的使用常识、实验操作技能的基本问题、化学实验原理、实验成败关键、实验注意事项、异常实验现象的解释和处理、实验室规则、样品与基准物的取用量、指示剂的选择、实验数据的取舍、误差计算、有效数据的应用、实验设计等情况	终结性评价（定量评价）	教师

度等。现将化学实验平时评价分为仪器操作、试剂取用、观察记录、实验耗时、结果分析、清洁卫生、合作精神、实验探究能力、实验态度、节约物品、考勤纪律十一个部分。在实验操作上，要求学生正确使用各种仪器，规范各种操作，主要考查学生的操作技能及做实验的条理性和系统性。在实验记录上，要求学生及时、准确、如实地将实验中的现象、数据、结果记录下来，实验记录要清晰、完整、规范、具有科学性，通过实验记录可以考查学生实事求是、严谨认真的科学作风。在实验结果上，要求学生有合理的结果。实验结果是衡量学生实验能力和水平的重要标准之一，主要考查学生在实验数量和质量上是否达到要求。在情感态度上，要求学生有严谨认真的科学态度，实事求是的科学精神，独立思考、分析问题、解决问题的能力及做实验时的主动性与合作精神等[3]。

3.2　实验报告评价

实验报告评价是化学实验教学评价的关键，它不仅可以直接反映出学生观察分析和归纳总结问题的能力，还体现了学生对实验基本原理的掌握程度，同时也考查了学生的科技论文写作能力，是学生实验综合素质的反映。实验报告分为预习和实验后填写两部分。相关资料查找和实验原理、实验步骤、装置图绘制在实验前预习时填写，而实验后反思、实验数据处理则在实验后填写。评价时教师应根据实验报告中相关资料查找是否丰富、实验原理叙述是否详细、实验步骤是否合理、实验数据是否正确和真实、装置图绘制是否美观、实验课后反思是否深刻、实验报告撰写是否工整等情况给以评价。

3.3 操作考核评价

操作考核评价是实验教学评价的重点，它可以全面评价学生的化学实验能力和技能，改变了以往仅以纸笔测验成绩作为学生实验课考核成绩依据的情况。考核的方法是对每一个学生进行单独的操作考核，试题是教师根据基础化学实验的特点，规定学生依据实验课程具体要求设计出一个实验方案，该方案要遵循三个原则：（1）选择教材中没有的实验题目；（2）尽量涵盖平时实验中涉及的有关单元基本操作（即平时实验中已使用过的仪器和方法）；（3）实验的安全性较好，操作简单，可行性强，实验结果明显。一般在考核实验的前3周，要求学生查阅文献后，将设计方案交到教师处，由教师根据设计情况讨论可行性，再反馈给学生。学生将所需要的药品和仪器列单交至实验员处，实验员利用一周的时间进行实验准备，以保证考核实验顺利进行。在具体考核的过程中评价人员将从实验设计、实验演示、实验讲解、实验操作、实验装置和实验现象6个方面进行评价。其中，评价人员由2位教师、4位被推荐的学生代表和学生本人组成。

3.4 期末笔试评价

笔试作为教师检测学生知识掌握情况的一种重要手段，适当举行同样是必要的，这是对传统教学评价的继承和发扬。考核内容主要涉及实验仪器和试剂的使用常识、实验操作技能的基本问题、化学实验原理、实验成败关键、实验注意事项、异常实验现象的解释和处理、实验室规则、样品与基准物的取用量、指示剂的选择、实验数据的取舍、误差计算、有效数据的应用、实验设计等，内容广泛，综合性强。考试时间为120分钟。

4 实践研究

将“平时评价(30%)+实验报告评价(20%)+操作考核评价(30%)+期末笔试评价（20%）”的实验评价体系综合运用于某高校化学实验考核中，已初步收到了明显的教学效果[4]。具体体现在如下几方面：（1）端正了学生实验的态度，到课率高；（2）规范了学生的实验操作；（3）调动了学生实验学习的主动性和积极性；（4）增强了学生实验探究能力；（5）丰富了学生化学理论知识；（6）融洽了学生之间的合作关系；（7）培养了学生正确的实验情感态度；（8）实验报告撰写工整了。

在教学实践中，我们也发现了一些问题。首先，化学实验平时评价中，评价指标多、学生多、教师少，造成了评价过程中教师不能仔细观察每位学生的实验过程；其次，有的评价指标如“实验探究能力”不容易在学生短时间的实验过程中表现出来，给教师评价造成一定的困难；再次，在实验操作考核中，设计实验对于学生来说难度大，需要查阅大量资料，耗时多，耗材多。要解决这些问题，仍需要高校进一步对基础化学实验教学给予重视，并采取切实可行的措施，如评价制度化，减小生师比，增加实验课时，改善实验条件，开放实验室和资料室等。

5 结束语

综上所述，新的基础化学实验教学评价体系能较好地控制和督促基础化学实验教学。它不仅有利于培养学生的动手能力、观察能力、探究能力、合作精神，更能启迪学生的创新思维，开拓学生的创新能力，为学生今后从事化学教学和科研工作奠定了基础。当然，评价是一项复杂的系统工作，如何更好体现新型评价理念，建立目标多元、方式多样、注重过程的评价机制，全面反映学生化学实验学习的发展过程，仍是一个长期的实践工作，需要在具体实验教学中不断完善和发展，建构出逐渐成熟的基础化学实验教学评价理论体系。

参考文献

［1］方宾，王伦.化学实验（上册）［M］.北京：高等教育出版社，2003.

［2］战佩英，纪建业.高师化学实验教学评价实践研究［J］.黑龙江高教研究，2006（10）：123－124.

［3］罗志刚，谷文祥，赵颖，等.基础化学实验课程的改革及考核模式的探讨［J］.广东化工，2006（9）：59，65－66.

［4］熊言林，房成飞，金思慧，等.高师“化学教学论实验”教学评价体系的建立与实践［J］.化学教育，2006（8）：36－38.

比较教育研究篇

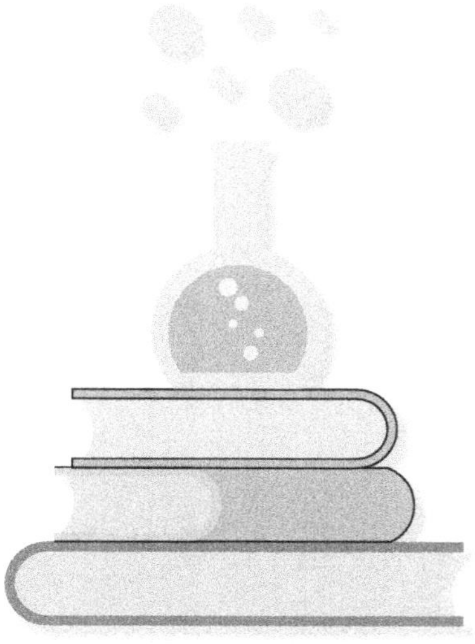

英国索尔特高级化学课程内容设置及其特色分析

——以“原子结构”为例*

孙逸棋 熊言林

摘 要：本文介绍了英国索尔特高级化学课程关于“原子结构”的内容设置及内容呈现方式，并总结归纳了4个内容设置特色：（1）以化学故事情节为主线，突出情境在化学学习中的重要性；（2）重视学科间的联系，促进学生的全面发展；（3）重视内容设置的连贯性，既重原理又重过程；（4）重视图表系统与化学概念有效结合，化抽象为直观。最后，简要阐述了对化学教材编写的几点启示。

关键词：索尔特高级化学课程 原子结构 内容设置 教材编写

索尔特高级化学课程（Salter Advanced Chemistry）是由英国约克大学主持，为英国高等预科生而研究开发的课程，当前英国有超过17 500名的学生在学习该门课程。该课程主要包括《化学故事情节》（*Chemical Storylines*），《化学概念》（*Chemical Ideas*）以及《辅助包》（*Support Pack*）等教材。早在十年前，索尔特高级化学课程就已经在美国、俄罗斯、比利时、西班牙、中国等的化学教育界引起了广泛的关注[1]，近年来，国内已有学者关注到索尔特高级化学课程的配套复习材料，并对其展开研究[2,3]。索尔特高级化学课程是以哲学为核心，围绕“我们周围世界的化学”指导思想而开发，并以其独特的“情境引导式”编排模式，被誉为“情境教学的最好案例”。

我国新一轮高考改革正如火如荼地进行，各省也相继出台了高考改革方案。改革后随即演化而来的“新高考”与英国现行的高校招生考试（A-level考试）颇为相似[4]。索尔特高级化学课程作为英国基础教育阶段化学教材的典型代表，对推动我国中学化学教学工作更好地进行及中学化学教材编写具

* 2015年安徽师范大学研究生教育教学改革研究项目（2015yjg014zd）成果。本文发表于《化学教育》2017年第13期。

有启示和借鉴价值。无论是在义务教育阶段或是高中阶段，“原子结构”在教材中都扮演着举足轻重的角色。本文基于人教版初中化学及苏教版高中化学教材（以下简称“国内教材”）中与“原子结构”相关的内容，对2008年编辑印刷的第三版英国索尔特高级化学课程（以下简称“索尔特化学”）中“原子结构”相关章节的内容设置及其特色进行分析，并简要阐述几点启示，希望为我国化学教材的编写提供借鉴和参考。

1　英国索尔特高级化学课程“原子结构”的内容呈现及内容设置

1.1　英国索尔特高级化学课程“原子结构”的内容呈现

索尔特化学内容是以一种发散形式呈现的：以化学故事情节为中心，在介绍故事情节的过程中进行化学概念的渗透。其中，“原子结构”相关化学概念位于索尔特化学《化学概念》的第二模块，其与化学故事情节的联系见图1[5-7]。由图1（“CI”为化学概念英文单词的第一个大写字母缩写）我们可以发现，索尔特化学分别从“生命中的元素”“来自海洋的元素”“钢铁的故事”“农业与工业”和“海洋”等5个模块引出特定的故事情节，伴随故事情节的发展逐步渗透“原子结构”的相关化学概念。以这样的内容呈现方式，化学概念便演变成化学故事情节的“配角”，是理解故事情节的“工具”，因此，我们也可以发现一个化学概念可以在若干个故事情节中出现，这样将有利于学生理解化学概念的发展，并以发展的眼光透过不同情境巩固、思考化学概念。

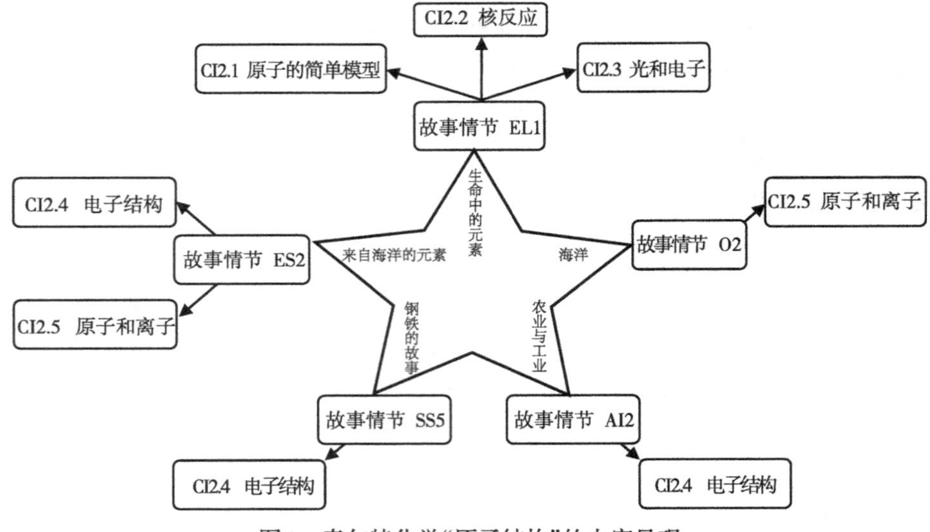

图1　索尔特化学“原子结构”的内容呈现

1.2 英国索尔特高级化学课程“原子结构”的内容设置

索尔特化学的特色是以故事情节为主线，随着故事情节的发展，渗透化学概念，同时穿插一系列活动借以提高学生的化学技能。索尔特化学涉及“原子结构”的模块共有5个，介绍“原子结构”化学概念的故事线有5条，与“原子结构”相关的活动（“P”代表实验操作活动，“IT”代表与计算机有关的活动）有8个，主要知识内容有13个，具体见表1[5-7]。

表1 索尔特化学“原子结构”的内容设置

模块	化学故事情节	活动	主要知识内容
生命中的元素	EL1 化学元素从哪里来	EL1.1 我们怎么认识原子(IT)* EL1.2 含铁化合物样品中铁的含量是多少(P) EL1.3 研究可见光发射光谱(P)(IT) EL1.4 模拟放射性衰变 EL3 制备和分析泻盐(P)	原子模型及原子结构、原子核符号、同位素、放射性物质的辐射、核反应方程、原子融合、半衰期及半衰期的计算、放射性同位素的应用、电子结构与元素周期表、电子亚层、原子轨道、电子结构与元素化学性质、电离能等
来自海洋的元素	ES2 地球的最低点	ES2.1 离子化合物的书写 ES2.2 溶液中的离子(P)	
钢铁的故事	SS5 钢铁中的伙伴		
农业与工业	AI2 有机的革命	AI2.2 研究结构和键(P)	
海洋	O2 地球上的盐	O2.1 为什么固体会溶解(P)	

2 英国索尔特高级化学课程“原子结构”内容设置的特色

2.1 以化学故事情节为主线，突出情境在化学学习中的重要性

2.1.1 从模块或单元小结的视角

无论是国内教材还是索尔特化学，在一个模块或单元结束后，都会在教材或者配套复习材料（索尔特高级化学课程的配套复习材料*Revise*）中进行小结，且在大多数情况下都会以结构图的形式呈现。但是对比两国教材的模块或单元小结的内容可以发现，国内教材都是以知识点作为单元回顾的主线，而索尔特化学则是以故事情节作为主线，显然，索尔特化学更注重情境

对于化学学习的重要性。笔者例举了人教版九年级化学上册《物质构成的奥秘》一章关于“物质的构成”单元小结结构图及索尔特化学“生命中的元素”模块小结结构图进行对比[8]，见图2。

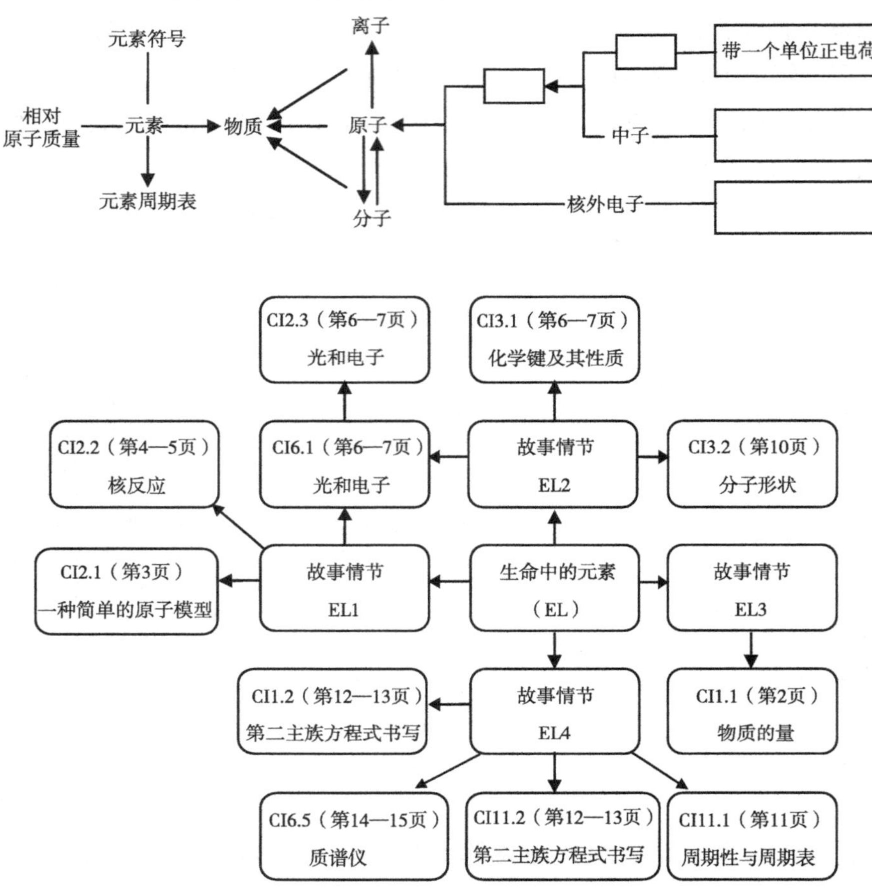

图2 国内教材“物质的构成”(上)与索尔特化学“生命中的元素”(下)小结结构图对比

由图2可以看出，虽然国内教材与索尔特化学单元或模块小结的落脚点都是“原子结构”的相关知识点，但是出发点却截然不同：国内教材“物质的构成”单元小结是以“物质”“元素”和“原子”等知识点作为中心，从中延伸出本单元的核心知识点；而索尔特化学的模块小结则是以本模块故事情节为主线，回顾本模块的化学核心知识点。可见，索尔特化学较国内教材而言，更加注重化学情境与化学概念之间的作用与联系。国内大多数学生在学习中都无法做到深度学习，一个重要原因便是在学习过程中没有重视信息之间的关联[9]。知识与知识之间的关联是固定的，而情境与知识之间的关联是灵活的，索尔特化学这种以情境为主线的模块小结实则是为学生提供一个更加灵活的知识理解方式。

2.1.2 从教材中化学情境呈现位置的视角

索尔特化学情境与化学概念的位置关系可概括为“情境在前，概念在后”，化学概念紧跟相应的化学情境而呈现出来，这样的位置编排关系，与美国著名心理学家奥苏泊尔所提出的“先行组织者”有异曲同工之妙，将学生原有的认知结构与化学概念通过完整的情境加以串联，对于学生巩固原有知识和学习新知识都是十分有帮助的。伴随着这样的位置编排，学生在学习时的心理压力也将大大减小，避免了先被繁杂、难懂的化学概念影响而失去学习的兴趣。反观国内教材，虽然国内众多学者都做过情境学习重要性的研究，但是化学情境在教材中的地位似乎并未达到研究所预期的高度。国内教材化学情境与化学概念的关系与索尔特化学恰好相反：前者是理解后者的“工具”。例如，苏教版高中化学选修《物质结构与性质》对于原子核外电子排布的介绍，是在将化学概念和盘托出后，最后才在“拓展视野”栏目引入情境素材。国内教材中存在许多诸如此类的例子，这样的位置编排，化学情境的处境便略显尴尬，更多的时候是被当成了化学概念的“点缀”，化学概念与化学情境的关系显而易见。

2.2 重视学科间的联系，促进学生的全面发展

杨忠生认为，不同学科之间交叉或渗透，将产生“杂交优势”，焕发出更强大的生命力，同时，课程间相互联系与渗透亦是社会和科学发展的必然趋势[10]。索尔特化学对于加强学科间的联系方面，表现突出。索尔特化学的《化学故事情节》提供的是“百科全书”似的情境素材，在涉及“原子结构”知识点的故事情节中，囊括了诸如天文、生物、地理、物理等学科的知识。现代化学实验常用仪器如XRD（X射线衍射）、扫描电镜等都是需要在计算机的辅助下才能完成的，由表1“活动”一栏我们也可以发现，索尔特化学有多处活动涉及“IT”，即与计算机有关的活动，这是一种与时俱进的内容设置方式，对于将来期望继续从事化学学习或工作的学生来说，这无疑是一种提前认识与实习的机会，而对于其他学生来说，这也是他们更加深入了解化学，增加学习趣味的有效途径。而在国内，分科教学在中学课堂一直保持

绝对的主导地位，并且学科之间界限分明，缺少交流也是普遍的现象。笔者统计了有关“原子结构”教材内容与其他学科的联系情况，发现除了化学与历史联系较为紧密之外，便鲜有与其他学科的交叉或渗透。例如，对于核反应的介绍，国内教材只是通过化学史提到了α粒子，并没有继续介绍有关核反应的相关知识，而有关核反应的相关知识则是放在了物理课堂上进行讲解。核化学作为化学的一个重要分支，与物理学存在着紧密的联系，若我们在教材编写的过程中，能够利用这样的联系，把核化学作为连接化学与物理学的一座桥梁，将能更好地促进学生对知识的融会贯通。

学科之间的交流与联系是十分必要的，从索尔特化学内容设置上可以明显地反映出学科之间的交叉或渗透。这样的内容设置，对于提升学生所学知识的系统性及综合性，促进学生的全面发展，都是十分有利的。

2.3 重视内容设置的连贯性，既重原理又重过程

教材内容的连贯性对于知识系统性的形成具有重要意义。索尔特化学的内容设置体现了很好的连贯性，占小红等认为，通过构建“精确性”与“联系性” 两个指标维度，可以对教材内容的连贯性进行评价[11]。比如，从索尔特化学的习题设置上来看，《化学故事情节》的习题是以“Assignment”即任务的形式呈现，题目主要关于学生对于化学故事情节的理解[5,6]；《化学概念》的习题则是以“Problems”即问题的形式呈现[7]，一般分布在一个小节的结尾，主要是检验学生对化学概念的理解，这与国内教材较为相似。

笔者对习题考查的内容与化学概念的对应情况进行统计比较发现，无论是索尔特化学或者是国内教材，在“精确性”方面都做得比较好。但是国内教材还是存在少数“精确性”不足的情况。例如，苏教版化学必修1有道课后习题：“现有10.0 g由^{2}H和^{16}O组成的水分子，其中含质子数为______，中子数为______，电子数为______。”本题的关键是在于理解同位素与相对分子质量的关系，学生也很容易能够得出答案。但是学生在解题时，往往没有考虑质量数与相对分子质量的不同，而是直接将氢的质量数与氧的质量数相加，得到的数值就是相对分子质量。实际上，相对分子质量与质量数之间的联系还需要考虑同位素丰度的问题，而教材上是没有这部分内容的，这样就可能导致学生产生迷思概念。

在“联系性”方面，索尔特化学的每一个故事情节所对应的习题一般有

1～2个，一般在某一故事情节之后或某一故事情节的中间呈现，体现了化学情境与习题的“联系性”。学生在深入化学情境后，能够及时巩固情境知识，进而引发学生对所涉及化学概念思考的积极性。而国内教材中，几乎是没有专门为情境设置的习题，自然，“联系性”也未能得到很好的体现。

此外，索尔特化学在化学概念叙述时，体现了“重原理、重过程、重结论”的连贯性思想，如在涉及元素周期表中区的划分时，国内教材用“根据元素原子的外围电子排布的特征，可将元素周期表分成五个区域：s区、p区、d区、ds区和f区”一句话带过，而索尔特化学则描述为：“第一主族的元素最外的s亚层都有一个电子，第二主族的元素最外的s亚层都有两个电子，所以第一主族和第二主族的元素叫做s区元素；三、四、五、六、七主族和零族元素最外的p亚层都有被电子填充，这些元素叫做p区元素；d亚层有被电子填充的元素叫d区元素；f亚层有被电子填充的元素叫f区元素[7]。”相比较而言，国内教材对结论的偏重程度体现得较为明显。索尔特化学在化学概念的叙述时，对原理与过程的分析较为重视。结论固然重要，但只有知道为什么会有这样的结论，才是真正的理解结论，才有助于形成“现象—原理—结论”的化学连贯性思维。

2.4　重视图表系统与化学概念有效结合，化抽象为直观

图表系统作为教材的第二语言，较文字系统而言，显得更加直观和形象。作为知识的另外一种呈现方式，它实质上给学生提出了更高的要求，学生需要经过观察、分析、猜想、概括等步骤，才能完整地获得图表内所包含的信息。同时，对于加深学生对知识的理解，培养学生的综合能力，这无疑是一种有效的途径[12]。重视图表系统与化学概念的有效结合，是索尔特化学的一大特色。例如，在介绍多电子原子中电子填充原子轨道，原子轨道能量的高低规律时，国内教材的表述是：“相同电子层上原子轨道能量的高低：ns<np<nd<nf；形状相同的原子轨道能量的高低：1s<2s<3s<4s……电子层和形状相同的原子轨道的能量相等，如$2p_x$、$2p_y$、$2p_z$轨道的能量相等。”这三条规律是教学中的重点，也是难点，较为抽象，学生理解的时候往往较为困难，采用文字叙述的方式将这一知识点呈现出来，虽然能达到知识传授的目的，但是记忆的味道偏重，可能导致学生对知识仅仅是记忆性掌握而非理解性掌握。而索尔特化学则是采用图表系统，将这三条规律呈现出来，见图3和图

4[7]，不需要过多语言的赘述，学生通过观察思考，就可以发现规律，且由于图表系统的直观性和形象性，也有利于学生理解与记忆。

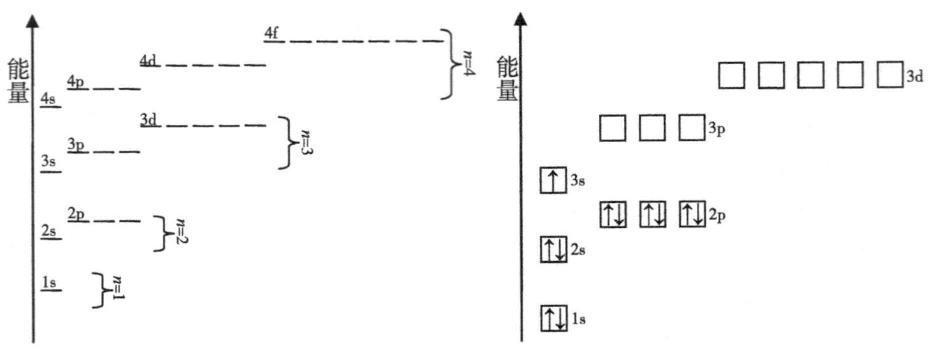

图3　1～4电子层原子轨道能级图　　　图4　钠原子原子轨道表示式

3　对化学教材编写的几点启示

化学是在原子、分子水平上研究物质组成、结构、性质及其应用的一门自然学科，“原子结构”的知识贯穿中学化学，是学生初中阶段从宏观认识微观，再从微观深入本质的纽带，是促进学生形成化学微粒观的核心知识。笔者认为，从“原子结构”这一模块中可以反映出索尔特高级化学课程的整体编写思路与模式，因此有几点启示笔者认为是值得借鉴与参考的。

3.1　应该关注营造教材的情境性

《普通高中化学课程标准（实验）》明确指出，教学中应紧密联系生产、生活实际，拓宽学生的视野，教材内容要反映科学、技术与社会的相互关系[13]。可见，营造教材的情境性，将化学更多地与情境相结合，在情境中渗透化学概念、知识，是很有必要的。比如，对于首次接触“原子结构”的初中生而言，这类知识是比较抽象的，学生往往为了要掌握知识而被动地背诵记忆，这样的学习方式仅仅是浅层学习。而情境则是促进学生由浅层学习向深度学习转变的重要方式[14]。因此，进行“原子结构”的单元小结时，可以采取“情境—知识—情境”的教材编写策略：先以教材中的情境为主线，回顾情境中所涉及的化学概念，让学生明白知识来源于生活；继而，设置新情境，如情境导向型的习题、科技前沿信息等拓展性材料，使学生明白知识如何向情境迁移，这样有利于学生加深对化学概念的理解，并培养他们将知识运用于生活的能力。

3.2 应该关注学科间的交融性

《义务教育化学课程标准（2011年版）》指出，教材在编写时要注意与其他学科的联系，要处理好知识的相互衔接，注意培养学生综合运用多学科知识分析和解决问题的能力[15]。现代社会需要的是全面的人才，而培养这样的人才，就需要对学科的交融性加以关注。在初中阶段，“原子结构”是连接宏观世界与微观领域的媒介，但是相较于学生熟悉的宏观物质，微观粒子是陌生的、抽象的。鉴于此，可以在活动栏目中开设“原子结构”的计算机模型制作活动，不仅能够使学生对原子的内部结构有一个更清晰的认识，也可以锻炼学生的计算机技能。

加强学科间的交融，是教育发展的趋势，也是时代的潮流，教材作为学生发展认知的重要媒介，理应体现这样的潮流与趋势。化学与其他学科间的交融，可以内隐，也可以外显。比如，关注描述化学现象、化学概念时语言的准确性及用词的合理性，这是语文与化学联系的表现，对学生的影响是潜移默化的，这是一种内隐的交融；关注对图表数据、图像的处理，这是数学与化学联系的表现，这是一种外显的交融，能引导学生从定性到定量地认识化学……化学与其他学科联系的形式多样，教材编写应当寻找化学与其他学科内在的共通点，关注学科间的交融性。

3.3 应该关注教材内容的连贯性

教材内容的连贯性影响学生的知识系统与认知结构的统一。由于教学条件的限制造成了微观粒子的不可见性，无论是初中或是高中学生都只能凭借想象进行“原子结构”相关化学概念的学习，类似这样的知识学习，学生无法找到合适的知识生长点，难免会感到难、杂，因此在编写这部分教材内容时，就应该更加关注教材内容的连贯性。连贯性是一种思想，但可以通过实际的方式呈现出来，如化学概念间的因果联系、具体实例、习题等，都可以是连贯性思想的具象形式。比如，在化学核心概念的学习中，教材应该关注概念之间的因果关系，即重视概念之间的推理，进而促进学生对化学概念的理解与掌握。

例如，$NaCl$与$MgCl_2$两种化合物，阴、阳离子配比是不同的，可为何会有这样的差异呢？对于初次接触阴、阳离子的初中生而言，其认知结构中还没有化合价的概念，因此，在判断组成化合物时阴、阳离子的配比，学生往往会感到抽象，如果遇到一个陌生的物质，将更加难以判断，容易导致机械性记忆。实际上通过“稀有气体的结构是一种相对稳定的结构”这一化学概念，学生是可以推理出其中的本质的，而教材需要体现这样的推理，这也是维果茨基“最近发展区”理论的体现。教材编写时关注这样的连贯性，对于学生思维严谨性、逻辑性的形成也是大有裨益的。化学概念绝不是孤立的个体，而是可以相互联系的整体，因此，注重知识首尾无缝结合，关注教材内容的连贯性，借以培养学生的大局观、全面观和综合能力，是值得我们重视的。

3.4 应该关注知识呈现方式的合理性

教材中知识的呈现不能仅仅局限于文字，也可以是彩色图片、表格、影像、模型、实验探究等，这些都可以作为教材中知识呈现的方式。但是在教材的编写中，同一个化学概念，该采用何种呈现方式最为合理，需要将知识本身的特点、学生的认知规律等因素考虑其中。比如，对于原子的内部结构，构建模型是一种较好的知识呈现方式，可以以宏观的形式呈现出微观的结构，然而，原子内部的电子是不断运动的，教材中静态的模型无法体现这种动态的实质，因此，还需计算机构建动态模型加以辅助，这样会取得更好的教学效果。而涉及物质的宏观性质，比如物质间的特征反应、物质的检验和制取等，以实验探究的知识呈现方式就更符合知识本身的特点，也更易于让学生接受与理解。因此，在教材编写时，对于一个特定化学概念的呈现，应该要充分考虑不同呈现方式的优缺点及互补性。采用哪些知识呈现方式更为合理，更有利于促进学生对知识、概念的理解与掌握，是需要我们共同关注与思考的。

参考文献

［1］ BENNETT J，LUBBEN F. Context-based Chemistry: The Salters approach［J］. International Journal of Science Education，2006，28（9）：999-1015.

［2］ 熊言林，王晨希. 英国索尔特高级化学课程（A2）教材配套复习材料 *Revise* 中有机化学知识的呈现特点与思考[J]. 化学教育，2015，36（17）：

13-19.

[3] 熊言林，刘甜甜. 英国《化学故事情节（AS）》配套复习指导书编写特点及启示 [J]. 化学教育，2016，37（3）：78-81.

[4] 薛丽娟. 英国A-level化学考试研究 [D]. 上海：华东师范大学，2013.

[5] DEREK D，CHRIS O，Kay S. Salters Advanced Chemistry: Chemical Storylines（AS）[M]. Yorkshire: University of York，2008：3-18，51-53.

[6] DEREK D，CHRIS O，Kay S. Salters Advanced Chemistry: Chemical Storylines（A2）[M]. Yorkshire: University of York，2009：70，80-82，129.

[7] ADELENE C，FRANK H，CHRIS O，et al. Salters Advanced Chemistry：Chemical Ideas [M]. Yorkshire: University of York，2008：16-35.

[8] LESLEY J，DAVE N，CHRIS O，et al. Salters Advanced Chemistry: Revise（AS）[M]. Yorkshire: University of York，2008：1.

[9] 符爱琴. 深度学习视域下的物质单元复习教学研究 [J]. 化学教育，2016，37（7）：43-48.

[10] 杨忠生. 高中生物教学与其他学科之间的相互联系 [D]. 济南：山东师范大学，2010.

[11] 占小红，张新宇，范铁. 教材"连贯性"评价工具设计及应用 [J]. 全球教育展望，2010（9）：51-56.

[12] 彭梭，王后雄. 高考化学图表信息题的功能及价值分析 [J]. 化学教育，2015，36（15）：35-42.

[13] 中华人民共和国教育部. 普通高中化学课程标准（实验）[M]. 北京：人民教育出版社，2003：1.

[14] 阎乃胜. 深度学习视野下的课堂情境 [J]. 教育发展研究，2013（12）：76-79

[15] 中华人民共和国教育部. 义务教育化学课程标准（2011年版）[M]. 北京：北京师范大学出版社，2012：1.

英国《化学故事情节》AS配套复习指导书编写特点及启示*

熊言林　刘甜甜

摘　要：本文介绍了英国索尔特高级化学教材《化学故事情节》AS部分配套复习指导书中课程学习评估要求、编写结构以及复习指导书所涉及的知识点内容，据此总结归纳出以下三个编写特点：一是体现教材编制中收放自如的"收"的重要性；二是体现与其他相应教材的交叉联系性；三是体现习题多类型、多层次性。最后，阐释从中获得的几点启示。

关键词：索尔特高级化学　化学故事情节　复习指导书编写　启示

索尔特高级化学课程是英国约克大学理科教育组开发编制的面向16至18或19岁英国高等预科生（包括取得普通中等教育证书后，准备考入高等院校进一步学习的学生）的一门两年课程[1]。这门课程主要以故事情节为主线，由一批有国际名望的科学家和工业方面的带头人组成的智囊团参与课程开发，以确保选择的情境能反映当代学科领域发展现状的化学课程[2]。

这一课程于1988—1993年开发、编制、试用，1994年正式出版，并于2000年修订后再版。如今索尔特高级化学教材又进一步修订出版，其中索尔特高级化学课程原先含有的*Chemical Storylines*(《化学故事情节》)、*Chemical Ideas*(《化学概念》)等教材已经修订为第三版，又新增了*Revise*最新版本的复习指导书[3]。*Chemical Storylines*分为AS（Advanced Subsidiary，即高级辅助考试）和A2（A Second Advanced，即高级第二水平考试）两部分[4]，*Revise*（以下简称复习指导书）也有相应的AS和A2两部分。本文对AS配套复习指导书的编写结构、内容、特点等作一介绍。

* 2011年安徽省省级质量工程"中学理科综合类卓越教师培养计划"项目成果。本文发表于《化学教育》2016年第3期。

1 复习指导书的编写

1.1 复习指导书结构简介

1.1.1 介绍课程学习评估要求

本书主要是为了辅助学生学习索尔特高级化学AS课程，共有F331～F333三个单元。书中在目录之后用表格的方式呈现出AS课程评价方案，这使教师和学生能够了解考试单元与教学内容及其考试时间、分值、方式等的关系（如表1所示）。

表1 考试单元与教学内容及其考试时间、分值、方式等的关系

考试单元	单元标题和相应的教学模块	考试时间	分值	评估模式	在AS中的比重
F331	生命中的化学（生命中的元素和燃料的开发）	1.25小时	60	笔试	30%
F332	自然资源中的化学（海洋中的元素、大气及聚合物的改革）	1.75小时	100	笔试，预先提示的文章里设置一个问题	50%
F333	化学实践	60分：不包括这个复习指导内容——你的学校或学院将组织这个评估		实践活动将通过你的老师来评估	20%

1.1.2 复习指导书的结构框架

本书分为两大单元，五个模块。每个模块的首页皆有一个知识网状结构，展示出本模块所需要学习的知识。这种知识网状结构图，有很强的关联性、针对性和总结性，方便学生了解该模块的知识结构关系，利于学生制订学习与复习计划。例如，第一单元第一个模块“生命中的元素”知识网状结构（如图1所示）就很好地体现了这些特点和作用。

1.2 复习指导书的内容简介

1.2.1 复习指导书所涉及知识点内容

本书是依据原教科书《化学故事情节》AS部分编写的，所涉及的化学知识点涵盖《化学故事情节》AS部分各个单元，并与《化学概念》知识点紧密联系。本书各模块中所涉及的化学知识点如表2所示。

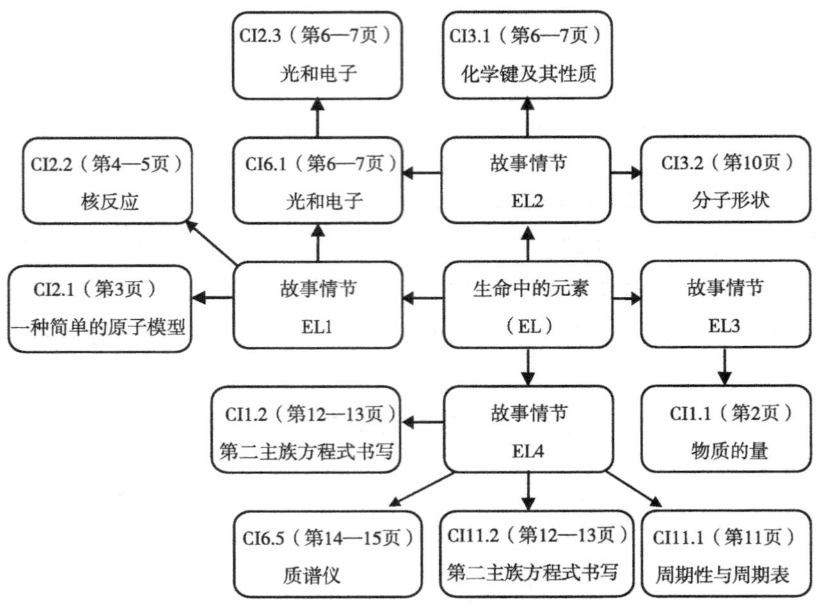

图1 “生命中的元素”知识网状结构

表2 模块内容与化学知识点

单元标题	模块内容	所覆盖的小节内容
F331生命中的化学	生命中的元素	物质的量、一种简单的原子模型、核反应、光和电子、化学键及其性质、分子的形状、周期性和周期表、第二主族和化学方程式的书写、质谱仪
	燃料开发	方程式计算、焓与熵、赫斯定律、键能、醇和醚、烷烃和其他碳水化合物、同分异构现象、自燃和辛烷值、催化剂和辛烷值的改变、来源于汽车的污染
F332自然资源中的化学	海洋中的元素	存在于固体和溶液中的离子、溶液的浓度、原子和离子、氧化和还原、第七主族中的p轨道、电子结构：核外电子层和原子轨道、分子间的键：短暂和永久偶极、卤代烃、环保工业
	大气	分子及其网状结构、当物质发生辐射反应会有什么现象、辐射和自由基、化学平衡、反应速率、温度对反应速率的影响、催化剂在化学反应中是怎么起作用的
	聚合物的改革	烯烃、聚合物的结构和性能、分子间的键：氢键、醇类、红外光谱法、E/Z同分异构

1.2.2 复习指导书的内容框架

本书把元素周期表置于封面，在书的结尾提供化学名词索引，以便于学生查询相应的知识。书的前面详细介绍了关于考试的技巧和提示（关于如何考试答题及考试时应注意的事项）以及一些考试试题的类型，如阐述类型的试题，经济、环境和社会方面的试题，关于化学方程式书写方面的试题，计算试题，还有在F332单元中有预先提示等考试试题。随后又重点描述了实验技术相关方面的知识点，如使用热化学测量计算焓的变化、操作一个酸碱滴定法、使用分液漏斗净化液体、简单蒸馏等，有的还配有相关的实验设备图。

书中的每个小标题下都会标明本小节知识点内容所属部分，相关知识点可以参考《化学概念》《化学故事情节》（或少数活动案例）等书目。在每个小节内容中，分为1～3页简短的几部分。通常从“化学理论”部分开始，最后以“快速检测题”部分结束，中间偶尔会有一些例题解析。“快速检测题”部分是用来巩固学生所学的知识及测试学生掌握的情况。在书的边缘会有阴影框展示出相关的提示，如怎样处理常见的误区和错误。所有的习题（快速检测题和单元测试题）都在复习指导书中提供完整的答案，供学生参考。

2 复习指导书编写特点

英国索尔特高级化学教材的编写独具匠心，重视STSE教育，充分展示了情景教学的重要性和主流性。本书是《化学故事情节》AS部分配套复习指导书，在编写上则具有以下几个特点。

2.1 体现教材编制中收放自如的“收”的重要性

索尔特高级化学课程在开发的过程中，以情境教育理论为基础。《化学故事情节》教材编制以情境为主线逐步展开，通过创设宏观情境，向学生提出问题，学生为了解决问题而学习必要的化学理论。这种教材编制能开拓学生的视野，随着情境主线的展开，从而达到教材编制中“放”的效果。教材的编制采用了把情境材料与学科原理分开编排的独特方法，体现了情境的完整性，避免了以往整合两者的编写方法后出现情境故事缺乏连贯性的情况[2]。但是将情境与原理分开，会使学生难以明确化学概念体系之间的联系，而且所学的化学理论不是按照学科知识的逻辑顺序编排的，在知识的呈现方式上，较少考虑到化学学科知识的逻辑顺序。为解决此问题，本书在《化学故事情节》教材相对应的故事情节中，凡是涉及需要化学原理支持的地方都总结出相关的知识点内容（如表2）。最后每小节内容都有“快速检测题”来进一步巩固所学的内容。在这种以“收”为特点编制的体系下，学生能更好地掌握所学的知识点。

2.2　体现与其他相应教材的交叉联系性

《化学故事情节》AS部分配套的复习指导书并不是一个独立的部分，复习指导书中的知识点来源于《化学故事情节》和《化学概念》教材。因此，三本书中的知识点能紧密联系，相辅相成，它们之间的联系并不是一对一的关系，而是一对多或多对一的关系。

例如，在F331单元“生活中的化学”中，第一个模块“核反应”小节内容就涉及了《化学概念》中2.2章节、《化学故事情节》中EL1和EL三部分内容。又如，《化学原理》中4.1章节部分的内容又对应着复习指导书中F331单元“生活中的化学”第2模块“燃料开发”中“方程式的计算”“熵与焓”“赫斯定律”这三小节内容。

又如，我们从图1中不难看出本书中第一单元第一个模块“生命中的元素”，指出了与《化学故事情节》《化学原理》相关知识点之间网状联系，以便于学生学习。这种简明扼要的网状结构图呈现出此模块所要学习的知识点，也涵盖了其他相应两本教材的知识点和重点。

2.3　体现习题多类型、多层次性

本书习题类型有阐述类型的习题，经济、环境和社会方面的习题，化学方程式书写方面的习题，计算习题，预先提示习题等。习题类型多是本书习题编制的一大特点，此外，本书的习题还具有基础性、情境性和开放性。

2.3.1　基础性

本书特别重视知识的基础性，习题的难度一般不高。例如，一些基本理论阐述题，让学生用自己的语言和一定的逻辑思维来阐述其中的化学原理、实验现象以及一些建议等。又如，第1单元第1个模块“光和电子”中的习题第5题“解释锶和钙为什么会有相似的化学性质”；第6题“解释为什么钾比钠反应更活泼”等。

再如，第1单元第2模块“醇和醚”中的习题第1题“写出甲醇和乙醇的全结构式”，第5题“写出丙二醇的骨架结构式”等，学生做这类习题训练，

可巩固有机化学基础。

2.3.2 情境性

化学从生活中来，又回到生活中去。在本书中很容易找到相关的情境问题，尤其在第1单元第2模块中“来自汽车的污染”相关习题就有一些。例如，第1题“解释在汽车中二氧化碳是怎样产生的”，第2题“描述一氧化氮其中一个污染影响”，第4题“生物柴油可以由大豆制造，对于这样的燃料给出它的一个优点和一个缺点”，第5题“有种稀薄燃料发动机（稀薄燃烧发动机就是混合气中的汽油含量低，汽油与空气之比可达1:25以上的发动机）相对其他发动机而言，它使用一定量的汽油蒸气会需要更多的空气，为什么会产生更少的不完全燃烧碳氢化合物”等，此类习题充分体现出化学与经济、环境及社会等方面的联系，学生通过这类习题练习，会拓宽自己多方面的视野。

2.3.3 开放性

此类题目主要用于考试测试中，一般选择F332单元相关化学课题，通常在考试的前几星期提前告诉学生这方面的化学材料，以确保学生能够充分地阅读和理解其中的内容。这类题型一般由学校组织，是比较灵活性的考试试题，可以锻炼学生对知识的获取及应用的能力。

3 对复习指导书编制的几点启示

3.1 复习指导书编制要注重整体性

复习指导书的内容和结构的编制在处理上需要注重整体性，引导学生学习化学的核心概念及基本的技能和方法。同时要有一个整体考核评估，可以使学生能够了解考试单元与教学内容及其考试时间、分值、方式等的关系。具体到每单元也可以在开始就清晰地展示出本单元所需要学习的整体知识。例如，我国编写中学化学复习指导书时，可以向索尔特高级化学教材《化学故事情节》AS部分配套复习指导书借鉴，在每模块设置知识网状结构图，此类网状图有很强的关联性、针对性和总结性，方便学生把握整单元的知识结构关系，也利于学生制订学习与复习计划。

3.2 复习指导书编制中知识点要注重交叉联系性

复习指导书中的知识点在编制时并不一定要呈一对一的关系，可以是一对多或多对一的关系。这种知识点的设置呈反复交叉联系，可以拓展学生的思维，便于他们学习和总结归纳所学的知识。在此编制体系下的知识点比以往复习指导书中一对一的关系更紧密，学生的学习过程就不会呈单一性，这种间歇的重复会巩固与强化先前的学习，而且在不同的情境中遇到同一个化学原理，能帮助学生树立在新情境中应用化学知识理论的信心，增强学生的知识迁移能力。

3.3 复习指导书习题编制要注重基础与实践、情境与人文性

不同类型的习题对巩固知识、发展学生的能力有不同的作用。首先，复习指导书在习题编制时要注意编制一些基础性的习题，使学生掌握最基本的化学知识和技能，了解化学科学研究的过程和方法。其次，在习题编制的时候应注意选择具有综合性、开放性的真实情境问题，要鼓励学生深入生活实际，调查、咨询或进行实验，最终解决化学问题。创设的化学情境可以关于化学与经济、环境及社会等各个方面，学生通过此类习题的练习，会培养关注国家、社会上的一些热点问题的兴趣，能够切身体会化学与人文的紧密联系，感受到化学从生活中来，又回到生活中去。总之，复习指导书中的习题编制要注重基础与实践、情境与人文性等多重价值观念，鼓励学生综合运用已学知识，从不同角度、不同层次进行思考，创造性地解决问题。

“他山之石，可以攻玉。”通过对英国教材 *Chemical Storylines* AS部分教材配套复习指导书 *Revise* 的编制体系研究，我们可以开阔视野，增长见识，提升能力，加深对其他国家化学复习指导书编制的认识，进而希望能够对我国中学化学复习指导书编制有一定的借鉴及指导作用。

参考文献

[1] 陈彦芬.索尔特（Salters'）高级化学课程述评［J］.化学教学，2003（7）:21–25.

[2] 林菲菲.新课程背景下情境教学的比较教育初探——英国《索尔特

高级化学》教材的研究［D］.南京：南京师范大学，2007.

［3］LESLEY J，DAVE N，CHRIS O. Salters Advanced Chemistry：Revise［M］.Yorkshire：University of York，2008.

［4］单旭峰，宋修明.对OCR索尔特化学考试的简析及思考［J］.化学教学，2011（3）：78-80.

英国索尔特高级化学课程（A2）教材配套复习材料*Revise*中有机化学知识的呈现特点与思考*

熊言林　王晨希

摘　要：本文对与英国索尔特高级化学课程（A2）教材相匹配的复习指导书*Revise*中有机化学内容的基本呈现方式、知识点的考查及习题设置特点进行相关分析，并对我国中学化学教材编写及化学教学提出几点思考和启示。

关键词：索尔特高级化学　*Revise*复习材料　有机化学　呈现特点及思考

英国索尔特高级化学课程是一门面向英国高等预科生（包含取得普通中等教育证书后，准备考入高等院校进一步学习的学生）的两年制课程。其化学课程包含有*Chemical Storylines*、*Chemical Ideas*、*Activities*和由*Teacher Guide*修订的最新版本的*Revise*教师辅导用书。*Chemical Storylines*课程分为AS（Advanced Subsidiary）和A2（A Second Advanced）两部分，本文主要从与*Chemical Storylines*(《化学故事情节》)的A2课程相配套的*Revise*中包含的有机化学知识部分"材料化学（Chemistry of Materials）和化学设计（Chemistry by Design）"着手，分析有机类化学知识的呈现方式与习题设置特点。

1　中英有机配套复习材料的比较

1.1　中英有机配套复习材料与教材的关系的差异

我国对于与有机教材相配套的复习材料并没有统一的规范，从我们国家现行的三套高中化学教材（人教版、鲁科版、沪教版）来看，它们只是将有机知识划分为必修与选修两部分，教授方式也是以讲授为主，课后的习题多为考试型习题。而配套复习材料的选择则显得十分宽泛，不同的地区、不同

* 2011年安徽省省级质量工程"中学理科综合类卓越教师培养计划"项目成果。本文发表于《化学教育》2015年第17期。

的学校所选用的配套复习材料都大相径庭。但是配套复习材料与教材间的关系是固定的，多是针对对有机知识的掌握程度、认知度的深入强化。配套复习材料的类型依据教材中的知识点进行划分，分为模块练习和课堂练习两大基本类型，并不会再对教材中有机知识做详尽的表述，二者的关系则可以总结为“基础+强化”的搭配模式。

以英国为例的国外化学教材基本上都会有相配套的复习材料，并且配套复习材料能够凸显其教材的特色。英国索尔特高级化学课程将教材中的有机知识和相配套复习材料都作为学生课程学习的一部分，具有较好的统一性。索尔特A2课程是对有机知识更深层次的讲解，而配套复习材料并非只是对这部分有机知识的重复练习与强化，更多的是对教材中知识的拓展与延伸。更准确地说，索尔特配套复习材料是教材中有机知识的“储备库”。教材中不能呈现出来的与有机知识相关的支撑材料及知识点，都会在相配套的材料中进行系统的表述，从而完善了有机知识的体系。

1.2　中英有机配套复习材料之间的差异

我国有机教材的配套复习材料更应该类属于配套练习材料，注重学生对知识点的掌握和理解效果，因此并没有与有机教材相结合并应用到课堂之中，知识点的考查形式可分为单元考查和课时考查，而相配套的材料也更侧重于对高考相关知识点的考查。这种类型复习材料的使用，虽然紧紧围绕“双基”的课程目标，能够使学生熟练掌握所学的有机化学知识，但是却忽视了知识的情境性，让学生“不知所用”，这也是为什么学生对有关情境性试题的考查感觉到无从下手的原因。

英国索尔特配套复习材料更加注重有机知识的全面性、接受性、应用性等几方面，主张学生有意义地学习，培养学生的自我建构能力。配套复习材料的形式不再是单纯的习题练习，而是有很多对知识的延续和拓展。与其说它是配套的辅助练习资料，不如说它是一本知识讲解大全。习题的形式也多以情境性的题干为主，发散性与实践性较强，这些正是索尔特配套复习资料的特色之处。

2 配套复习材料中有机知识的分布及主题设置

2.1 有机知识点的分布

索尔特高级化学课程A2的配套复习材料[1]，主要分为：F334单元（*Chemical Storylines* 中的第三模块）材料化学（Chemistry of Materials）和F335单元（*Chemical Storylines* 中的第四模块）化学设计（Chemistry by Design）两大知识模块，对应着索尔特教材中（*Chemical Storylines*、*Chemical Ideas*）的13个单元中所涉及的有机知识，这两部分的分值占35%之多，其余15%的分值存于学校的评估（F336）之中。具体的有机知识点分布如下[2]：

表1 有机化学知识的具体分布

化学故事情节的模块分类	*Revise* 中涉及有机知识的单元名称	*Revise* 中涉及的有机化学概念及原理
F334：材料化学（Chemistry of Materials）	药品里有什么	羧酸及醇类衍生物、酚类
	物质的循环	胺和氨基、绿色化学、聚合物
	生命的主线	氨基化合物及蛋白质、酶、同分异构体
	钢铁的故事	配合物的形成
F335：化学设计（Chemistry by Design）	农业和工业	绿色化学的进程
	颜色设计	芳香族化合物
	药物设计	羧基化合物、有机合成路线

在所讲授的30个化学知识点中，有机化学的知识点占有12个，并且是嵌套在教材中化学故事情节分类的情境之中。所涉及的范围从生活到农业再到工业生产，将抽象的知识结合着学生最熟悉不过的生活情境进行呈现，充分凸显了其以“情境”为特色的风格。

2.2 有机知识的主题设置

这本复习材料之中处处彰显着“依据（Stem）”“广度（Range）”和“应用（Application）”的设置主题。

“依据”主要体现在知识的拓展方面，在“要点提示”中就进行了说明：在复习材料中出现的解说性、拓展性的知识材料均是根据索尔特教材（*Chemical Storylines*、*Chemical Ideas*）中相应的情节知识模块进行设置的，是有主线贯穿始终的，并非凌乱排布、盲目延伸。

"广度"主要体现在知识的覆盖面和习题维度的掌控上。复习材料中的有机知识囊括了醇类、酚类、羰基化合物及芳香族化合物等有机知识，可以说很好地体现了"广度"这一特点，并非像国内的一些配套复习材料只注重对学生认知程度的把握，却忽视了对知识的拓展。因此，习题也就能在难度适宜的前提下进行考查，并不会盲目地追求"难度"，只为了考试而练习。

"应用"主要体现在其考查知识的习题情境及内容与实际生产、生活的联系性方面。在复习材料中习题的呈现正是契合了这种理念，多以生活情境为主题干，再依次分为若干问题来完成有机知识的考查，问题十分多样化，真正让学生认识到有机化学确实是一门能应用到生活中的化学学科的分支。

如此一来，这本复习材料就将有机化学的知识有体系、有特色地呈现出来。仔细分析这部分知识会发现，其复习材料对有机知识的编排，和国内的教材无论在知识点的选择、呈现方面，还是在习题的设置及考试难度的侧重上还是有许多不同之处的。

3 配套复习材料中有机知识的呈现特点

在与索尔特《化学故事情节》（A2）课程相配套的复习材料中，高中化学有机知识的呈现及分布和与我国高中化学教材相配套的复习材料是有很多不同的，无论是在知识的呈现上，还是在情境的嵌入上都是可圈可点的。

3.1 特有的学科支撑材料的呈现

支撑材料是指在故事情节设置中存在的难点和重点，由于教材篇幅的限制而不能完全展开，并且是能够协助教师和学生的学习材料。这些支撑材料的呈现，凸显了有意义学习的理论，有助于提升学生在学习过程中的熟练程度。在《化学故事情节》配套复习材料中，每章节都有相应的支撑材料，主要针对于索尔特高级化学教学用书中的概念，意在对A2课程中的相应知识点进行补充，起到深化和巩固的目的，做到"有凭有据"。我国的一些有机化学复习指导书则更加偏重的是对题型的熟练程度，对支撑材料的运用并不占多数[3]。

例如，在"药物里有什么"这一章节中，首先呈现的是"羧基的酸性及衍生性"的知识点，在副标题中就明确标注出了它是对应着 *Chemical Ideas* 中第13.3章节的概念补充，接着就呈现了一系列的"反应—酯化—羧酸酸性的检测—衍生物”的知识框架，并在相应的知识框架左右两侧会以带箭头的方框进行相对应的支撑材料的补充说明。在“羧基化合物的命名之中”，在常见的羧基化合物命名的表格左侧依次排列着四则材料，分别说明了：主链的选取要以羧基所在碳链为准，在确定碳原子个数的时候要计入羧基中的碳原子，取代基的位数确定要以羧基所在处为第一位，并且还列举了3–甲基丁酸而并非2–甲基丁酸的实例以及乙二酸的命名规则[1]。

正是这些支撑材料的大量呈现，才可以最大限度地拓展学生的学习思路，也便于及时解决学生在学习过程中出现的疑惑，从而将迷思概念出现的概率降到最低。

3.2 特有的有机知识点的呈现

在同一个学科的领域，并不是所有的知识点都有着相同的呈现方式与教学模式，正是这种对知识点特色的凸显，才促成了学科间的交流与学习。现今的世界教育思潮所倡导的就是这种“异样的精彩”。配套复习材料则把这种差异性与学生认知情况的阶段性相结合，因学生在不同阶段对知识的认知程度的不同而发生变化。

例如，我国的有机教材中对于酯化反应这一知识点的讲授，所遵循的是“酸失羟基，醇失氢”的反应规律，同时还涉及一些无机酸的酯化反应，这条规律恰好是“醇失羟基，酸失氢”。但是这条规律在教材中却很少被提及，在大多数习题之中也都是以前者为主。但是在索尔特高级化学课程之中，却是以无机酸的“醇失羟基，酸失氢”的反应规律为主体，如在“酯”这一节（对应的是*Chemical Ideas*中第13.5章节的概念）中所提及的酯化规律，以乙醇和乙酸的酯化反应为例[1]：

$$CH_3-CH_2-OH + H-O-\overset{\overset{\displaystyle O}{\|}}{C}-CH_3 \rightleftharpoons CH_3-CH_2-O-\overset{\overset{\displaystyle O}{\|}}{C}-CH_3 + H_2O$$

并且在和苯酚的反应中也是遵循同样的规律，同时对苯酚显酸性进行了适当拓展，但是在氨基酸形成蛋白质的知识点中，又有了不同的说法[1]。由此可以得出的是，有关于酯化反应规律的适用性是成阶段性变化的，在刚刚接触的初级的酯化反应中，为了方便学生记忆及判断水解产物，是采用“醇失羟基，酸失氢”的规律，但随着有机知识的积累，增加了“酸失羟基，醇失氢”的规律。除此之外，还对“有机反应的能量高低的判定”的知识进行相应的讲授，包括计算方法和对有机产物的确定等知识点，而这一内容在我国的化学教材之中只有寥寥数笔的讲述。这些知识点在一定程度上是呈阶梯性分布的，也正是因为这样，才会激发学生的学习热情和对未知世界探索的欲望，从而引导学生逐步深入地学习。

3.3 特有的有机反应示意图的展示

复习材料的另一大特色，就是大篇幅的有机反应示意图的展示，从而有助于学生思路的转换，以及对有机物空间构型的认知。无论是在有机实验操作中，还是在分子式的书写上，它都有对应的呈现，示意图形象且明细。

在复习材料中F334和F335单元之前，都有展示本章节中知识联系的示意图，尤其对待有机知识，更是本着“主干—分支”的架构来排列。例如，在“化学设计”中，首先就概括了“有机反应类型的概要”（A Summary of Organic Reactions），以烯烃的反应为例，如图1所示（F335 Medicine by De-sign，对应*Chemical Ideas* 14.2 Organic Chemistry：Frames-works）[1]：

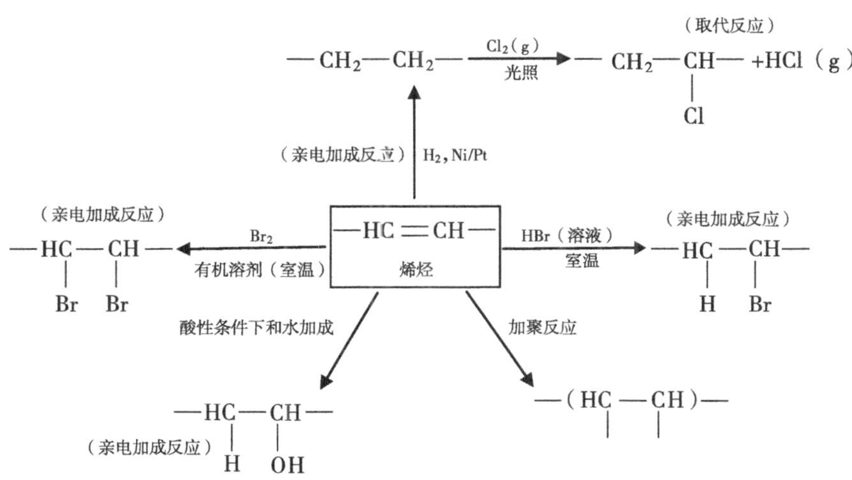

图1 有关烯烃的基本反应示意图

类似这样的示意图在醇类、醛类、酮类、苯类以及羧酸类的有机知识的前后都有详尽的说明。这对有机知识的学习起到了“总结归纳”的作用，就不会使学生产生烦躁、无处下手的感觉。除了这种有机示意图的呈现，它还在相关的有机反应中，将反应物的电子转移及离子电负性的情况都做了详细的表述，并给出了示意图。如在氨基化合物［F334 The Materials Revolution（MR），对应 *Chemical Ideas* 13.8］中甲胺和氯乙烷的反应方程式如图2所示[1]：

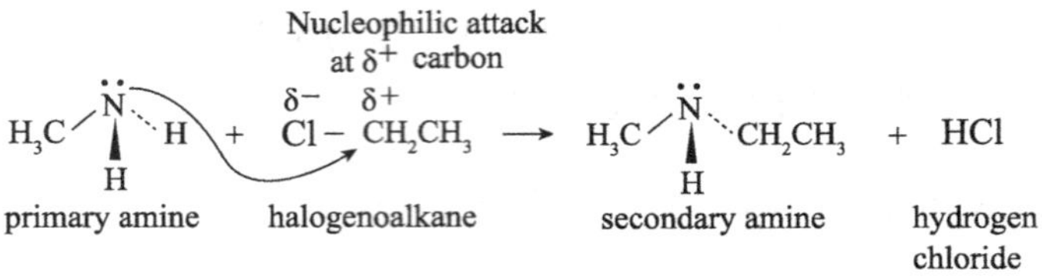

Nucleophilic attack at δ^+ carbon

$$H_3C-\ddot{N}H-H + \overset{\delta-}{Cl}-\overset{\delta+}{CH_2}CH_3 \longrightarrow H_3C-\ddot{N}H-CH_2CH_3 + HCl$$

primary amine　halogenoalkane　secondary amine　hydrogen chloride

图2　甲胺和氯乙烷的反应方程式

像这个有机反应，不仅将分子空间结构展示出来，还结合了元素的电负性知识及其对有机反应中电子转移的影响做出了详尽的分析，类似这样的反应示意图在复习材料中还有很多。有机化学知识只有在微观和宏观的相互转变中才能得到更好的应用，我国教材如果能借鉴索尔特复习材料的编制特点，做好二者之间的铺垫与过渡，就不会使学生对有机知识感觉生涩难懂了，这些示意图的设计正是索尔特课程的特色所在。

4　配套复习材料中有机习题的编排特点

索尔特教材复习材料中的习题可谓“短小精悍”，多以快速考查题型和考试练习题型的形式进行编排，其设置并不在于习题篇幅的长短，而是重在知识点覆盖的全面性，讲究“广度”的同时，也注重有机知识的“应用性”。习题在难度上的设置也同样别具匠心，并与有机知识的呈现形式相得益彰。

4.1　习题内容凸显“精、准”

在配套的复习材料中，每节课内容的结尾，虽多以快速考查的题型来巩固本节知识点，但是在知识点的把握上，却基本囊括了本节课所讲授的内容，精炼而准确。考试练习题是在每章的内容知识点分布图示之后进行考查的，虽然篇幅较多，但它是依照着考试知识点的框架进行分类练习的，从而使学生能够进行系统性的练习。

在同分异构体［F334 The Thread of Life（TL），对应 *Chemical Ideas* 3.5］一节中的快速题型设置中，考查点在于同分异构体的书写，要求学生能对手性分子有基本的认识，而这一部分知识是在我国大学课堂中才涉及的，充分地体现了有机知识“广度”的特点。基于以上目标，在6道习题中，有4道习题是对同分异构体书写的考查，其余两道则是对手性分子的判断。例如，在快速考查题的第4题中，要求画出$CH_3CH(OH)CN$的手性分子形式（用楔形式），既考查了光学异构体的概念，又考查了分子结构式的书写，具体如图3所示[1]：

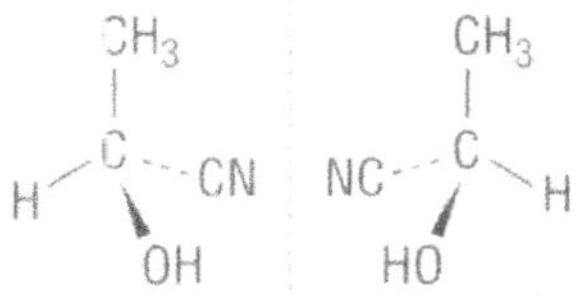

图3 手性分子

在考试题型中也有这类知识点的题型分布，前后照应，难度成阶梯形式分布，在注重精炼的同时也凸显了其准确性的特点。

4.2 习题形式凸显“收放自如”

在配套复习材料中，题干的设置多是以情境为烘托，以“情境设问—触类旁通—总结归纳”为主线，在任务驱动中完成习题，达到考查的目的。

例如，在F335（The action of drugs对应*Chemical Storylines* MD3 and MD4）[1]中，是以药物合成为情境主线进行知识点的串联，所以习题也是围绕着这个情境呈现和收尾的。“青霉素（Penicilin），是人类最早发现的抗生素，并且引导了一系列合成抗生素的生产，新的抗生素有着它的工业生产的舞台。”

（a）猜想一下为什么一系列抗生素类药品是在药店销售的？

（b）解释一下医药术语“合成抗生素”的意思？

（c）每天例行在禽类的饮水中加入小剂量的抗生素，能最大限度地减少感染，设想一下为什么这种方法可以增强抵抗力？

这道题的设置貌似和有机知识没有实际的关系，但确实是考查了“分子结构”的题型。(a）中是因为不同的抗生素有不同的结构，方便医生根据实际情况来选择最合适的抗生素。这道题考查了有机分子不同的结构导致了有机物质的不同性质的应用。(b）中，原料是天然的抗生素，结构的改变是因为化学反应改变了化学基团的性质。这道题考查了化学反应的实质是生成新的物质。(c）中，用小剂量的抗生素是为了不让所有的细菌都被杀死，从而能够定量地进行实验与观察。这道题就是通过药物实践的方式来考查学生对化学学习方法的认知。

这种题型以情境为起始，能恰好地将化学知识嵌套其中，收放自如，不会变得形式化，真正能做到在生活中学习化学，在学习中懂得应用化学。

4.3 习题表征凸显“图表相结合”

索尔特有机教材的配套复习材料，能够准确地突出化学“四重表征”的宗旨，在考查化学有机知识的基础上，体现“图表相结合”的理念，将有机习题以系统化、清晰性的表格或图表的形式展示出来，这样使得习题的脉络更加清晰可辨。

例如，在F334（The Thread of Life对应*Chemical Ideas* 13.9）中，在“氨基的酸性及蛋白质（Amino Acids and Proteins）”快速考查题型中的第5题，主要是对“蛋白质水解产物的判断”相关知识点的考查，为了便于学生思考，将要进行水解的蛋白质的有机结构示意图详细地展示出来，如图4所示[1]：

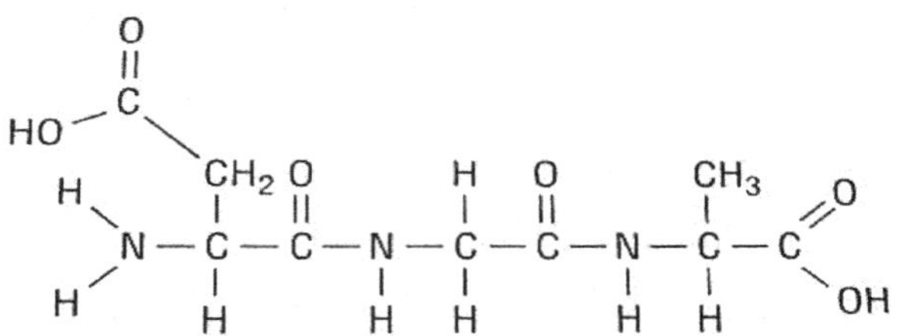

图4　蛋白质的结构示意图

如此，再结合题干的两种反应条件（a）1 mol · L^{-1} NaOH和（b）4 mol · L^{-1} HCl，分别可准确地判断水解的发生位置及产物的种类。以（a）反应为例，在碱性条件下进行水解，可以得出三种产物。值得一提的是，相关问题的答案也是将有机物质以详细的有机结构示意图表示出来，而并非简单地给出有机物质的名称。碱性条件下水解的三种产物如图5所示[1]：

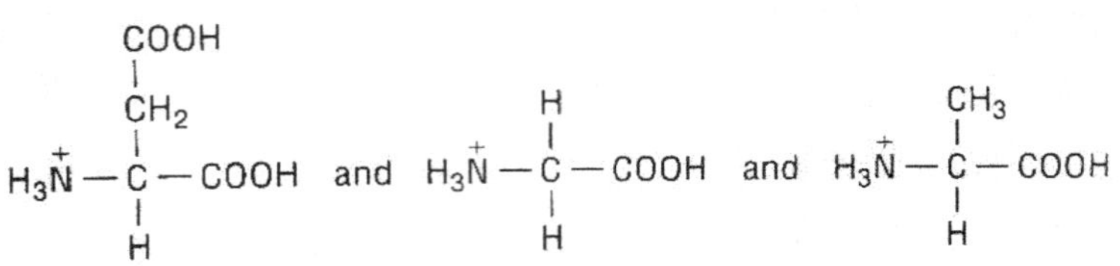

$$H_3\overset{+}{N}-\underset{H}{\overset{CH_2COOH}{C}}-COOH \quad \text{and} \quad H_3\overset{+}{N}-\underset{H}{\overset{H}{C}}-COOH \quad \text{and} \quad H_3\overset{+}{N}-\underset{H}{\overset{CH_3}{C}}-COOH$$

图5　蛋白质碱性条件下的水解产物

在有机配套复习材料中，除了有有机示意图的详细展示，表格类型的习题也占据了很重要的位置。表格类型的习题主要分为两类：第一类为将题意以表格的形式进行呈现；第二类为学生根据题意要求，自主设计表格。第一类题型在有机习题的考查中是比较普遍的，而第二类形式比较有特色，不仅考查了学生对有机知识的掌握情况，还同时考查了学生的思维和应用实践能力。例如，在F335（Bonding，Structure and Properties：A Summary对应*Chemical Ideas* 5.8）中，快速考查题中第1题和第2题，第1题要求学生自主绘制表格来分析整理（a）~（k）的11种化学物质的组成，并且在第2题中还要运用第1题学生所得出的表格，继续考查这11种化学物质在室温下的存在形态（固态、液态及气态）、水中的溶解情况及导电性的知识，将有机知识和无机知识巧妙地在一个表格之中进行融合，突破了以往表格固有的考查模式。具体的呈现形式如表2（选取两种物质）所示[1]：

表2　表格题型

Substance（物质）	Structure（构成）	State（状态）	Solubility(aq)（溶液中的溶解性）	Electrical conductivity（导电能力）
propanol（丙醇）	simple molecular（纯净物）	liquid（液态）	soluble（可溶）	low（导电率较低）
polyester（聚酯）	macromolecular（高分子化合物）	solid（固态）	insoluble（不可溶）	low（导电率较低）

这类“图表相结合”的有机题型，不仅丰富了索尔特配套复习材料中有机习题的考查形式，还同时检验了学生接受与应用化学知识的能力，且化学知识包含性较强，知识考查范围较广泛。

4.4　习题维度凸显“阶梯性”

习题的设置不光要注重内容和形式并存，更应该注重对结果评价的合理性。所以就要求在配套复习材料中要注重维度阶梯性的把握，这样才能做到对知识点的完整考查。

例如，在考试习题的设置中，先以对索尔特AS课程的各单元知识内容的概括为起始，分别对应着AS课程各模块知识的页码及化学概念的各章节，再进入题型的考查，分为4个章节的阶段考查。在依次的4个小章节中也是按“由易到难，由简到繁”的特点逐步过渡，先是设置“根据结构式作答”的简单题，一般分为（a）（b）（c）3大问，每个大问题中包含1~2个子题目；然后是“情境填空题”，要求根据题干中的情境进行补充，包括方程式、计算结果等。值得一提的是，在相应的习题旁，会有“知识运用”的小提示，会对一些书写、知识点的甄别上做出提示。例如，在“The Materials Revolution(MR)[1]”这一章节的考查中，以“聚乳酸（Poly Lactic Acid）”的多重应用为背景，衍生出了6大题，并且每道题还分为若干小问题，小问题旁边还有支撑材料的出现。但是，选择题的分布则占了少数，主要以考查学生操作实践的综合性题型居多。

这两大类题型的分布，能够充分考虑到学生个性差异的接受情况，不会造成难度上的断档，循序渐进地进行引导，从而有助于教师对学生掌握知识的情况进行准确的评估。

5 从配套复习材料中所得到的启示

5.1 有机化学的配套材料要体现和教材的一致性、延续性

严格来说，我们国内并没有一套统一的、有代表性的有机配套复习材料，多是以教材为根本，再衍生出形式多样的复习材料。再者，有机知识在化学考试中所占的比例并不大，所以导致了国内的配套复习材料中只是将有机知识以专题练习的形式进行呈现，并没有单独且完善的体系，也就体现不出“复习”的含义。复习材料本应该彰显出教材的知识内容的特点，有总结和拓展的作用，并不只是以“应试”为目的，进行知识点的反复机械化操作。但不可否认的是，国内的配套复习材料在有机知识考点的提炼上还是可圈可点的。

所以，我们国内的复习材料应该真正做到保持和化学有机教材的一致性、代表性，从而有效且合理地进行编排。只有扭转了有机知识只是为了应付考试的错误观念，在与教材保持同步的基础上，将二者结合运用到课堂教学中，合理地编排，完整体现有机复习和练习的整体性、延续性，才能激发出学生潜在的学习意识，从学生的“最近发展区”进行有机知识的有意义建构。

5.2 有机化学知识的表述应该符合化学的四重表征

有机化学知识对于一直学习无机化学的学生来说，难免会有“抽象”的

感觉，虽然他们在必修教材（以人教版化学教材为例）中接触过简单的有机化合物，但是对具体的知识架构还是稍显陌生，在之后选修的学习过程中就会产生“有机的反应背不完”的学习误区。而对于索尔特化学教材和与其相配套的复习材料中，对于这部分的处理还是很到位的。在有机化合物的表述上，它们不仅结合了三维空间结构和结构式的形式，及对知识进行框架式的总结，而且还在有机反应中将粒子的转移用箭头进行标注，同时结合了电负性的相关知识进行辅助讲解，赋予了化学符号生动的意义，充分体现其对“四重表征”（宏观、微观、符号、曲线）的精准把握。

这正是我国教材所要改进的地方，即能将四重表征的思想融入到配套材料的编写之中，能巧妙地在宏观、微观之间进行转换，注重微观结构的阐述，善于采用表格总结的形式，彰显化学符号的魅力。

5.3 有机知识要凸显学科联系性、生活实践性

有机教材的作用在于引导学生以它所提供的素材和范例，联系相关学科知识的学习基础，形成有机化学的基本理论和知识体系，从而获得研究有机化学的科学方法和理念[4]。配套复习材料的作用则在于继承这种关联性与生活性。在索尔特化学的复习材料中，有机知识并非独立地存在，而是穿插在无机知识的讲授之中，将某些无机知识点迁移到有机知识的学习中。例如，在讲授完苯酚的知识后，就接着讲授分析化学中出现的“红外光谱的知识”，并汇总了之前学过的不同有机官能团进行测量，从而确定有机物的分子式。

我国的教材近年来已经在此方面有了很大的改进，已经能够将知识贴近实际生活，但是，在这方面研究得还不够彻底，难免有些生搬硬套的感觉，所以我们应该以阶段性的整合、创新的方法呈现出有机知识。不仅如此，还应该确保在教材和配套复习材料中凸显“情境教学”的理念，大量创设生活中的生产实例，充分体现可实践、可操作的特征。要辩证地看待有机知识[5]的学科化和综合化，要综合考虑学科的逻辑结构和学生对事物认识的心理发展结构，所以还需要进一步借鉴、吸收，以达到真正的融会贯通。

5.4 有机习题的设置要在“共性中创造个性”

在索尔特化学教材的配套复习材料中，其特色之处在于题干设置的形式

紧贴生活实际，内容的考查体现了阶段性。我国现行的有机习题的考查多是以“高考”为目标，习题的形式也已经固化为特定的模式，知识点的侧重点我们也已经耳熟能详，所以学生就将有机知识的学习当做是考试的固有考查形式，也就缺失了和生活实际的关联性。有机习题的考查宗旨并不单纯是为了检测学生知识的掌握情况，而我们要做的就是“博取众家之长”，在共性之中创造个性。这就要求我们要注重习题素材的情境性、考查的多维度性、层次的阶梯性、评估的准确性，能够做到抓实质，抓规律，这样才会在把握共性的同时，又凸显了个性。

研究国外成功的化学教材知识模块的设置形式和配套复习材料的编排特点，不仅有助于拓宽我国化学教学工作者的视野，还可以汲取国际的知识精华来丰盈我国化学教学工作者的教学经验，同时起到了借鉴、融合、衍生的作用。尤其是新课改一直强调“以生活为基调，锻炼学生学以致用的能力，做到以学生为中心，以良好的教育平台来成就学生”的教学和学习理念，因为我们在这些领域还存在着改善的空间，所以我们要“走出去，学回来”，以改善国内课程的薄弱环节。

参考文献

［1］DAVE N，CHRIS O，KAY S，et al. Salters Advanced Chemistry：Revise（A2）［M］. First Edition. Heinemann Educational Publishers，2009：2，6，26，72，16，25，77，27，100，47，41.

［2］陈彦芬. 索尔特（Salters'）高级化学课程述评［J］. 化学教学，2003（7）：21-25.

［3］陆真，程瑶琴. 以情境为主线的高中化学教材编写的启示——英国《索尔特高级化学》教材的比较分析［J］. 中学化学教学参考，2005（12）：35-38.

［4］王静.《有机化学基础》教材的比较研究［D］. 天津：天津师范大学，2007.

［5］朱鹏涛. 美国高中化学教材设计及其课程理论基础研究［D］. 西安：陕西师范大学，2008.

中英化学教材中“化合价—氧化态”表述方法及思考*

熊言林　刘顺江

摘　要：《化学故事情节》是英国索尔特高级化学课程的教材之一，本文将该教材中有关“氧化态”这一概念的表述与我国中学化学教材中“化合价”的表述进行比较，从知识概念学习的一致性角度论述了我国中学化学教材中使用“氧化态”代替“化合价”的合理性及其优点，建议我国中学化学教材编写时进行调整。

关键词：《化学故事情节》　化合价　氧化态　氧化数　建议

1　英国教材《化学故事情节》的简介

《化学故事情节》是英国索尔特高级化学课程的学生用书。该教材以情境教学为主线，融知识于故事情节当中。至2012年11月，在英国使用该教材的人数已达17000人。其影响已波及美国、中国、俄罗斯、德国、新西兰、南非等国家。英国约克大学科学教育集团在编写这部教材时，除了注重人本主义理念、STS理念外，对知识的科学性及与后续学习的一致性也特别关心。

笔者在阅读英国索尔特高级化学课程教材《化学故事情节》一书中“海水中的元素”单元时发现，在我国中学化学教材中所表述的“化合价”这一概念，该书所使用的单词是“oxidation state”，即“氧化态”。在查阅相关外文资料后，笔者发现国外中学化学教材在讲述“化合价”这一概念时，都表述为“氧化态”。显然，这与国内中学教材（以人教版为例）[1]的表述方法有很大不同。

* 2011年安徽省省级质量工程“中学理科综合类卓越教师培养计划”项目成果。本文发表于《化学教育》2015年第13期。

2 英国教材《化学故事情节》中有关元素氧化态的呈现与例举

英国教材中涉及氧化态概念的单元是《Elements from the Sea》，该单元与我国几种版本高中化学教材卤族元素一章对应，在表述我国教材中的“化合价”概念时，它使用的单词是“oxidation state”，即氧化态。

现选取英国索尔特高级化学教材中的一道习题为例。在*Chemistry Storylines*的第53页作业3中的一道题目如图1所示。

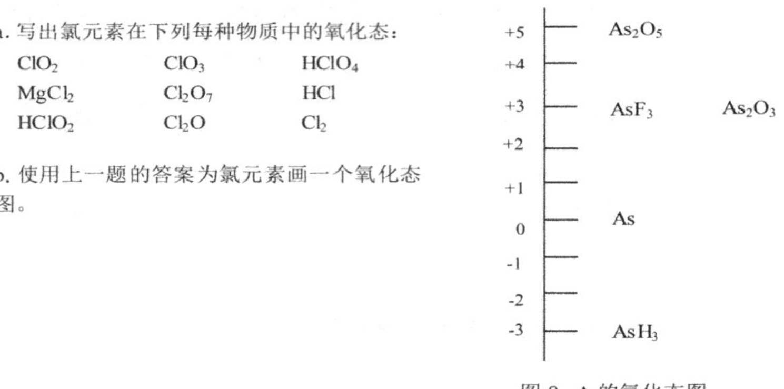

许多元素像氯一样存在一系列不同的氧化态（oxidation state），总结这一点的一个方法是建立一个氧化态图（oxidation state chart）——可以反映元素及其在化合物中的氧化态。例如，在图8中展示的As（砷）的氧化态：

a. 写出氯元素在下列每种物质中的氧化态：

ClO_2	ClO_3	$HClO_4$
$MgCl_2$	Cl_2O_7	HCl
$HClO_2$	Cl_2O	Cl_2

b. 使用上一题的答案为氯元素画一个氧化态图。

图8 As的氧化态图

图1 英国教材中的一道习题

英国索尔特高级化学教材中的这道习题若是出现在我国教材上，无疑会把“氧化态”改成“化合价”，在我国中学阶段根本就没有“氧化态”这一概念。然而，在我国大学阶段，教材中又大量使用“氧化态”这一名词，而“化合价”的使用则相对较少[2]。由此不得不让人产生一个疑惑：既然在大学阶段不使用或者说很少使用“化合价”这一概念，取而代之的是“氧化态”，那为什么不直接在中学阶段使用“氧化态”这一名词？如果这样使用，也可以使学生的认知保持一致性。国外的中学教材早就已经使用“氧化态”[3]，这说明在中学阶段，学生对理解这一概念完全不存在问题。反观“化合价”，其理论虽然曾经辉煌过，但现今其概念却含糊不清，相当混乱，已经不适应当今的化学教学，更无法适应理论的发展。为了更好地说明问题，笔者查阅了大量文献，对“化合价”与“氧化态”两个概念做了一些对比，希望能对理解这两个概念有所帮助。

3 化合价与氧化态的区别与联系

化合价（原子价）是化学学科的一个重要概念，其英文单词是valence，在近代化学的发展中有着独特的历史地位，在我国一直沿用至今。氧化态在20世纪三四十年代被明确提出[4]，目前欧美的中学教材已大多使用这一名词来代替“化合价”。两个概念既有联系又有区别。

3.1 化合价（原子价）

2012年最新版本的九年级化学上册教材涉及“化合价”的内容是这样表述的：“化合物有固定的组成，即形成化合物的元素有固定的原子个数比……一般情况下，通过元素的‘化合价’可以认识其中的规律。”化合价的确定规则为：（1）金属元素与非金属元素化合时，金属元素显正价，非金属元素显负价；（2）一些元素在不同物质中可显不同化合价；（3）元素的化合价是原子在形成化合物时表现出来的一种性质，因此，在单质里，元素的化合价为0。对于以上这段文字，要判断其是否合理，还要从化合价的源头说起。

化合价这一概念的形成有深刻历史渊源。19世纪初，原子学说的发展和定量研究的开展向化学家们提出了一个问题：为什么原子和原子之间的化合总是以一定比例进行？最先对此尝试解释的是道尔顿，他提出了倍比定律：在两种元素组成的不同化合物中，原子数目发生变化的同种元素之间的质量比必定是简单的整数比。此后的类型理论认为：在HH或HCl类型的化合物中，一个氢原子只能与一个氢原子或与氢原子相当的原子化合；在H_2O类型的化合物中，一个氧原子与两个氢原子或相当于两个氢原子的其他原子化合；以此类推NH_3和CH_4等[5]。类型理论孕育着化合价概念的雏形。到19世纪中叶，富兰克兰和凯库勒分别提出了完整的化合价概念，认为元素都具有一定的化合本领，其指标就是化合价，以氢为标准，凡一个原子与氢化合所需氢原子的个数即为该原子的化合价[6,7]。这些学说所表述的基本思想都是：元素的原子相互结合时有固定的数量关系。至此化合价概念基本定型，到20世纪上半叶随着原子结构理论的发展而更加成熟，具体表述为：在离子化合物中元素的化合价就是该元素的离子所带的电荷数；在共价化合物中某元素的化合价即为该原子形成的共价键的单键数。此处，不管是“电荷数”还是“单键数”，都应是自然数，因此最初化合价无正负之分。凯库勒等人就是把氟、氯、钠、钾统一定为一价，氧、硫、钙、钡为二价等[5]。后来随着电化学的发展，在化合价理论中掺入电负性概念，规定金属元素为正价，非金属元素为负价。

在中学有机化学的学习中，在处理乙烷分子（C_2H_6）时，若H为+1价，则C为-3价。这种处理看似合理，很简单地就解决了问题，但其实与化合价理论是相矛盾的[2]。因为按照化合价理论，乙烷分子中的C的化合价应该是4价。这种矛盾在共价化合物中是很常见的，其他诸如乙烯、乙炔、苯等，所有有机化合物中C都应该是4价，即C有能力形成4个共价键或者说4个电子对，而没有任何其他价态，这是化合价理论无法回避的一个问题。

在无机化学中，化合价概念的使用也存在着一些矛盾的地方。例如，在Fe_3O_4中它不能反映Fe原子的状态，而必须使用“平均化合价”的概念，认为Fe的“平均化合价”是$+\frac{8}{3}$，这看似解决了问题，但其实与化合价所表达的思想（整数比）是矛盾的。

综上所述，我们不难发现最初的化合价与现行人教版课本的表述存在差异：没有正负，没有“平均化合价”。化合价讨论的是电子对数、单键数，既然是数目，则应当是自然数，没有负数。但原子在化合时，不同的原子必然有不同的状态。规定是金属为正价，非金属为负价，但在面对非金属之间的化合时又无法解释问题，因此化合价理论又夹带了电负性规律，但随之而来的问题是无法回答有机化学中C总是4价的问题。这也就导致了化合价概念在不同的情境下有着不同的含义，而且差别很大，无法形成一个统一的认识。这对于中学生的概念学习而言，无疑会造成很多的概念混乱。因此，“化合价”是不利于中学生的概念学习的。

3.2 氧化态

在化合价无法准确描述元素原子结合情况的基础上，1938年美国化学家Wendall Latimer提出了氧化态的概念[4]。1948年，美国化学家格拉斯通明确提出用氧化数来代替化合价处理氧化还原反应方程式的配平问题。1970年，IUPAC严格定义了氧化态的概念：氧化态是用来衡量一种物质中一个原子的氧化程度，氧化态的具体数值为氧化数。关于氧化态和氧化数的关系，在美国的化学教育杂志上专门有一篇文章做出了论述[8]。

氧化态表示的是一个程度，这个程度的多少具体可由“氧化数”来体现。因此，把“氧化态”直接认为是“氧化数”，是不妥当的。氧化态的概念具体可以表述为：氧化态是某元素与其他元素化合时所处的状态，该状态下的元素原子所带形式电荷的数目为氧化数。氧化态描述的对象是元素，氧化数描述的对象是原子或原子团。确定氧化数的规则为：（1）在离子化合物中，元素原子的氧化数等于该原子的离子的电荷数；（2）在共价化合物中，把2个原子共用电子对指定给电负性较大的原子后，而在2个原子中留下的电荷数，就是它们的氧化数；（3）在单质中元素原子的氧化数等于零；（4）在分子（或离子）中各元素原子的氧化数之和等于零（或所带的电荷数）。

这一理论在反映元素原子化合时能够真实反映出原子的性质，即电负性、电子对的偏移，这在处理共价化合物时就清晰了很多。如在处理CH_4、CH_3Cl、CCl_4时，C的氧化数依次是–4，–2和+4，这就很好地反映了C原子在这些分子中所带有的形式电荷情况，而不仅仅是电子对的数目。其实，氧化数的使用在我们中学化学教学中已经有所渗透，如在文中提到的把乙烷分子中的C处理成–3价，这其实是在偷换概念，实际使用的是氧化数这一概念，但目前教师与学生都表达成“化合价”，这就造成了概念的混用，从而使“化合价”概念模糊不清。如果能在中学阶段的化学教学中直接使用氧化态，无疑会避免处理共价化合物时价态混乱的现状。

3.3 区别与联系

通过对两个概念的介绍，可以发现现行九年级化学课本所表述的“化合价”概念与“氧化态”概念基本相同。但化合价与氧化态实际上是两个概念，既有区别，又有联系。首先，两者在大多主族元素形成的离子化合物中，可以说它们几乎没有区别。如NaCl，用化合价来描述，即Na原子为+1价，Cl原子为–1价；用氧化态表示，Na为+1，Cl为–1。再如，OH^-的化合价为–1价，OH^-的氧化数为–1。如上文所述，在共价化合物中，不难发现，其实我们所使用的“化合价”概念已不是单纯的化合价，有“氧化态”的概念掺杂其中。其次，化合价只能是整数，氧化数可以是分数；化合价不能为0，而氧化数可以是0。这种观点已有不少学者提出，朱玉军等在其文章中就曾讨论过[6]。例如，在Fe_3O_4中，Fe原子的化合价为+2价和+3价，但氧化数就不用分+2和+3，直接取+$\frac{8}{3}$即可。按照化合价的理论，Fe的+2价和+3价分别代表它们和氢反应时每个Fe原子消耗的H原子个数为2和3，一个Fe原子消耗的H原子数是不可能为分数的。氧化数的确定可以依据规则里的第4条，因此必然有很多不是整数，它反映的是形式电荷的“均摊”数值。

经典的化合价理论在处理有机分子时仍然有其特殊的作用，如反映“C形成4个电子对”“O获得2个电子”这类问题时，化合价理论就可以发挥作用。化合价在配位化学中也能够很好地反映键的数目，这也是氧化态概念无法彻底取代它的原因。

4 有关化合价与氧化态教学的思考

目前国外的中学教材几乎都在使用氧化态与氧化数的概念，化合价已被停止使用多年。笔者通过ACS数据库搜索发现国外在1977年就已经有文章探讨氧化态图在教学实践中的应用问题，呼吁用氧化态代替化合价。而现今我国中学教材仍然在使用“化合价”概念，但在大学阶段又把已经掺杂“氧化态”概念的“化合价”一词改成“氧化态”，那么为何不直接在中学阶段使用“氧化态”？

综上所述，目前我国中学阶段使用的“化合价”概念与传统的化合价一词已经明显不符，其中掺杂了大量“氧化态”的思想，概念非常模糊，且与大学阶段的知识无法形成一致性，给化学教学带来了很大的麻烦。反观国外教材，在教学中直接使用“氧化态”概念，概念界定清晰，与高校化学教学内容也很连贯。当然，“化合价”这一经典理论在化学史上起到了其独特的作用，而且至今在某些领域也还在使用，但在中学阶段完全可以用“氧化态”取代“化合价”，由此带来的“碳4价”问题可以用“8电子”理论代替，即化合物中C原子最外层要形成4个电子对或者说4个单键，不同化合物中C的氧化数由氧化数的规则具体确定；OH^-的化合价为−1改为氧化数为−1等。经典化合价理论在大学阶段的有机化学部分或在学习配位化学时作为补充概念，再让学生学习可能更合理。

参考文献

[1] 人民教育出版社课程教材研究所化学课程教材研究开发中心. 义务

教育课程标准实验教科书：化学九年级（上册）［M］．北京：人民教育出版社，2012：85.

［2］曹锡章，宋天佑，王杏乔，等．无机化学（上）［M］．3版．北京：高等教育出版社，1994：410–412.

［3］FRIEDEL A， MURRAY R. Using oxidation state diagrams to teach thermodynamics and inorganic chemistry ［J］．J. Chem. Educ.，1977， 54（8）：485.

［4］WILLIAM B J. The origin of the oxidation–state concept ［J］．J. Chem. Educ.，2007， 84（9）：1418.

［5］严成志．化合价的理论和发展情况［J］．化学通报，1954（4）：180–184.

［6］朱玉军，李宗和．化合价的历史演变［J］．化学教育，2009，30（11）：80–82.

［7］余天姚．化合价理论形成的历史演变［J］．化学世界，2008（11）：703–704.

［8］William B J. Oxidation States versus Oxidation Numbers ［J］．J. Chem. Educ.，2011，88（12）：1599–1600.

美国AP化学考试与中国化学高考的比较与思考*

熊言林　徐　青

摘　要： 美国AP考试与我国高考的地位类似。本文通过对两种化学考试的课程导向、考生群体、考试范围、考试方式、评价方式和考查能力六个方面的比较，从中得到了重视化学学科性、考试实施方式和考试评价方式等方面的一些启示。

关键词： 美国AP化学考试　中国化学高考　比较与思考

AP（Advanced Placement）考试是由美国大学委员会组织的，为大学选拔学生提供的一种依据性考试。Advanced Placement直译成中文，即“大学先修课程”。AP考试合格后（即获得3~5个学分），学生就可以在进入大学前获得大学认可的学分，直接进入高级课程的学习。目前，美国大学委员会已在23个学科领域的38个科目设立了AP考试[1]。据调查，AP课程已在美国15000多所高中普遍开设，目前已有40多个国家的近3600所大学承认AP学分为其入学参考标准，其中包括哈佛、耶鲁、牛津、剑桥等世界著名大学[2]。正因为AP考试成绩被许多大学作为录取的重要标准之一，所以越来越多的学生选择AP考试，其中包括很多想留学的中国学生。

而高考作为中国大学录取学生的几乎唯一标准（少数大学具有自主招生的资格），其地位与AP考试类似。为此，笔者现将两种考试（化学科）进行比较。

1　AP化学考试与我国高考化学的比较

1.1　课程导向相似

参加AP化学考试的学生可分为三种类型：第一种是为了获得高等教育的

* 2011年安徽省省级质量工程“中学理科综合类卓越教师培养计划”项目成果。本文发表于《化学教育》2015年第5期。

入学资格及学分；第二种是兴趣导向，其参加AP化学课程是因为对化学科学的热爱；第三种是综合了前两种情况。事实上，第一种和第三种情况居多，即为了考试而学习，也就是我们通常所理解的应试。从这一点来说，AP课程与我国高考无疑具有相似之处。考试成为了课程教学的指挥棒，课程内容为考试服务是其特点，成绩最大化是其目标。因此，AP化学课程在教学过程中也具有“填鸭式”倾向，关注考试结果的同时，往往会忽略教学过程的价值。

1.2 考试群体不同

由于AP化学课程融合了部分大学初级内容，课程内容难度较大，因此一般只有学有余力的学生才会参加。据统计，美国大概只有不到百分之一的学生会进行这门课程考试。对于中国学生更是如此，它不仅要求化学基础扎实，还需要一定的英语基础。而我国高考面向所有在籍高中学生和社会考生。

1.3 考试范围不同

AP化学考试内容更为深广。AP考试有一特点，即不指定教材，只给考试大纲。教师和学生需要根据考试大纲学习，而课程内容很难全部覆盖考试内容，考场上学生往往会发现有些知识是自己没有涉猎过的[3]。AP化学课程融合了初高中及大学内容，与我国中学化学课程相比，AP化学考试内容更为深广，比如其课程中涉及的相变、溶液的依数性等都超出了我国高考化学的范围。但这并不意味着AP化学课程内容能完全覆盖我国高考化学内容，比如其有机化学内容较少，“有机化学和聚合物”只作为一节被容纳在“化学反应”一章中。

1.4 考试方式不同

目前，AP化学考试时长为190 min，与我国大学英语四六级考试相似，其卷面分为两部分：Section Ⅰ和Section Ⅱ，要求分别在给定时间内作答。其中，在Section Ⅱ Part A中，允许使用计算器，但在其他部分都不允许。以下是AP化学考试与我国高考化学（2013年全国新课标卷Ⅰ）的模块比较：

表1　我国高考化学与AP化学考试模块比较

题型＼考试	我国高考化学(包含在高考理综试卷中，分值为100分，理综考试总时长150 min)	AP化学(总时长190 min)
选择题	7题	75题(90 min)
非选择题	必选题3题	Part A 3题(55 min)
	选考题1题(3选1)	Part B 3题(45 min)

注：新的AP化学考试于2013—2014学年实施，其形式发生了较大变化，选择题由75题缩减为60题，选项由5项缩减为4项，Free Reponse部分由6题变为7题，包括3个多主题问题（最高可到9个小问）和4个单一主题问题（3～4个小问）[4]，考试时间也缩短为180 min（Section Ⅰ和Section Ⅱ各90 min）。

1.4.1　答题顺序不同

我国高考化学融合在理科综合大卷中（大多数省份和地区），由于没有分卷，所以考生可以依据自己的解题习惯、考试状态以及试题特点等自主决定解题顺序。虽然这样可以让考生自由发挥，可是同时也让许多考生不能有效把握时间。AP化学考试固化了解题顺序，考生只能按部就班根据顺序答题。

1.4.2　考试题量不同

从以上表格我们可以看出，AP化学考试题量要远远多于我国高考。仅以选择题为例，AP考试有75题，是我国高考化学选择题数的10.7倍。巨大的题量让命题人有充分的空间考查学生的化学知识，随之该考试有一特点：题目难度跨度大，有的题目考查的是最基础的知识，有的则涉及大学化学内容，还有的可能是学生未能涉猎到的知识点。与其相比，我国高考化学题量较少，只能选点出题，难以全面考查。

1.4.3　命题特点不同

AP化学试题理论性强，极少出现信息题，注重科学方法的逻辑性和严谨性，提问直截了当。

例1[5]　Which of the following can be described as amphiprotic（amphoteric）?

译文：以下选项中哪种微粒是两性物质？

A. HClO　　B.H_2SO_4　　C.PO_4^{3-}　　D.HSO_3^-　　E.ClO_4^-

我国高考化学命题有一个很重要的特点：重视试题的真实性和情境性，这种以一定情境为背景的化学试题需要学生将学习过的内容、已掌握的经验迁移到要解决的新问题中来，从而使他们面对实际情境时能灵活运用知识解决问题[6]。这种特点体现在高考试卷中，就是信息题的出现。

例2 （2013年上海卷）2013年4月24日，东航首次成功进行了由地沟油生产的生物航空燃油的验证飞行。能区别地沟油（加工过的餐饮废弃油）与矿物油（汽油、煤油、柴油等）的方法是（ ）

A. 点燃，能燃烧的是矿物油

B. 测定沸点，有固定沸点的是矿物油

C. 加入水中，浮在水面上的是地沟油

D. 加入足量氢氧化钠溶液共热，不分层的是地沟油

1.5 考试评价方式不同

AP化学考试分为两大部分（Section Ⅰ 和 Section Ⅱ），总成绩也由两部分汇总后，转换为1～5个等级。

表2 AP化学考试等级区分比例

AP考试成绩	等级	2013年(%)	2012年(%)	2011年(%)
5	优	18.8	16.4	17.0
4	良	21.5	19.3	18.5
3	及格	18.8	20.1	19.5
2	勉强及格	14.9	15.0	14.6
1	不推荐	26.0	29.2	30.4
参考人数		140006	132425	122651

从上表中可以看出，虽然每年参考人数有较大变化（如2004年参考人数为71070人，2013年已达到140006人），但各等级的比例变化不大。根据最近十年的数据观察，大约59%的考生能达到及格或以上，达到及格一般就能取得相应大学的入学资格。

我国高考采取的是分数累计的方式，虽然一度推广过标准分，但当前绝大多数省份和地区仍然使用原始分。

1.6 考查能力侧重点不同

AP化学考试非常注重考查逻辑思维能力和表达能力。在课程学习过程中，教材一般会详细推导公式由来。在Section Ⅱ Part A里，会出现3个定量问题，评卷人会按步给分。

例3[5] Two solutions are mixed in equal 100 mL volume portions. The first solution contains 0.150 molar silver nitrate. The second solution contains 0.200 molar calcium chloride. For silver chloride, the $K_{sp}=1.8\times10^{-10}$.

$2AgNO_3(aq)+CaCl_2(aq)\rightarrow2AgCl(s)+Ca(NO_3)_2$

(a)Write the net ionic equation for this reaction.

(b)What is the limiting reactant?

(c)How many grams of precipitate are formed?

(d)What is the final molarity of the following?

(i)nitrate ions

(ii)calcium ions

(iii)chloride ions

(iv)silver ions

(e)What is the molar solubility of AgCl in distilled water?

(f)What is the molar solubility of AgCl in a solution that is 0.200 M in $MgCl_2$?

译文：将两份100 mL的等量溶液混合，第一份溶液中含有0.150 mol的硝酸银，第二份溶液中含有0.200 mol的氯化钙，$K_{sp}(AgCl)=1.8\times10^{-10}$。

$2AgNO_3(aq)+CaCl_2(aq)\rightarrow2AgCl(s)+Ca(NO_3)_2$

(a)请写出该反应的离子方程式。

(b)以上哪种反应物限制了产量?

(c)（该反应）生成了多少克沉淀?

(d)计算出以下离子在反应后的物质的量浓度。

(i)硝酸根离子　(ii)钙离子　(iii)氯离子　(iv)银离子

(e)计算出饱和溶液中AgCl的物质的量浓度。

(f)计算出在含有0.200 mol $MgCl_2$的溶液中，AgCl溶解达到饱和时的物质的量浓度。

例3中除了(a)问书写离子方程式外，其余各问层层推进，均需学生进行有效计算，并将详细解答过程书写出来，既考查了考生对难溶物质溶度积的理解程度，又检测了考生的化学计算和推理能力。

而Part B中的3题均为综合性应用题，该部分得分的关键不仅在于对知识的深刻理解，还在于良好的表达能力。

例4[5] For each of the following three reactions, in part (i) write a BAL-

ANCED equation and in part (ii) answer the question about the reaction. In part (i), coefficients should be in terms of lowest whole numbers. Assume that solutions are aqueous unless otherwise indicated. Represent substances in solutions as ions if the substances are extensively ionized. Omit formulas for any ions or molecules that are unchanged by the reaction.

Example: (i) A strip of magnesium is added to a solution of silver nitrate. Answer: $Mg+2Ag^{+}\rightarrow Mg^{2+}+2Ag$ (ii) Which substance is oxidized in the reaction? Answer: Magnesium (Mg) metal

(a) (i)A small piece of potassium is dropped into a large pan of water。

(ii)Is this reaction exothermic or endothermic?

(b) (i)Sulfuric acid is slowly added to a solution of sodiun sulfide。

(ii)One of the reactants, or products, has a very notable physical property. What is it?

(c) (i) Excess concentrates hydrochloric acid is added to a solution of iron (III) nitrate.

(ii) What type of acid-base reaction is this?

译文：以下给出的三个反应，第（i）题试写出其反应方程式（要求配平），第（ii）题要求回答有关该反应的问题。第（i）题（方程式）各系数应配成最小单位。除非有其他提示，否则假定所有溶液都为水溶液。若某物质能完全电离，就用（其电离产生的）离子代表该物质。（书写方程式时）省略在反应前后不变的离子或分子。

示例：(i)金属镁溶于硝酸银溶液中。 答案：$Mg+2Ag^{+}\rightarrow Mg^{2+}+2Ag$ (ii)该反应中哪种物质被氧化了？ 答案：金属镁

(a) (i)一小块钾投入到大量水中。

(ii)该反应是放热反应还是吸热反应？

(b) (i)将硫酸缓慢滴加到硫化钠溶液中。

(ii)在反应物和生成物中有一物质具有非常明显的物理性质，它是哪种物质?

(c) (i)将过量的浓盐酸滴加到硝酸铁溶液中。

(ii)该反应属于酸碱反应中的哪种类型?

例4涉及多种反应类型，每一题的范式都是书写方程式并回答针对该反应的问题，提问形式多样，内容涉及面广，有针对性地考查了考生对各种反应类型的认知层次，反映了AP化学考试对化学反应模块的重视。

而我国高考化学考查的除了理解力，还有记忆力。在整个中学化学课程中有大量的公式、定理需要记忆（AP化学试卷前直接给出相关公式），所以在一些教辅资料中化学课被定性为“文+理”，失去了其作为一门科学课程的特点。

2 思考与启示

2.1 重视化学学科性

目前语、数、外三学科在我国高考分值中占据较大比例，与AP考试制度相比，化学在我国高考中属于弱势学科，在许多省份和地区的高考模式中，化学分值（100分）只占总分值（750分）的十五分之二，相应的考试内容也就缩之又缩。命题人需要尽最大可能将重要知识点囊括于试卷的篇幅之中，但是巧妇难为无米之炊，有限的卷面总是难以全面考查学生的化学综合知识。

此外，高考招生中化学及相关专业往往备受冷落，一方面是源于社会对化学的负面印象，另一方面化学学科在整个高考体系中的弱势地位恐怕也是原因之一。因此，重视化学的学科性，提高化学高考的地位应是每位化学人努力的方向。

2.2 重视考试实施方式

我国高考试卷只分文史科和理工科，政、史、地和理、化、生大多为综合试卷，并不细分学科试卷。由于高考是中学教学的指挥棒，这种实施方式的优点是让学生在高中阶段接触到更为宽泛的知识体系，可是也暴露出一个缺陷：减少了与大学课程的联系。我们不妨借鉴美国AP考试实施方式，采用分科命题，将中学课程体系与大学课程衔接起来，让一部分对某一学科方向有兴趣并且学有余力的学生单独参加统一入学考试（不同于大学自主招生），并将其成绩与大学初级课程学分挂钩，以促进我国高考实施方式朝多元化发展。

2.3 重视考试评价方式

每年随着高考成绩的揭晓，各地高考“状元”纷纷新鲜出炉，此类称号屡禁不止。“状元”头衔暗示着大众对分数本身的追逐，可随着高等教育普及化发展，高考的选拔目标已不再是“天之骄子”，这似乎意味着我们可以转变思路。我们知道，高考总分580分与590分其实差别并不大，甚至从统计学角度说，总分580分的成绩或许比总分590分更加优异，因此简单以“分数定终身”的评价方式是不科学的。为了改变这种现状，最初不少省份和地区进行了有益的探索，但最终均是无疾而终。笔者思考，我们或许可以借鉴AP考试的评价方式，变分数为等级，一定等级的考生可以根据志愿选择相应水平的大学，考生和学校再进行双向选择。

综上所述，我们可以看出AP化学考试与我国高考化学有很多差别，我们不能简单地评判哪种考试更好，因为两种考试都是植根、发展于本国，国情不一样，考试制度、考试方式、考试内容以及评价方法等都会不同。我们只能从双方的对比中发现对方适合自己的优点，以不断优化我们的考试，不断促进我国人才选拔的方式方法朝着合理化发展。

参考文献

［1］宋洁. 美国AP课程化学实验对我国高中化学实验的启示［J］. 中学化学教学参考，2012（8）：70–71.

［2］党学堂，马艳芝. 高中新课程和英国A Level化学实验设置及考试研究［J］. 实验教学与仪器，2013（6）：3–5.

［3］杨永珍.IBDP化学与AP化学对比分析［J］. 化学教育，2009，30（12）：10–12.

［4］代伟.AP化学课程内容修订的重要资讯［J］. 化学教育，2013，34（8）：76–77.

［5］NEIL D，JESPERSEN P D. Barron's AP Chemistry［M］. New York: Barron's Educational Series，Inc Press，2008.

［6］王后雄. 新课程高考化学命题设计的初步研究［J］. 中国考试（研究版），2008（6）：13–21.

3版本高中化学（必修）教科书中实验安全教育内容统计分析与思考*

熊言林　魏　魏

摘　要： 实验安全教育是中学化学教学的重要内容。本文对3版本高中化学（必修）教科书中的实验安全隐患、实验室安全守则、实验安全知识和操作技能、实验安全标志、急救措施的呈现方式和数量等进行统计与分析，并对如何完善高中化学实验安全教育提出几点思考与建议。

关键词： 高中化学　实验隐患　安全教育　统计分析　思考

化学家傅鹰先生曾说，只有实验才是化学的“最高法庭”。新课程十分重视中学化学实验教学，倡导“通过实验学化学”。为了将“通过实验学化学”的理念进一步落实到实处，《义务教育化学课程标准（2011年版）》中特别增加了学生必做实验，要求学生“至少完成”8个实验，同时要求教师采取多种形式（如随堂实验、演示实验、微型实验、家庭小实验等），尽可能增加学生进行实验操作和实验探究的机会。《高中化学课程标准（实验）》强调了实验对于实现高中化学课程目标具有不可替代的作用，要求突出化学学科特征，更好地发挥实验的教育功能，并十分注意培养学生的环境保护意识。由此可见，实验在化学教学中的重要性是不言而喻的。但是，在开展多种形式的化学实验教学过程中，有许多未知因素可能造成危险，甚至会引起人身伤亡事故，有关这方面的安全教育在当前课标、教科书和实际教学中还没有引起应有的重视。因此，研究化学实验的安全教育是十分重要和必要的[1]。本文就人教版、鲁科版和苏教版（以下简称“3版本”）高中化学（必修）教科书中的化学实验隐患、实验安全教育内容、实验安全标志等进行统计和分析。

* 2011年安徽省省级质量工程“中学理科综合类卓越教师培养计划”项目成果。本文发表于《化学教育》2015年第3期。

1 中学化学实验安全教育的意义

安全是生命的基石，安全是欢乐的阶梯，安全是未来的希望。随着素质教育和创新教育的理念不断落实，在高中化学学习中，化学实验内容形式的多样化和化学实验数量的增加，加之对学生实践能力要求的提高，学生接触到的实验试剂、实验仪器、实验条件控制、实验产物检验等会增加很多，其中可能有较多的易燃易爆物、有毒物质、高温、高压等不安全因素存在。在人教版高中化学（必修）中，化学实验就有51个（必修1有30个，必修2有21个），高温加热的实验有8个，可能接触到易燃易爆物的实验有6个，有毒物质的实验有5个。面对如此之多的安全隐患，如果处之不慎，就会造成不可挽回的痛苦。因此，对于深入思考并实施化学实验安全教育的推广势在必行[2]。

1.1 实验安全教育是化学教学的重要内容之一

实验安全教育作为教学内容的组成部分，常常不是独立呈现，而是以具体化学知识、技能为载体。中学化学实验安全教育的内容按涉及的范围可分为安全知识及规范实验、实验事故处理、安全制度3个模块。其表现出来的形式常为“什么物质具有什么特性”“应用时注意什么事项”“实验怎样操作，若不这样会导致什么样的后果，这种后果如何处理”等。

实验既是教学的内容，也是探究学习的手段，其实验对象、操作环境常常具有潜在危险性。例如，在学习化学知识时，常会用到易燃气体H_2，学生需获得的安全知识有：“H_2与空气在4.0%～75.6%的爆炸极限内混合后遇火源会发生燃烧爆炸，所以点燃H_2之前应先检验纯度”。同样，CH_4、C_2H_4 、C_2H_2等可燃性气体的实验也同样会遇到潜在的危险。因此，实验安全教育必然成为中学化学实验教学的重要内容，为了确保化学实验教学中的人身安全，校园有必要开展实验安全教育。

1.2 实验安全教育是实验教学顺利开展的首要保障

化学实验是学习化学、体验化学和探索化学过程的重要途径。化学实验经常需使用易燃易爆、有毒、强腐蚀性试剂，易引起火灾 、爆炸、中毒或是发生烧伤、割伤、触电等事故。例如，学生在进行化学实验的过程中，若是吸入溴、苯、甲苯或是氯气、一氧化碳、硫化氢等气体，容易中毒。若是发生这些事故，首先，要即时对学生进行相应的救护；其次，教师实验教学势必要中断。故化学实验过程中一旦发生事故，后果往往不堪设想，不但危及人身安全，而且也会直接或间接影响学生学习秩序和以后的学习兴趣，更有甚者，学生有可能会畏惧化学实验，不利于教师今后对化学实验教学的顺利开展。

1.3 实验安全教育是学生维护自身安全的需要

美国心理学家亚伯林罕·马斯洛提出了需求层次理论，该理论将人类需求分为五种，像阶梯一样从低到高，按层次逐级递升，分别为：生理上的需求，安全上的需求，情感和归属的需求，尊重的需求，自我实现的需求。可见，安全是人的基本生存需要，这是与生俱来的，只有在满足低层次需要之后，才可能满足其他需要。在化学实验过程中，难免会有潜在的不安全因素存在，而学生在心理、知识、能力、情感等方面不够成熟，因此对学生进行化学实验安全教育是满足每个学生生存和发展需要的基础，是把人本能对安全的需要提升到人自主具有安全素质的有效手段。只有在学校提供安全的环境氛围基础上，学生才可以毫无顾虑地、放心地学习化学知识。

2 高中教科书中化学实验安全教育内容的统计与分析

2.1 化学实验安全教育内容的分类

根据中学化学实验的特点和学生的身心发展特点，可以把高中教科书中化学实验安全教育内容分为以下类型：

（1）实验室安全守则类，指有关实验安全的法律、法规及实验室的规章制度，它是人们在长期的实验室工作中归纳总结出来的，保证实验人员安全的强制性规定，是安全教育的纲领性文件。具体包括实验前要做好预习和实验准备工作、未经允许不得擅自实验、实验中不得喧哗打闹等。

（2）实验安全知识和操作技能类，指相对于实验室安全守则来说更具体的实验安全知识和安全操作技能方面的内容，包括化学试剂使用准则、加热与用火安全、仪器设备操作规范、动物植物安全、实验清理规则、穿戴规则等。

（3）实验安全标志类，即安全警示图标，用图标的形式提醒学生可能发生的危险及要注意的问题。常见的实验安全标志包括：戴护目镜、穿实验服、当心极端温度、当心易碎物品、腐蚀性化学药品、有毒试剂、禁止明火、注意用火安全、当心触电、当心烟雾、洗手、废弃物处理等。

（4）实验室急救措施类，侧重于指导学生解决实际实验中所遇到的安全问题，具体包括创伤、烫伤、受酸（碱）腐蚀、吸入刺激性或有毒气体、触电、起火等方面。

只有掌握了这些急救措施，一旦发生意外情况，学生才会沉着应对，迅速处理事故，而不至于造成更大的损失。

2.2　高中教科书中化学实验安全教育内容的统计

教科书是课程标准具体化的产物，对教师在教学中实施化学实验安全教育具有最直接的提示和指导作用，而教科书中的化学实验安全隐患直接关系到学生和教师的人身安全。基于此，现对我国现行3版本高中化学（必修）教科书中化学实验总数、实验安全隐患、实验安全教育内容、实验安全标志进行了统计（见表1、2、3、4）。

表1　3版本高中化学（必修）教科书中化学实验总数统计

版本	人教版		鲁科版		苏教版	
	必修1	必修2	必修1	必修2	必修1	必修2
小计	30	21	33	26	30	47
合计	51		59		77	

表2　3版本高中化学（必修）教科书中实验安全隐患统计

版本	实验试剂（易燃易爆、有毒、腐蚀性物）	实验条件（高温高压）	实验产物（易燃易爆、有毒、腐蚀性物）	合计
人教版	12	3	2	17
鲁科版	16	2	7	25
苏教版	16	3	3	22
合计	44	8	12	64

注：表2中的实验安全隐患统计皆是根据实验内容数量的特点而定，并未出现重复统计现象（下表同）。

表3　3版本高中化学（必修）教科书中化学实验教育内容统计

版本	实验室安全守则		实验安全标志		实验操作注意项		实验急救措施		合计
	数量	呈现方式	数量	呈现方式	数量	呈现方式	数量	呈现方式	
人教版	1	正文(化学实验安全)	4	正文(化学实验安全)+习题+元素周期表	6	正文(实验中涉及溶液的蒸馏、萃取、定容)+闻气体正确操作	1	正文(金属化合物性质中扑灭火的方法)	12
鲁科版	3	工具栏	1	必修2,正文(图1-2-5)	6	正文(实验观察思考中注意事项)+安全提示	0	无	10
苏教版	0	无	0	无	8	正文(实验观察与思考中提示)	0	无	8

表4　3版本高中化学（必修）教科书中实验安全标志统计

版本	实验安全标志	呈现方式
人教版	标志1:爆炸品;标志2:易燃气体;标志3:易燃液体;标志4:易燃固体;标志5:自燃物品;标志6:遇湿易燃物品;标志7:氧化剂;标志8:剧毒品标志;标志9:三级放射性物品;标志10:腐蚀品	正文(化学实验安全)
鲁科版		正文 图片1-2-5
苏教版	无	无

2.3　高中化学（必修）教科书中实验安全教育内容的分析

从表1、2、3、4分析可得，3版本高中化学（必修）教科书中对于化学实验安全教育内容的呈现上有如下特点：

2.3.1　3版本教科书中化学实验安全隐患都比较多

从整体上看，3版本教科书中化学实验总数量依次增加，可以说明实验是化学学习的关键内容。由表1、2可见，总体上具有安全隐患的化学实验比较多，其中人教版教科书中具有安全隐患的实验占了总体实验的33.33%，鲁科版教科书中具有安全隐患的实验占了总体实验的42.37%，而苏教版教科书中相对于其他两版较少，只占了总体的28.57%。从整体上看，3版本教科书中化学实验安全隐患都比较多，学生接触到危险因素的几率相对来说都较大。显而易见，在学习高中化学知识过程中，学生还是处在一个不安全的环境当中。因而，学校应该创造一个相对安全稳定的环境，保护学生学习化学，这样才可以使学生学得更好，生活得更好。

2.3.2 3版本教科书中对实验安全隐患的处理方式有所不同

对于同一个物质的化学性质的验证实验，3版本教科书所呈现的方式有所不同，相对应的实验方法也有所不同。而对于有不安全因素的实验，在不同的实验方法中，学生面临的又将会是不同考验。例如，在学习Cl_2的化学性质实验时，由于Cl_2是一种有毒气体，所以在进行一系列实验时，实验仪器的密闭性决定着有毒气体是否会泄漏，关系到学生、教师的人身安全。可是，在面对同一种物质的实验时，苏教版教科书采用的实验仪器是利用针筒来完成Cl_2盛装和反应发生的整个过程，此种方法摆脱了采用传统的玻璃实验仪器密封是否严密的问题，同时也避免了可能由于气密性不好而造成中毒事件。而人教版与鲁科版教科书皆采用了传统的玻璃实验仪器，实验的整个过程也是在敞口的集气瓶中进行。类似的情况在SO_2的性质实验中也有所体现。由此看来，对于同一个具有危险隐患的化学实验，因3版本教科书处理的方法不同，学生面临的可能是截然相反的情况。

2.3.3 3版本教科书中实验安全教育内容呈现的方式有所不同

3版本教科书中，对于化学实验安全教育内容的呈现方式也有所不同。例如，人教版教科书中对于有毒、易燃易爆物质，在验证其性质的实验前，教科书中在介绍其物理性质时会直接指出其危险性，这种直接指出的呈现方式在学生进行实验学习前，学生会在心理上开启预警信号，提前具有自我保护意识。可是，另一方面，正是这种直接内容的呈现方式，可能会导致学生对于即将进行的化学实验产生害怕、畏惧心理，不利于学生学习化学实验。鲁科版教科书中对于易燃易爆物质的实验，通常是在实验讲解时，以“注意”和“工具栏”的形式呈现，这种方式虽然在实验中提醒了学生实验的危险性在哪里，可是呈现的方式不够突出，不能使学生重视其危险性，而易使学生轻视实验的隐患，如此也有可能对学生的人身造成伤害。苏教版教科书中对于有毒物质的实验，如SO_2、Cl_2，都采用了相对较安全、创新的实验方法进行，而对于化学实验安全教育内容的呈现较少，这种方式的安全教育内容编排在一定程度上可以提高学生的创新意识，但是会潜移默化地削弱学生自我保护的安全意识。无论3版本教科书在实验安全教育内容的呈现方式上是否一致，但是这些不同的呈现方式所要达到的效果应该都是实验安全教育内容清晰、简便，既要吸引学生的注意，也要保证学生能正确地获取知识、掌握技能。

2.3.4 3版本高中化学（必修）教科书中的实验安全教育均缺乏

从表4实验安全标志统计中可以看出，只有人教版教科书中直接涉及化学实验安全标志，但也仅仅是在教科书的第一章节和元素周期律表中有所呈现；而鲁科版教科书中只有一处并且是间接地呈现实验安全标志。在3版本教科书中，实验安全教育都存在缺失的问题，主要表现在以下几个方面：(1) 化学实验隐患较多，且对于培养化学实验安全操作技能的内容呈现较少。学生操作技能提升了，不仅可以增强学生进行化学实验的信心，同时也会提高实验的成功率，实验安全隐患也将有可能化有为零。(2) 实验急救措施内容较少。急救措施是学生在面临已经发生的事故时，保护自己免受更大伤害的措施，是学生自我保护的“法宝”。教科书应当着重呈现在面对实验事故时学生应采取哪些急救措施。(3) 实验安全标志少。3版本教科书中只有人教版教科书仅在一处正式涉及了部分实验药品的安全标志，而其他方面诸如实验操作方面的安全标志等并未涉及。而另外2个版本的教科书中更是鲜少提及，甚至并未涉及有关化学实验安全标志的介绍。

基于如以上种种情况可以看出，我国现今高中化学（必修）教科书中关于化学实验安全教育内容匮乏，不得不让人深思这样一个问题，即如何保障学生在学习化学的同时免受伤害？

3 对化学实验安全教育的几点思考

在高中化学教学中开展化学实验安全教育的工作刻不容缓[3-7]。首先，提高学生思想认识是前提；其次，以教科书为载体实施实验安全教育是学生能够获取安全知识的保证；再次，教师结合化学实验，做好安全示范、规范学生操作是培养学生安全操作能力的关键；最后，学生如何将学得的技能熟练自如地运用到生活中，是教师和学校的目标。

3.1 渗入学生情感，提高安全意识

古人云：兴之所至，学而无怨。教师只有了解学生对待实验的态度，才可能更好地掌握教学的方法，深入学生的情感世界，激发学生学习实验安全教育内容的兴趣，并且可以达到提高学生安全意识的目的。教师在实验教学中应保持实事求是的态度，而不应采用夸大实验的危险性来使学生注重实验安全，否则不仅不利于加深学生对实验的防护心理，反而会适得其反。因此，若要提高学生对实验安全的思想认识，把安全意识作为学生的自觉行动，在实践中宜采用如下方法：（1）牢固树立“安全第一”的思想，时刻注意实验安全，确保教学工作紧张而有序地进行；（2）观看一些国外关于同样具有危险性实验所采用的有别于学生周围接触到的创新、绿色、安全的实验录像，传播绿色化学的思想，消除学生对实验的惧怕感和厌恶等不良情绪，并提高学生的实验创新意识；（3）在学生周围展开生命安全教育活动，把注意安全的思想落实到化学学习过程中，更重要的是落实在学生学习、生活的方方面面，学生可以在实践中通过理性教育和情感体验，把安全教育知识真正运用起来[8]。

3.2 结合教科书内容，渗透安全教育

教科书是学生获得知识的载体，其中蕴含着丰富的安全教育素材。教师在教学时应深入挖掘并充分利用这些素材，使学生在获得知识的同时系统掌握安全知识，提高安全预防能力。例如，教科书中涉及 Cl_2、浓 H_2SO_4、C_2H_5OH、NaOH 等的实验，根据以上对3版本高中化学教科书的统计，可以看到教科书中具有大量潜伏的实验安全隐患以及化学实验安全教育的缺失，因此在教科书的编写中增加实验安全教育内容，确保实验安全教育受到应有的重视，将成为学生受到安全知识教育的保证。如此一来，在化学教学中，首先，教师根据教科书中的实验安全内容对学生进行安全教育，强化学生自我保护的安全意识；其次，学生直接通过阅读教科书也可以更系统、全面地掌握实验安全知识，给学生以正面的引导；最后，实验安全内容可以丰富教科书，使教科书多样化，丰富化学实验的内容，引起学生学习的兴趣，提高学习效率。教师应按课程标准的要求，根据学科知识的特点，结合课堂教学内容，渗透安全教育。

3.3 示范实验操作，突出安全教育

规范操作是保证实验安全顺利进行的必要条件。在化学实验中进行具有危险性实验教学时，要强调操作规范，注意安全。教师应充分利用演示实验的机会，对实验存在的危险做好充分的估计和预防，实验时不仅要讲清楚实验药品的性质、实验的注意事项，而且还要强调出现意外时应如何处理。例如，在遇到酒精灯不慎碰倒后着火，不要惊慌，应立即用湿抹布或细沙扑灭；皮肤上沾到酸液，立即用清水或3%～5% $NaHCO_3$溶液冲洗；在碰到有毒气体参与或生成的反应时，实验前要开启通风橱等。在学生实验时，教师还应加强巡回指导。学生仿照教师演示规范的实验操作，然后自己动手实验，能主动地去认识和理解各方面应注意的安全问题，不仅了解到安全问题带来的后果，也知道怎样预防和处理这些问题，从而形成严谨的实验态度和科学规范的实验操作习惯。这样就为学生主动地学习建构实验安全知识的同时，消除自己原有的关于实验的错误观念和认识误区，为养成健全的实验安全观提供了现实的可能性。

3.4 拓展实验环节，实施全面安全教育

化学实验课是对学生进行安全教育的主渠道。为保证化学实验安全进行，教师应在化学实验课中潜移默化地增加实验安全教育环节。教师可以利用实验课时刻警示学生在实验中涉及的危险物质，并重温之前学过的安全操作，教育学生一开始就要养成良好的实验态度和实验习惯，严格遵守实验操作规程，认真学习“四防”（防触电、防火灾、防中毒、防创伤）知识和实验室内安全规则。尤其是在遇到危险的实验，一定要强调保证安全。例如，乙酸的酯化反应，需要用到乙醇、乙酸和浓硫酸试剂。虽然浓硫酸只是在实验中起吸水、催化的作用，但众所周知，浓硫酸是具有强腐蚀性的物质。因此教师要利用此反应中涉及浓硫酸，再次提醒学生在加入浓硫酸时要将浓硫酸缓缓沿反应器壁倒入，边倒边摇，切不可将乙酸倒入浓硫酸中，否则可能会出现混合物沸腾、飞溅现象，还会伤及人；另外，还可提问学生能否在量筒内混合乙醇、乙酸和浓硫酸。教师可以经常利用实验课采用温故知新的方法，从而巩固和加深学生的实验安全知识与安全意识。

“隐患险于明火，防范胜于救灾，责任重于泰山。”有安全才有未来，有

行动才有明天。在中学化学实验教学中，只要师生思想重视，安全教育到位，提前预防，操作得法，做足急救准备，实验安全就不会远离。

参考文献

[1] 刘冰，毕华林. 中学化学教科书中实验安全教育内容编排的思考［J］. 化学教育，2012，33（9）：50-54.

[2] 张海舰，韩庆奎. 安全教育，化学教育中必须强调的重要内容［J］. 化学教育，2005，26（9）：14-15.

[3] 梁杏娟. 对新课程化学实验安全教育的思考［J］. 基础教育研究，2005（4）：23-24.

[4] 史婧华. 中学化学实验教学的安全教育［J］. 实验教学与仪器，2011（11）：63-64.

[5] 韦平. 中学化学实验教学中的安全教育问题［J］. 中学化学教学参考，2003（8-9）：38-39.

[6] 季晖. 化学教学中如何渗透安全教育［J］. 考试周刊，2008（27）:184.

[7] 何国梅. 化学实验教学中安全教育的探讨［J］. 实验科学与技术，2011，9（3）：182-184.

[8] 白慧杰. 化学实验教学中对学生安全意识的培养［J］. 化学教育，2005，26（1）：51-52.

美国《化学与生活》系列教材简介与案例分析*

王仁花　马善恒　熊言林

摘　要：本文通过对马萨诸塞州《化学与生活》系列教材的简单介绍和案例分析，归纳出该系列教材的特点，进而得出对我国中学化学教材编制的几点启示：（1）宜重视深化基础化学知识结构；（2）应重视实验在化学教学中的地位；（3）要重视对学生学业评价的探讨。

关键词：美国　化学与生活　案例分析

美国的建国历史虽短，但在全球发展进程中却扮演着越来越重要的角色。美国社会各方面的发展之所以如此迅速，有多方面的原因，教育是其中一个重要的因素。教材编制的好坏在教育目的的实现中起着举足轻重的作用，教材是教师教学、学生学习的依据和工具。品读美国化学教材的编写模式，对于我国的化学教材建设颇具教益。本文简单介绍了美国马萨诸塞州《化学与生活》系列教材并归纳出该系列教材的特点，期望能从中对我国《化学与生活》系列教材的进一步改革提供一些借鉴。

1　美国《化学与生活》系列教材简介

由加利福尼亚大学伯克利分校化学系阿杰立卡·斯坦司编制的《化学与生活》系列教材，是基于《美国国家科学教育标准》而编制的，主要在马萨诸塞州发行（以下简称马萨州）。马萨州的《化学与生活》系列教材符合美国全年普通化学课程标准，专为鼓励学生掌握更多的学习方法以更好地了解化学知识。该系列课程坚持大化学的思想，制定的核心概念围绕现实世界中人们的日常生活。目前，马萨州《化学与生活》系列教材已发行初级版，每一课都包括学生指南、教师指南和实验室套件；分为6个单元，分别为炼金术、气味、天气、毒素、火与化学平衡；每个单元都会有一个主题贯穿整个

* 本文发表于《化学教育》2010年第5期。

单元，抓住了学生的兴趣，同时提供了化学概念在现实世界的背景。

2 美国《化学与生活》系列教材案例分析

马萨州的《化学与生活》系列教材分为6个单元，每单元分为25～30课，每课50分钟，具体议题以调查形式呈现。以下是选取的第4单元毒素中的一个进行介绍。毒素这一单元共分为4个调查课题，分别为：溶解毒素、跟踪毒素、沉淀毒素和中和毒素；每个调查课题下有7课，本单元共28课。下文选取的是第2调查课题跟踪毒素中的第1课：语言的变化。

2.1 教材案例

课程指南：化学方程式是一个“句子”，它可以描述一个化学变化或者物理变化。化学方程式可以帮助化学家追踪到物质是否参加反应或者参与实验的过程。这项调查向你介绍描述化学反应和化学方程式。

课程指南：这个活动要求你首先预测化学方程式结果，然后通过完成实验检测你的预言。

回答以下问题：

下面的化学“句子”描述的是一个非常有毒的物质——氰化氢：

$$NaCN(s)+HCl(aq)\rightarrow NaCl(aq)+HCN(g)$$

这些化学符号中包含了哪些信息？上式中至少包含了4个化学符号。

安全提示：盐酸容易导致烧伤，是危险品。别把盐酸搞到你的皮肤上；若不慎沾到皮肤上，请用大量清水冲洗。佩戴防护镜。

第一部分——预测结果

用化学符号和口头说明两种方式描述以下同一个反应。比较符号和口头说明之间的异同，并且填写下面的表格。

化学方程式：$HCl(aq)+NaHCO_3(aq)\rightarrow NaCl(aq)+H_2O(l)+CO_2(g)$

口头描述：

盐酸溶液与碳酸氢钠溶液反应生成氯化钠溶液、液态的水和二氧化碳气体。

符号	所代表的意义是什么
HCl	
(aq)	
+	
$NaHCO_3$	
→	

符号	所代表的意义是什么
NaCl	
H_2O	
(l)	
CO_2	
(g)	

在反应物的表格边写上“R”字，在生成物的表格边写上“P”字。

第二部分——化学反应实验

实验过程：

（1）在实验前，绘制一个表格（如下），以便填上你观察到的现象。

实验过程中的现象	
实验反应后的现象	
加热过程中的现象	
加热过程后的现象	

（2）戴上防护镜。

（3）量取2 mL 3.0 mol/L的碳酸氢钠溶液，并装入试管中。

（4）量取2 mL 3.0 mol/L的盐酸，并且慢慢加入试管中，观察和倾听试管中的变化。

（5）加入盐酸溶液后轻轻振荡试管。

（6）在“实验过程中的现象”一栏，填写上你的观察现象。

（7）使用试管夹夹住试管。

（8）在“实验反应后的现象”一栏，填写上你的观察现象。

（9）用酒精灯或者本生灯轻轻加热试管，试管口不能对向任何人，注意防止液体溅在书桌上。

（10）在“加热过程中的现象”一栏，记录下你观察到的现象。

（11）继续加热试管直到所有液体全部蒸发完毕。

（12）在“加热过程后的现象”一栏，记录下你观察到的现象。

（13）清洗试管。

回答下面的问题：

（1）如何证明有二氧化碳气体生成？

（2）如何证明有氯化钠溶液生成？

（3）如何证明有水生成？

（4）通过你的观察能否确定化学方程式是否正确？

（5）化学方程式告诉你什么，你能观察到吗？

（6）反应后加热试管的目的是什么？

（7）如果你在反应结束时观察到试管内液体底部有固体出现，能否验证你以前的假设？为什么？

理解问题：能用化学方程式描述化学反应。

回答下列问题：

考虑盐酸溶液与氰化钠之间的反应：

NaCN(s)+HCl(aq)→NaCl(aq)+HCN(g)

详细描述如果做这个实验会出现怎样的现象，描述会生成什么产物。

完成家庭作业：写一份完整的实验报告。

2.2 教材案例评析

本课题介绍的HCN是剧毒的物质，对于有毒物质的介绍采用的方式是一个值得探讨的知识点，在教学中采用什么样的呈现方式能够既让学生理解又避免学生接触有毒物质一直是众多教材编写者探究的问题。马萨州的《化学与生活》系列教材中采用的方法很值得借鉴，它所采用的是知识的迁移，通过介绍化学反应、与之类似的物质的生成来推断出有毒物质的生成。本课题采用的是最易为学生接受的实验方式，增大了学生的直观认知，并且锻炼了学生的动手能力。

3 美国《化学与生活》系列教材特点

从上文对《化学与生活》系列教材的介绍及对具体案例的分析，可以得出该系列教材的如下特点。

3.1 教材深化学科知识结构

马萨州《化学与生活》系列教材涉及生活的方方面面，从炼金术、气味、天气、毒素、火与化学平衡6个方面进行探讨，深化了学科的知识结构。在教材编写时，教材结构不应拘泥于学科中心的内容框架，要从人的认知发展规律来组织教材内容，内容的选取要更接近学生的生活实际，增加跨学科内容，强调学科间的联系，使教材有利于学生形成良好的知识结构。

3.2 教材强调实验教学效益

马萨州《化学与生活》系列教材的几个单元中的每一课题，都是以调查的形式呈现的，实际上也就是实验的方式，这种方式对于打破传统的灌输型教学方式颇有裨益。这正如该系列编辑团队在进行了一系列调查之后所说的："我们的实地测验表明，因为开设了《化学与生活》课程，学生的成绩有所提高。我们经常从老师处听到一个更为可喜的评论：以前从不参与活动的学生，现在也参与了进来。"

3.3 教材强化知识获得方式

知识的获取方式多种多样，马萨州《化学与生活》系列教材对于学生获取知识的方式采用的是实验的方式，这种获取方式可以调动起学生的各个器官共同进行新知识的建构。在实验的过程中，可能学生会得到与标准不一样的结果，该系列教材对实验中出现的"意外"采用的是包容的做法，会鼓励学生进一步探讨"意外"的原因，帮助学生进一步学习，增强他们探索知识的动力[1]。同时，在每一个实验之后，教材所留的习题中会让学生独立完成一份实验报告，培养学生归纳、总结等能力。

4 几点启示

我国实行的新课改，将《化学与生活》列为选修部分，且有3个版本的教材。虽然3个版本的教材内容在呈现形式上各不相同，但因遵循同一教学标准编制，内容上相差不大。与马萨州《化学与生活》系列教材相比较，我国的教材表现为知识深化程度不够、实验重视不足，对学生评价存在误区等弱点。从"它山之石"，我们可以得到以下启示：

4.1 宜重视深化基础化学知识结构

以人民教育出版社出版的《化学与生活》（简称人教版）为例，全书分为4章，分别为关注营养平衡、促进身心健康、探索生活材料和保护生存环境，全书100页左右。每一章下有2~4个课题，多以浅显型介绍为主，学生动手机会较少。而马萨州《生活与化学》系列教材，分炼金术、气味、天气、毒素、火与化学平衡6个单元，每个单元自成一本，六本合计600页左右。在内容的知识面上，相比后者，我国的教材在结合生活中的化学面更窄些；从内容深化程度上，我国的教材多停留在简单的介绍上，无太多进一步的深化，而马萨州的教材以调查形式更好地挖掘了生活中的化学知识。

4.2 应重视实验在化学教学中的地位

笔者认为，两国教材的区别最终反映出两国在化学教学观念上的差异。即使我国教材版面活泼、有小实验的“点缀”，也不能掩盖我国普遍存在的灌输式教学观的事实，在这种教学观影响下培养出来的学生常缺乏独立思考的能力和解决问题的能力。美国的教学观是一种培育式的教学观，他们注重培养学生在未来社会的生存能力、通过探究解决问题的能力及与他人科学地交流的能力等，从而使每个学生的科学素养得到提升[2]。学生实验的选取会有利于学生领悟科学探究的本质和学生探究能力、解决问题能力的培养。

4.3 要重视对学生学业评价的探讨

美国没有统一的大学升学考试，学生高中毕业升入大学时只需要参加一个“学业能力考试（SAT）”，它是美国各大学在招收新生时经常参考的一项标准化测验，是事实上的“高考”。SAT每年举办7次，学生参考次数不限，以成绩最高的一次为准，从而避免了“一考定终身”情况的发生。美国大学在录取学生时，除了看SAT成绩外，主要还看学生的平时成绩，老师重视学生的动手能力，往往对于实验结果并非非常重视。我国的基础化学教育中，考试不仅是一种手段，而且是一种目的，书面考试成为评价学生学习化学效果的唯一标准。这种评价方式的不同对于教材的编制及编制之后的施行起着非常重要的影响。固然，我们不能完全效仿美国的评价方式，但是并不代表我们不能在这方面有所作为。

参考文献

［1］熊言林，马善恒，蒋业健，等. 2008年加拿大国家化学周实验活动简介与启示［J］. 化学教育，2009（5）：78-80.

［2］张四方，马善恒，熊言林. 尽情享受化学——2008年美国国家化学周活动简介［J］. 化学教育，2009（6）：79-80.

美国《化学教育》杂志栏目设置的简述与启示*

张　勇　马善恒　熊言林

摘　要：本文介绍并分析了美国《化学教育》杂志的栏目设置情况，归纳了其栏目设置的内容与特点，并从中得出了对我国中等化学教育教学类杂志和化学教育教学的几点启示。

关键词：美国《化学教育》　栏目设置　化学教育教学　启示

美国《化学教育》（Journal of Chemical Education，以下简称JCE）由美国化学会主办，创刊于1924年，是世界上最权威的化学教育类杂志之一。JCE以帮助教师了解化学学科和化学教育领域的最新研究进展，介绍有关化学教育方法和课程组织的新理念为宗旨。JCE的栏目主要分为6个版块，每版块下设有数目不等的栏目，栏目共有38个。本文通过对JCE栏目设置的简要介绍和其特点的分析，从中得出了对我国中等化学教育教学类杂志和化学教育教学的几点启示。

1　美国《化学教育》杂志栏目设置简述

目前出版发行的美国《化学教育》杂志共分为6个版块，分别为：今日化学教育、大众化学、课堂教学、实验室教学、科学与教育研究和网络在线。以下就各版块的栏目设置情况进行简单介绍。

1.1　今日化学教育（Chemical Education Today）

本版块以介绍最新化学知识和化学教育教学理论为主，内容不仅包含最新的化学学科和化学教育教学新闻介绍、会议报道和对图书或媒体资料的评论，还有对化工信息的指导、化学实验室的信息介绍和一些针对高中教师的信息资料等。

*本文发表于《化学教育》2010年第1期。

本版块下设的不定期栏目有协会会议报道（Association Reports）、图书与媒体评论（Book and Media Reviews）、化工信息指导（Chemical Information Instructor）、化学实验室信息掠影（Chemical Laboratory Information Profile）、高中教师必读（Especially for High School Teachers）、专题回顾（From Past Issues）、课堂活动（JCE Classroom Activity）、其他期刊报道（Reports from Other Journals）、评论（Commentary）等。

1.2 大众化学（Chemistry for Everyone）

本版块是面向大众进行化学知识介绍的，内容包括一些生活中所用到的化学知识、化学史知识、学生可以在家中进行并需要家长配合的一些跨学科活动等。本版块内容旨在提高公众对一些基本化学知识的了解，以便在生活中更好地运用和配合老师对其子女进行化学教育教学。

本版块下设的不定期栏目有：化学史（Ask the Historian）、面向儿童的化学（Chemistry for Kids）、化学产品（Products of Chemistry）、中学化学（Secondary School Chemistry）、课堂视野（View from My Classroom）等。

1.3 课堂教学（In the Classroom）

本版块以介绍课堂教育教学技巧、教育方法或者与课堂教学相关的问题研究为特点，内容包括对化学教学问题的研究、各学科之间的联系、现代技术在化学教学中的应用、化学的应用和化学原理的分析等。

本版块下设的不定期栏目有：应用与比较（Applications and Analogies）、计算机公告牌（Computer Bulletin Board）、跨学科连接（Interdisciplinary Connections）、分子模拟练习与实验（Molecular Modeling Exercises and Experiments）、投影演示（Overhead Projector Demonstrations）、教学问题与案例研究（Teaching with Problems and Case-Studies）、教学与技术（Teaching with Technology）、实验演示（Tested Demonstrations）等。

1.4 实验室教学（In the Laboratory）

本版块主要介绍微型化学实验、绿色化学、实验室研究成果展示、教师的再教育和实验室安全提示等内容。本版块涉及的化学实验文章较多，内容包括分子结构探究、纳米材料的探究等表现实验水平颇高的文章。这也凸显了美国对教育的重视，其实验室设施比较先进。

本版块下设的不定期栏目有：微型化学实验（The Microscale Laboratory）、绿色化学（Green Chemistry）、化学仪器仪表专题（Topics in Chemical Instrumentation）、化学课程拓展（Second-Year and AP Chemistry）、实验室化学课题（Project CHEMLAB）、节约型教师的培养（Cost- Effective Teacher）等。

1.5 科学与教育研究（Research: Science and Education）

本版块内栏目主要是为化学教师解决一些具体的化学问题，以及对化学教育的科学研究，内容主要包括化学教育研究、化学原理的回顾、生物化学概念、概念图等。该部分栏目内的文章多为化学理论性和教育理论性很强、很新的文章，对于推广与应用化学基础理论和化学教育教学理论作出了重要的贡献。

本版块下设的不定期栏目有：先进的化学课堂与图书馆（Advanced Chemistry Classroom and Library）、化学教育研究（Chemical Education Research）、化学原理回顾（Chemical Principles Revisited）、生物化学概念（Concepts in Biochemistry）、概念图（Concept Maps）、学习资源评价（Resources for Student Assessment）、未来科学家的科学教育（Today's Science for Tomorrow's Scientists）等。

1.6 网络在线（On the Web）

该版块是美国《化学教育》杂志从2008年第一期开始设置的一个新版块，其内容替换原有的一个栏目［信息·教科书·媒体·资源（Information·Textbook·Media·Resources）］。从这一变更上我们可以看出，网络资源越来越受到人们的重视。该版块内容主要有化学软件的开发与应用，以及在线的一些化学信息等。同时，JCE充分发挥网上资源的优势，通过网络提供包含化学信息的录音或视频等。

本版块下设的不定期栏目有：JCE的信息在线（JCE Online）、软件信息（JCE Software）、JCE数字图书馆（JCE Digital Library）等。

2 美国《化学教育》杂志栏目的设置特点

通过对美国《化学教育》杂志栏目设置的简单介绍与分析，我们可以得出其栏目设置的以下一些特点。

2.1 栏目设置的灵活性

JCE的栏目设置多种，形式多样，内容丰富。刊载的同类型文章所放的位置是在同一栏目内，但同一栏目所处的版块并不完全相同，而是以文章内容所适合的版块进行放置，体现了其设置的灵活性。如JCE Classroom Activity栏目，不仅出现在“课堂教学”版块，在“大众化学”和“实验室教学”等版块也有出现。例如，第94个活动（全球变暖与温度测量）放在“课堂教学”版块之中；第96个活动（氰基丙烯酸盐粘合剂烟熏法测指纹）放在“实验室教学”版块之中；第87个活动（废液：废物管理与废液的产生）放在“大众化学”版块之中。另外，该杂志每期虽设置6个版块，但设置的栏目有所不同，栏目数也不相等，而是根据当时社会发展、科技发展和化学教育教学改革情况，从38个栏目中灵活地选择相应的栏目设置。

2.2 栏目设置的新颖性

根据社会的发展和读者的需要，不拘泥于现有的栏目设置和呈现形式，凸显JCE在栏目设置上的新颖性。例如，针对读者对一些化学方程式、化学符号、术语或概念的由来等问题的困惑，JCE从2003年第7期开设了一个全新的栏目——化学史（Ask the Historian），该栏目是以问答的形式呈现给读者的，以帮助教师、学生得到更多、更准确的化学史料，拓展师生的知识视野，使他们从中获得一些启发。又如，随着社会的发展，计算机软件在化学教育教学中的应用日益增多，为更好地推广这方面知识，JCE打破常规、及时更改栏目设置，增加了计算机公告牌（Computer Bulletin Board）栏目，这也表现出了JCE在栏目设置上的新颖性。

2.3 栏目设置的时代性

JCE在栏目设置上也体现了其设置的时代性，对化学界最新的学术会议或者活动情况进行报道，或者对化学学科研究、化学教育教学研究最新成果进行相关报道等，让读者更快地分享最新的化学信息。例如，协会会议报道（Association Reports）栏目，主要对JCE编辑部组织的活动、美国化学会的专业培训、美国化学会的教育会议、本科生科研等情况进行相关报道。又如，微型化学实验（The Microscale Laboratory）栏目，主要介绍最新的微型化学实验所研究的成果等。

2.4 栏目设置的全面性

JCE在栏目设置上还体现了其栏目设置的全面性。在内容方面，它既包括对最新化学学科和化学教育教学相关知识的介绍，又包括实验室教学、课堂教育和科学与教育研究，还包括会议内容报道，以及针对大众的化学知识的介绍等；在读者对象方面，它既包括学生、教师和教学研究者，又包括社会大众和儿童等。与其他杂志不同的是，JCE不仅重视纸质资源的利用，还注意网络资源的充分利用，并把在杂志上无法刊登的有关化学内容的音像或动画通过网络视频传播出去。

2.5 栏目设置的适用性

JCE在栏目设置上充分考虑其适用性。如“大众化学”版块内的知识，更多的是介绍一些相对基础的化学类文章，以更好地提高普通公民的化学知识。例如，绿色化学（Green Chemistry）栏目中的部分文章，就是为了提高普通公民的环保意识，把生活中需要用到的基本的化学知识、化学技能传播出去。又如，课堂活动（JCE Classroom Activity）栏目的设置，它根据使用对象的不同，把此栏目内容分为正反两面，一面为教师所用，另一面为学生所用，并以活页纸形式呈现，增强栏目的适用性，同时也反映出了JCE在栏目设置时十分注重以人为本的思想。再如，高中教师必读（Especially for High School Teachers）栏目，专门为高中化学教师介绍在本期出版的杂志中应该要研读的文章，而这些文章具有很强的适用性。

2.6 栏目设置的资源性

JCE的栏目设置充分注意到了杂志作为一种资源的重要性，十分注重信息的时效性，从栏目设置和每期杂志内容月初便上传网络即可见一斑。例如，协会会议报道（Association Reports）栏目，可以帮助读者及时了解美国化学会的一系列活动情况；又如，化学教育研究（Chemical Education Research）栏目，可以帮助读者及时了解最新的化学教育教学研究成果；再如，课堂活动（JCE Classroom Activity）栏目，可以为教师和学生方便地提供适合活动的即时资源；等等。

3 美国《化学教育》杂志给我们的启示

通过对美国《化学教育》杂志栏目设置的简单分析可以看出，相比而言，我国中等化学教育教学类杂志在栏目设置上还存在着灵活性不足、内容不够全面、信息不及时等问题；尤其是在网络资源的应用上，我国中等化学教育教学类杂志与JCE仍存在一定的差距。

3.1 栏目设置灵活有度

JCE各版块内栏目并不是一成不变的，会根据具体的文章内容来决定文章所处的版块。如在课堂活动（JCE Classroom Activity）栏目中，第9个活动“‘小先生制’在美国化学教育中的应用”一文，介绍的是一种当时最新的化学教育理论，被放入了“今日化学教育”版块；而第44个活动“晚餐后的小魔术”一文，活动需要应用一些相应的实验器材才能完成，被放入了“实验室教学”版块。此类情况在JCE非常常见。相比我国一些中等化学教育教学类杂志，刊文时以固定的栏目设置进行放置，而不是以文章内容进行放置，这一点JCE为我们打破常规做出了榜样。另外，我国大多数化学教育教学类杂志栏目并未有分版块之说，这也反映出我国化学教育教学类杂志文章数量相对较少、整体规划性不强等特点。

3.2 栏目设置全面适用

JCE的6大版块下所涉及的38个栏目包含有化学实验教学、课堂活动、化学与生活、现代化学教育理论、化学史教育、化学产品介绍、化学图书评论、化学软件介绍、教师的再教育、生物化学知识介绍等，涉及了化学的方方面面，非常实用，对化学知识与教育理念的传播具有重大的意义。除这些常规栏目外，JCE还设置一些特设栏目，例如，为加强公众对化学知识在日常生活中重要性的认识和了解，每年的10月份JCE还举办为期一周的化学周活动，颇具特色，效果很好。另外，JCE没有设置考试栏目，而我国中等化学教育教学类杂志还设置了关于高考、中考、试题和化学奥林匹克竞赛等方面内容的栏目，强化了考试研究，当然这与我国教育底子薄、人口众多、升学压力大的国情不无关系。我国中等化学教育教学类杂志没有或很少有专门的栏目为刊载图书与媒体的评论、面向儿童的化学、生物化学概念、学习资源评价、跨学科连接、其他期刊报道等的文章，这些都应该引起我们的重视。

3.3 栏目内容及时快捷

JCE的6大板块中，尤其值得一提的是JCE专为网络在化学教育教学中的应用设置了一个版块——网络在线（On the Web），介绍一些最新的化学软件或者分子模型软件等；还把在期刊上无法完全展现的化学知识和相关视频等通过网络进行补充，充分体现了JCE对现代网络技术的及时有效利用。我国中等化学教育教学类杂志目前也注意到了网络为我们带来的便捷，基本上都设置了自己杂志的网上办公系统，大大增加了办公效率。然而，在通过网络传播化学资源上，相比JCE还有一定的差距，有待进一步完善。

另外，JCE的文章网络上传非常及时快捷，每月中下旬即可在JCE网站上查寻到下一期杂志刊载的文章，并可付费下载，大大方便了读者。我国中等化学教育类杂志上所刊载的文章网络上传周期长，已经出版发行的杂志文章要数月或半年之后才能在中国期刊网上下载到。可见，我国中等化学教育教学类杂志应在发挥网络功能与优势方面多下工夫，为我国化学教育教学多提供一些及时快捷的新资源，从而引领我国化学教育教学。

注：

[1]《化学教育》期刊网址：http://www.hxjy.org/CN/volumn/home.shtml.

[2]《化学教学》期刊网址：http://www.chemedu.cn.

美国《化学教育》"JCE Classroom Activity"栏目活动简介与启示

——以铁的氧化速率的实验探究为例*

熊言林　马善恒　徐泽忠　雍玉梅　朱小丽

摘　要： 本文简要介绍了美国《化学教育》JCE Classroom Activity 栏目中历年的活动主题和特点，并对铁的氧化速率的实验探究进行了例析，从而得出对我国化学实验教学的一些启示。

关键词： 美国《化学教育》　JCE Classroom Activity 栏目　课堂实验活动 启示

美国《化学教育》(Journal of Chemical Education，以下简称JCE) 隶属于美国化学会的化学教育杂志部，创刊于1924年，已经走过了80多年的辉煌历史，是目前世界上最权威的化学教育类杂志之一。JCE以帮助教师了解化学教育领域的最新研究进展、介绍有关教育方法和课程组织的新理念为宗旨。以JCE Classroom Activity栏目为例，该栏目于1997年第9期开始设置，是一个专为指导中学化学教学中学生课堂活动而设计的栏目。根据对历年JCE该栏目的统计分析，至2008年第11期该杂志共刊出98个化学活动。笔者针对该栏目的活动主题和特点给出简单介绍，以期对我国化学实验教学得出一些启示。

1　JCE Classroom Activity 栏目活动简介

JCE Classroom Activity 栏目是以卡片形式组成的，卡片的正面为教师所用，主要内容有活动意义、活动背景、活动与中学课程的融合、相关活动信息等；卡片的背面为学生所用，主要内容有活动的原理分析、活动用品、活动过程、步骤设计、问题与思考等。

* 本文发表于《化学教育》2009年第8期。

1.1 JCE Classroom Activity栏目中历年的活动主题

以下是对美国《化学教育》杂志1997—2008年上的JCE Classroom Activity栏目活动课题的列表。

表1 1997—2008年 JCE Classroom Activity栏目活动课题

期号	编号	活动名称	页码	期号	编号	活动名称	页码
2008年第85期	98	球为什么能够弹起来	1376A	2007年第84期	93	铝空气电池	1936A
	97	糖密度的测定	1008A		92	测定精致试验中碘化物的含量	1616A
	96	氰基丙烯酸盐 粘合剂烟熏法测指纹	816A		91	使用自制的 荧光剂测定物质的荧光性	1312A
	95	风中的残烛	528A		90	如何使你洗好的衣服变红	800A
	94	全球变暖和温度测量	224A		89	色彩斑斓的图案	608A
					88	加热速率和冷却速率	448A
					87	废液:废物管理和废液的产生	240A
					86	给植物、布和金属上色	96A
2006年第83期	85	饮料的褪色反应	1792A	2005年第82期	76	我们周围的酚醛塑料	1808A
	84	任何物体都能在 水中漂浮或者下沉	1632A		75	铁的氧化速率的实验探究	1648A
	83	水泥中的化学	1472A		74	用于记忆信息的金属	1488A
	82	密立根油滴实验的类似实验	1312A		73	液晶上的显色	1360A
	81	梦幻般的荧光	768A		72	印刷术中的纳米图案成型	768A
	80	用聚合物凝胶 辨别是离子还是分子	576A		71	检验无线电波的变弱	560A
	79	爆米花:是什么使它膨胀	416A		70	自然界中存在的氢键结合	400A
	78	对泥土的测试	240A		69	冷饮的稀释的实验探究	240A
	77	硬币的动力平衡模型	48A		68	让人兴奋的光	48A
2004年第81期	67	火焰测试: 哪种离子所导致的	1776A	2003年第80期	58	自制浴池泡沫发生剂	1416A
	66	一餐有磁性的食物	1584A		57	对聚合物包装材料的探究	1288A
	65	计算我们摄取的卡路里数量	1440A		56	哪里有火哪里就有	1160A
	64	保龄球的密度	1312A		55	水在不同渗透膜中的扩散	1032A
	63	通过漏斗检查 决定水流速度的因素	672A		54	蓝色消失	536A
	62	纳米世界的颜色变化	544A		53	苹果冻糕: 对一种人造香料的介绍	408A

续表

期号	编号	活动名称	页码	期号	编号	活动名称	页码
2004年第81期	61	棋盘套色板	384A	2003年第80期	52	令人讨厌的硬币和燃烧的蜡烛	304A
	60	水的过滤	224A		51	质谱分析	176A
	59	热情似火,冷若冰霜	64A		50	对酸雨持续降落的忧心	40A
2002年第79期	49	两个以二氧化碳为基础的反应	1464A	2001年第78期	40	发光二极管	1664A
	48	镜中世界	1360A		39	旧报纸的循环利用	1512A
	47	牙膏中的化学	1168A		38	自制多彩的颜料	1320A
	46	雨天的测量	1104A		37	实验室记录与积木	1192A
	45	哪种除冰剂效果最佳	592A		36	利用紫外线敏感珠测试紫外线	648A
	44	晚餐之后的小魔术	480A		35	空气中氧气含量测定	512A
	43	乐高化学计量比	352A		34	关于阻燃剂的实验探究	328A
	42	橡皮圈、自由能和勒夏特勒原理	200A		33	浮沉子的上升或者下沉	200A
	41	维生素C的震荡反应实验探究	40A		32	徒劳的气泡	40A
2000年第77期	31	自制冒气泡的汽水	1608A	1999年第76期	22	染色:以天然染料为配制剂	1688A
	30	涉及白菜的化学反应	1432A		21	在消费品中寻找化学物质	1504A
	29	探讨烘烤食品中的发酵	1264A		20	探究洗衣精对各种硅酸盐的影响	1416A
	28	化学中的非视觉观察	1104A		19	摄影中的氰版照相法工艺	1216A
	27	神奇的水晶花园	624A		18	学科间的实验:光化学与针孔摄影	736A
	26	对相变现象的探究	488A		17	利用凝胶探究果实中酶的作用	624A
	25	银的失泽化和复泽化实验探究	328A		16	化学方法在发现浅指印中的应用	488A
	24	利用纸质色谱法分离油墨混合物	176A		15	动植物中DNA的提取	400A
	23	神奇的沙粒	40A		14	制皂实验的探究	192A
					13	对荧光棒的实验探究	40A
1998年第75期	12	对CD分光镜的介绍	1568A	1997年第74期	4	自然界对酸缓冲能力的探究	1456A
	11	交联聚合物特性的探究	1432A		3	对发酵粉和醋反应使气球膨胀的实验探究	1328A

续表

期号	编号	活动名称	页码	期号	编号	活动名称	页码
1998年第75期	10	化学反应速率的影响因素	1120A	1997年第74期	2	花青素：多彩的复合物	1176A
	9	“小先生制”在化学教学中的应用	528A		1	利用扫描探针显微镜探测冰箱磁铁类似物	1032A
	8	雪融水进入湖泊、河流的影响	400A				
	7	探究制造颜色的规则	312A				
	6	表面张力的实验探究	176A				
	5	静电的实验探究	80A				

1.2 JCE Classroom Activity活动特点

1.2.1 趣味性足

趣味性一直是该栏目活动的一大特点。每个实验的设计都是以调动学生的积极性和培养学生的学习兴趣为出发点。如“蓝色消失”活动[1]，就是通过维生素C与亚甲蓝在氧气和Cu^{2+}条件下反应，使得颜色发生变化，现象明显，趣味性十足，以此来激发学生的学习兴趣。类似的例子在JCE Classroom Activity活动中非常常见。

1.2.2 直观性强

我们在认识事物时更多的是通过现象来看其本质，化学学科的教学也不例外。如“神奇的水晶花园”活动，就是通过对活动现象的观察来认识晶体的性质，让学生对晶体有一个直观的认识。又如“维生素C的振荡反应实验探究”，是通过活动中溶液的颜色变化来让学生直观地认识维生素C的性质的。

1.2.3 生活味浓

如何更好地把化学知识融入到现实生活当中一直是广大教育工作者关注的一个焦点，在这一点上JCE Classroom Activity栏目为我们提供了一个很好的借鉴素材，在这个栏目的活动中生活性被体现得淋漓尽致。例如，“如何使你洗好的衣服变红”“晚餐之后的小魔术”“在消费品中寻找化学物质”等活动，就是以生活中常见的物质为基本素材，探索生活中的化学知识。

1.2.4 前沿性新

美国一直在科技前沿知识上处于世界领先地位，那么如何把这些新知识更好地传授给国民是一个备受关注的课题。JCE Classroom Activity栏目的创立便为此提供了一个很好的契机。在这个栏目中不仅有对“CD分光镜的介绍”，还有“动植物中DNA的提取”“光化学与针孔摄影”“检验无线电波的变弱”“交联聚合物特性的探究”等学科前沿知识，为普及学科前沿知识作出了重要贡献。

2 JCE Classroom Activity栏目中一活动案例与分析

上文简略介绍了JCE Classroom Activity栏目中的活动主题，下面通过对其栏目中的一个具体活动来认识JCE Classroom Activity栏目的特点。

2.1 活动案例——铁的氧化速率的实验探究（教师所用）[2]

2.1.1 活动意义

在这个活动中，学生通过研究铁钉在明胶中的氧化速率来检测铁的生锈过程，并进一步确定能使铁氧化速率加快或减慢的影响因素。

2.1.2 活动背景

铁钉在有水的情况下容易被空气中的氧气氧化，形成带有结晶水的三价氧化物（$Fe_2O_3 \cdot nH_2O$），这就是我们熟悉的“铁锈”。

$4Fe(s)+3O_2(g)+6H_2O(l)\rightarrow 4Fe^{3+}(aq)+12OH^-(aq)\rightarrow 2Fe_2O_3(s)+6H_2O(l)$

这个实验是在凝胶中进行的，Fe^{3+}是通过与水杨酸镁［$Mg(C_7H_5O_3)_2$］反应生成石榴石色的配离子检测出来的。

$Fe^{3+}(aq)+2C_7H_5O_3^-(aq)\rightarrow [Fe(C_7H_5O_3)_2]^+(aq)$

2.1.3 活动与中学课程的融合

通过这个活动帮助学生重温氧化还原反应的相关知识，并且认识到不同金属的还原性是不同的，深化了对生活中金属保护措施的化学原理的认识。

2.1.4 相关活动信息

活动中需要准备白明胶的混合物、水杨酸镁、氯化钠，它们分别来自3种消费用品：白明胶、止痛片、食盐。分别使用热水、肥皂液清洗铁钉上的油污，并擦干。热的明胶大约20 min可以形成胶体，胶体呈浅棕色，如果盛放热明胶的容器放到光滑的石头或者金属表面形成凝胶会更快一些。大约1 h后铁钉会在胶体中呈现石榴石色，3 h后颜色变得比较明显。

2.2 活动案例——铁的氧化速率的实验探究（学生所用）

2.2.1 原理分析

（1）铁易被空气中的氧气氧化，反应方程式如下：

$4Fe(s)+3O_2(g)+6H_2O(l) \rightarrow 4Fe^{3+}(aq)+12OH^-(aq) \rightarrow 2Fe_2O_3(s)+6H_2O(l)$

（2）能与含水杨酸镁的胶体发生反应，反应离子方程式如下：

$Fe^{3+}(aq)+2C_7H_5O_3^-(aq) \rightarrow [Fe(C_7H_5O_3)_2]^+(aq)$

（浅黄色） （无色） （紫红色）

2.2.2 活动用品

3枚铁钉，1枚镀锌铁钉，白明胶2盒（每盒含有7 g白明胶），止痛药片1片（含580 mg带4个结晶水的水杨酸镁），氯化钠，铜线，铝箔，水，含有肥皂液的洗碗盘，纸巾，小盘子，电炉或者火炉，小玻璃罐，汤匙，2个塑料容器，老虎钳。

2.2.3 活动步骤设计

（1）首先用热水清洗3枚铁钉和1枚镀锌铁钉，然后用肥皂液再清洗一遍，最后用纸巾将钉子擦干。

（2）取1枚铁钉和1枚镀锌铁钉直接放入塑料容器中；另外2枚铁钉分别作如下处理：1枚钉子上缠上铜丝，另一个钉子上裹上铝箔，然后放入另一塑料容器中。

（3）向玻璃罐中加入30 mL水（约两大汤匙），再倒入2盒白明胶，用汤匙充分搅拌至浓膏状。

（4）向小盘子中加入90 mL水（约6大汤匙），再加入0.6 g氯化钠和半片止痛片，在电炉或火炉上加热并不断搅拌。

（5）把步骤（3）中水和明胶的混合物缓慢地倒入步骤（4）中的小盘子里，不断搅拌并保持沸腾，直到白明胶完全溶解时停止加热（会有少量的止痛片配料不溶）。

（6）趁热把白明胶混合物分别倒入步骤（2）的两个塑料容器中，使得混合物刚好覆盖住铁钉，冷却。记录现象和观察时间：在前两个小时内每隔20 min观察一次，然后每隔4 h观察一次，如此持续24 h。

2.2.4 问题与思考

（1）哪一枚铁钉的颜色最先发生变化？为什么？

(2) 为什么要先清洗铁钉? 铁钉表面有什么物质? 为什么要在铁钉表面涂这些物质?

(3) 镀锌的铁钉出现了什么现象? 为什么会有这种现象?

(4) 缠绕铜线的铁钉出现什么现象? 为什么?

(5) 为什么用铜线缠铁钉时要缠紧? 为什么用铝箔裹铁钉时要裹紧? 为什么塑料纽扣比金属纽扣更受欢迎?

2.3 对该活动的评价

铁的氧化速率探究活动取材简单，操作简便，易于推广，便于普及化学知识。

同时通过对活动中一系列问题的思考，学生了解了铁钉在什么状态下更容易生锈，从而能够有意识地防止日常生活中铁制品生锈，并实现节约环保的目的。

3 JCE Classroom Activity栏目对我国化学实验教学的启示

通过对JCE Classroom Activity栏目活动的简单介绍，我们对该栏目有了更深刻的认识。反观我国的课堂实验教学活动，可以发现我们所存在的诸多问题，如我们的课堂实验活动开展较少、趣味性和生活性不强、难以全面推广等问题。通过对JCE Classroom Activity栏目活动的了解，我们得到了以下几点启示:

(1) 应挖掘活动中的乐趣，使学生能够愉快地学习。

透过对JCE Classroom Activity栏目活动的了解，不难看出，注重趣味性是该栏目的一大亮点。因此，在实际教学中我们应该更好地去发掘活动中的趣味点，更好地设计和展现给学生，使学生能够兴趣盎然、终身不忘[3]。只有这样才能发掘出学生的潜力，才能使学生更好地掌握知识与技能，体验科学的态度与方法。

(2) 应创设活动表现方式，使学生能够直观地学习。

化学是一门以实验为基础的科学，在实验活动中要通过对实验现象的观察与思考来探究产生这些现象的本质，如何更好地、直观地展现实验现象是关系实验活动成功与否的关键。我们应改变课堂实验活动开展过少甚至是单纯讲授实验的现状，还学生以直观地认识化学。

（3）应渗透生活中的化学，使学生体验化学的价值。

在JCE Classroom Activity栏目活动中，生活中的化学知识是比较常见的。这些活动易于实现和操作，并能解决实际生活中存在的诸多问题，易于为学生所接受。因此，我们的课堂实验活动中应注重与生活的紧密联系，使学生不仅能学到化学知识与技能，而且能够在生活中去应用，更好地为人类造福。

（4）应把握新时代的潮流，使学生体验科技的魅力。

自JCE Classroom Activity栏目开办以来，每年都有一到两个活动是介绍科技前沿知识的，其中就包括对基因技术、新材料技术等前沿知识发展情况的介绍。通过对前沿知识的了解，学生增强了对这些知识的适应能力，能够更好地融入新时代，而我国化学实验内容涉及的前沿知识却偏少。因此，我国化学教师应该更广泛地涉猎相关前沿知识，同时不断地探索以更适宜的方式把这些知识展现给学生，使学生能够真正体验到科技的神奇。

参考文献

［1］NOBLE M E. Out of the Blue-Journal of Chemical Education［J］. Journal of Chemical Education. 2003，80（5）：536A－536B.

［2］WRIGHT S W. Trusty or Rusty? Oxidation Rate of Nails［J］. Journal of Chemical Education，2005，82（11）：1648A.

［3］熊言林. 化学教学论实验［M］. 合肥：安徽大学出版社，2004：40－43.

实验教学研究篇

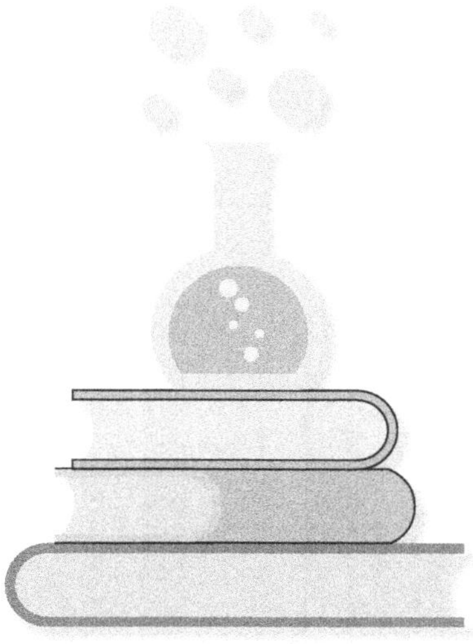

运用数字技术探究氢氧化亚铁难以制备的原因*

马善恒　朱成东　熊言林

摘　要：很多老师认为氢氧化亚铁的白色沉淀难以长时间看到的原因是它被溶解的氧气氧化了，而笔者在几乎无氧环境下，依然无法长时间看到白色絮状沉淀，进而说明白色絮状沉淀转化为灰绿色并不是由氧气氧化导致的。笔者认为可能是因为生成的氢氧化亚铁沉淀吸附亚铁离子，浅灰绿色是亚铁离子聚集导致的，并通过在浅灰绿色沉淀中加入硫酸和KSCN溶液，看到溶液未出现红色证实了这一想法。同时使用氢氧化钠的乙醇溶液（饱和）与新制硫酸亚铁反应，能够长达数小时看到白色絮状沉淀。

关键词：氢氧化亚铁的制备　溶解氧　溶解氧传感器

1　问题提出

高中化学实验中，“氢氧化亚铁的制备实验”一直是一个困扰着广大师生的实验，该实验存在的主要问题是：氢氧化亚铁沉淀出现时间较短，很快会转化成灰绿色，很难观察到氢氧化亚铁白色絮状沉淀的真实颜色。究其原因，众说纷纭，有的认为灰绿色物质是$Fe(OH)_2$和$Fe(OH)_3$以一定比例混合的特殊物质[1]；也有资料称它是组成为$Fe(OH)_2 \cdot 2Fe(OH)_3$的混合型氢氧化物[2]；还有的认为是无氧气氛下$Fe(OH)_2$的歧化产物Fe_3O_4所致[3]。综上所述，大家基本认为中间变成灰绿色是由于含有Fe^{3+}的化合物所致，而且绝大多数人认为是溶液中溶解的氧气氧化了氢氧化亚铁所致。那么真是这样吗？笔者将使用数字技术探究氢氧化亚铁难以制备的原因。

*本文获第五届全国化学数字化实验教学应用及创新设计大赛一等奖，发表于《化学教育》2017年第13期。

2 实验探究

既然大家普遍认为是因为溶液中溶解了氧气，那么溶液中氧气含量究竟是多少？笔者运用数字实验进行了测定，具体实验方案如下：

2.1 实验仪器及药品

实验仪器：电脑及软件、威尼尔数据采集器、溶解氧传感器、磁力搅拌器等。

实验药品：1 mol/L NaOH溶液、0.1 mol/L硫酸亚铁溶液（利用硫酸亚铁晶体配制）、硫酸亚铁溶液（利用铁与硫酸反应配制）、V_C注射液（常州制药厂有限公司生产，5 mL/支）、苯等。

2.2 实验装置图

实验装置如图1所示。

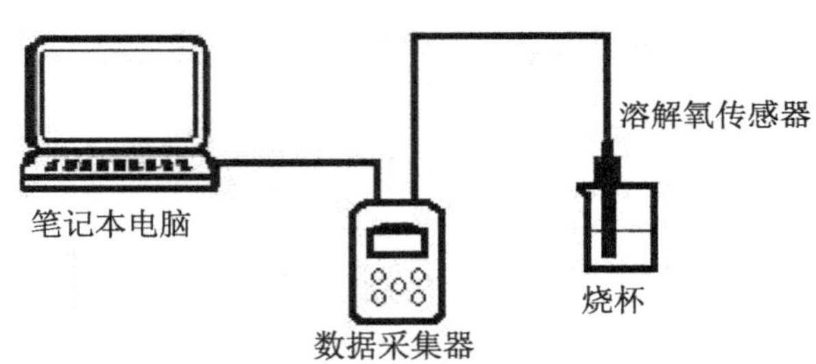

图1 利用溶解氧传感器测定溶液中的溶解氧含量

2.3 实验操作

打开威尼尔软件，打开“数据采集”菜单，勾选“持续采集数据”，将溶解氧传感器插入待测溶液中，点击“采集”图标。

2.4 实验数据

2.4.1 测定氢氧化亚铁溶液中溶解氧含量

（1）测定利用硫酸亚铁晶体配制的硫酸亚铁溶液中的溶解氧含量，结果如图2所示。

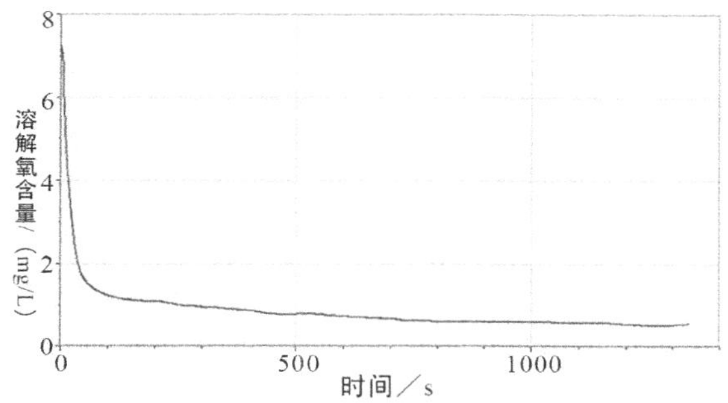

图2　利用硫酸亚铁晶体配制的硫酸亚铁溶液中的溶解氧含量

从图2可以看出，最终测得利用氢氧化亚铁晶体配制的溶液中的溶解氧含量为0.52 mg/L。

（2）测定铁与硫酸反应制得的硫酸亚铁溶液中的溶解氧含量，结果如图3所示。

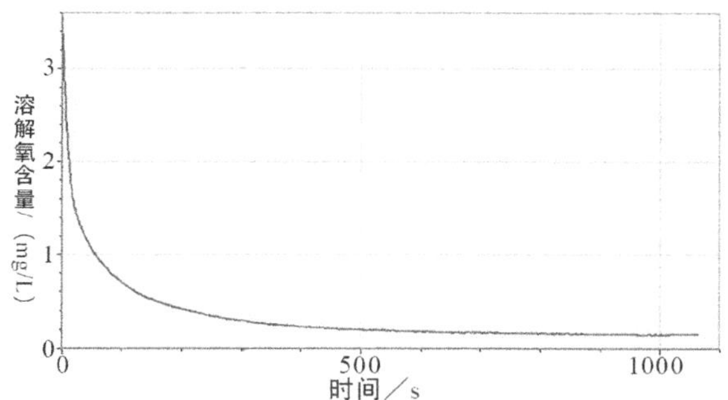

图3　铁与硫酸反应制得的硫酸亚铁溶液中的溶解氧含量

从图3可以看出，最终测得铁与硫酸反应制得的硫酸亚铁溶液中的溶解氧含量为0.16 mg/L。

（3）测定硫酸亚铁溶液中加入V_C后的溶解氧含量，结果如图4所示。

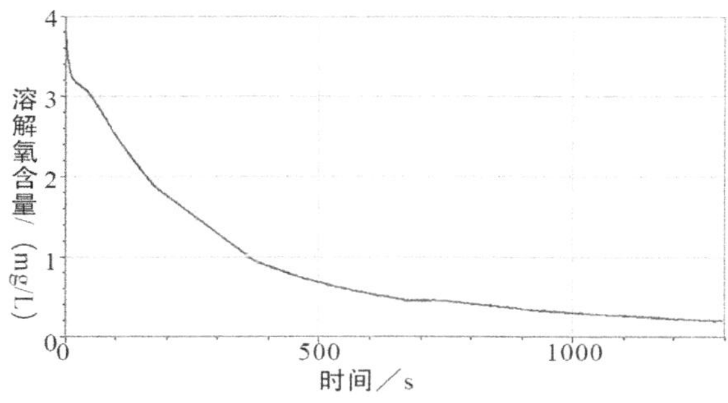

图4　硫酸亚铁溶液中加入V_C后的溶解氧含量

从图4可以看出，最终测得硫酸亚铁溶液中加入1滴V_C注射液后的溶解氧含量为0.20 mg/L。

结论：利用铁与硫酸反应新制得的硫酸亚铁溶液中溶解氧含量最低。

2.4.2 测定氢氧化钠溶液中溶解氧含量

笔者选取的是1 mol/L的氢氧化钠溶液进行测定，分别测定不煮沸和煮沸1 min、2 min、3 min、5 min、8 min、10 min、15 min后溶液中的溶解氧含量。

表1 煮沸不同时间的氢氧化钠溶液中的溶解氧含量

煮沸时间（min）	0	1	2	3	5	8	10	15
冷却后溶解氧含量(mg/L)	7.87	5.81	5.76	5.68	5.49	5.39	5.38	5.37

从表1可以看出，煮沸1 min之后，氢氧化钠溶液中溶解氧的含量变化不是很大。

测定在氢氧化钠溶液中加入1滴V_C注射液后的溶解氧含量，结果如图5所示。

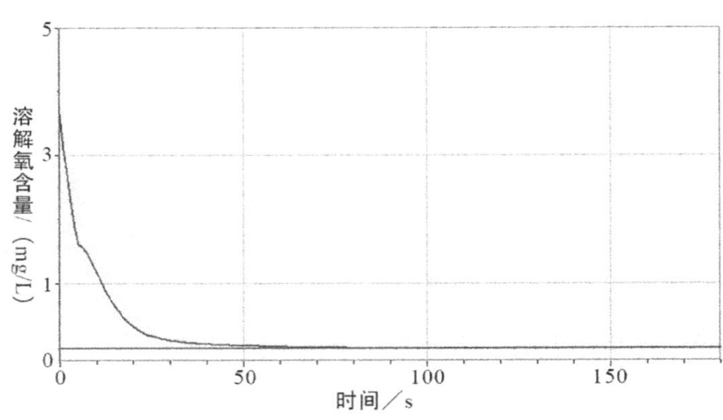

图5 氢氧化钠溶液中加入1滴V_C注射液后的溶解氧含量

从上图5中可以看出，在氢氧化钠溶液中加入V_C后测得的溶解氧含量为0 mg/L。需要注意的是，氢氧化钠溶液中加入V_C后呈现浅粉红色，但因为颜色较浅，并不影响观察到白色沉淀。

2.4.3 氢氧化亚铁沉淀的制备

笔者使用铁与硫酸反应制得的硫酸亚铁溶液与煮沸后的氢氧化钠溶液反

应，按照高中化学教材中的实验描述多次操作，只能瞬间看到白色絮状沉淀，之后白色絮状沉淀转化为灰绿色沉淀，并不能长时间看到白色絮状沉淀。

笔者又使用加有V_c的氢氧化钠溶液与铁与硫酸反应制得的硫酸亚铁溶液反应，依然是瞬间看到白色絮状沉淀，之后白色絮状沉淀转化为灰绿色沉淀，也不能长时间看到白色絮状沉淀。因为这两种溶液中氧含量均很低，故由此得出结论：并不是因为溶解氧导致不能长时间看到白色絮状沉淀[4]。

3 实验结论

根据上面的实验可以得知，之所以难以得到氢氧化亚铁白色沉淀，不单纯是因为氢氧化亚铁被氧化。

4 进一步思考

笔者认为，白色絮状沉淀之所以迅速转化为浅灰绿色，可能是因为生成的氢氧化亚铁吸附亚铁离子，浅灰绿色是亚铁离子聚集导致的（见图6左试管），之后的颜色加深应该是被氧化的结果（见图7左试管）。为了证明此观点，笔者使用氢氧化钠的乙醇溶液（饱和）进行该实验，将新制的硫酸亚铁溶液伸入液面以下注入，发现可以长时间看到白色絮状沉淀（见图6和图7右试管所示）。

图6 两种方式制备的氢氧化亚铁对比一

图7　两种方式制备的氢氧化亚铁对比二

图6和图7药品添加均为：左侧试管是将硫酸亚铁溶液伸入液面以下滴到煮沸后的氢氧化钠溶液中，右侧试管是将硫酸亚铁溶液伸入液面以下滴到氢氧化钠的乙醇溶液中。图6是滴加药品后3 min拍摄的，图7为滴加药品后40 min拍摄的。

使用氢氧化钠溶液与硫酸亚铁溶液新制氢氧化亚铁，当试管中出现浅灰绿色时用胶头滴管吸取KSCN溶液，插入试管底部，挤出KSCN溶液，再用胶头滴管吸取硫酸溶液插入试管底部，挤出硫酸溶液，观察现象：无明显红色（如图8所示）。以相同的操作向颜色加深的沉淀中滴加KSCN溶液和硫酸溶液，再观察现象：溶液明显变红（如图9所示），所以白色絮状沉淀迅速转化为浅灰绿色，有可能是因为生成的氢氧化亚铁胶体吸附亚铁离子，浅灰绿色是亚铁离子聚集导致的，之后的颜色加深是被氧化的结果。

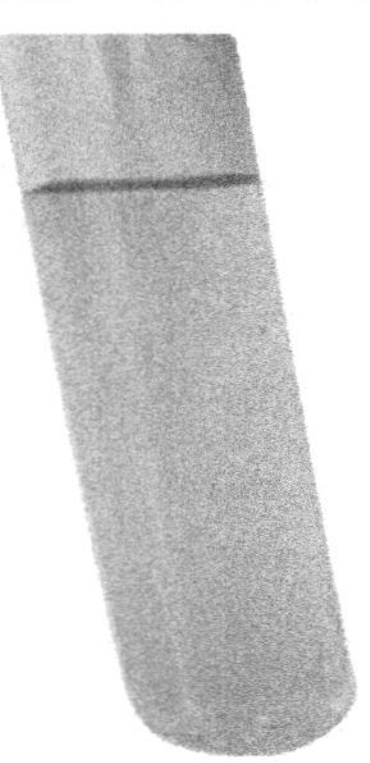

图8　在浅灰绿色氢氧化亚铁中加入KSCN溶液和硫酸溶液

（注：当新制氢氧化亚铁沉淀中出现浅灰绿色时，在试管底部依次加入KSCN溶液和硫酸溶液。）

图9　在深灰绿色氢氧化亚铁中加入KSCN溶液和硫酸溶液

（注：当新制氢氧化亚铁沉淀中出现深灰绿色时，在试管底部依次加入KSCN溶液和硫酸溶液。）

在水溶液中吸附，而在醇溶液中不吸附，可能是因为氢氧化亚铁在水溶液中形成的是水合离子，而在乙醇溶液中形成的是醇合离子，醇合离子的半径更大，不容易形成氢氧化亚铁胶体，所以可以长时间看到白色絮状沉淀。之后白色絮状沉淀上方会出现黄色，为亚铁离子被溶液中氧气氧化生成铁离子所致。

参考文献

[1] 陈光辉. “制备$Fe(OH)_2$的最佳实验设计”探究学习 [J]. 化学教学，2005（5）：23-26.

[2] 严宣申，王长富. 普通无机化学 [M]. 北京：北京大学出版社，1987：348.

[3] 张经坤. 无氧气氛下$Fe(OH)_2$歧化产物的穆斯堡尔研究 [J]. 科学通报，1983（2）：91-93.

[4] 周改英，王玉秋，许焕武. 对氢氧化亚铁制备实验的商榷和建议 [J]. 化学教育，2014（14）：72-75.

“餐巾纸的质量检验”综合实践活动设计*

熊言林　李晓龙

摘　要：餐巾纸的质量优劣对人体健康有一定的影响。通过“餐巾纸的质量检验”综合实践活动设计，对餐巾纸燃烧后残留的黄色油状物的量进行比较，可以判断其质量的优劣。该综合实践活动贴近学生生活，简单方便，安全有效，其内容适合学生的化学活动课和家庭实验。

关键词：餐巾纸　质量检验　检验方法　综合实践活动

1　引言

根据国家《一次性生活用纸生产加工企业监督整治规定》的要求，纸巾生产只可以用木材、草类、竹子等原生纤维为原料，不得使用回收纸、纸张印刷品、纸制品及其他回收纤维[1]。按照国家规定，餐巾纸应该以100%原生木浆为原料。浆料因其来源不同可分为木浆、草浆、蔗浆、苇浆、棉浆、回收废纸浆等。木浆是指由木片蒸煮萃取纤维制成的纸浆，而原生浆是指纯净的原生纤维，有别于回收废纸浆。用原生木浆生产出来的餐巾纸细腻、手感好、吸水性好、外观整洁，无掉毛掉粉现象，其自然白度即可达到标准要求。但经市场调查发现，目前市场上有些餐巾纸燃烧后会留下大量的黄色油状物。这是由于这些餐巾纸的生产并未使用100%原生木浆，一些生产厂家为了降低成本，采用回收纸作为生产原料，为了使生产的餐巾纸达到标准要求就在生产过程中加入大量化学助剂：荧光增白剂、漂白助剂、脱墨剂、柔软剂、分散剂等[2]。这些化学物质对人体健康是有一定影响的，尤其是荧光增白剂，一旦进入人体很不容易分解，且能使细胞变异，成为潜在的致癌因素[1]。餐巾纸燃烧后残留下的黄色油状物最大的可能就是这些化学物质燃烧

* 2011年安徽省省级质量工程“中学理科综合类卓越教师培养计划”项目成果。本文发表于《化学教育》2012年第4期。

后的遗留物，通过燃烧实验可以简便地检验餐巾纸的质量。

2 活动方案设计

2.1 实验目的

（1）通过实验，学生了解餐巾纸的主要成分，学会辨别不同品牌餐巾纸的质量，在日常生活中学会选择和使用合格、卫生的餐巾纸。

（2）学生的动手操作能力和科学探究能力有一定的提高。

（3）通过实验，学生体验化学与人类生活密切相关，拓展知识视野。

2.2 实验原理

不合格的餐巾纸由于含有较多的化学助剂，燃烧后会留下较多的黄色油状物。通过对相同大小的不同品牌餐巾纸燃烧后留下的黄色油状物的多少进行观察、比较，并与相同大小的用100%原木浆生产的滤纸燃烧后留下的黄色油状物进行比较，可以判断出不同品牌餐巾纸的质量。燃烧后留下的黄色油状物越少，餐巾纸的质量则越好。

2.3 实验用品

相关品牌餐巾纸3种，无品牌散装餐巾纸3种，滤纸，表面皿7只，酒精灯1盏，镊子1把，火柴1盒。

2.4 实验步骤

（1）取7只表面皿，依次编号为1、2、3、4、5、6、7。三种品牌餐巾纸与1、2、3号表面皿对应，三种无品牌散装餐巾纸与4、5、6号表面皿对应，滤纸与7号表面皿对应。

（2）取相同大小的各种餐巾纸及滤纸各一份，用镊子夹持，点燃后分别放在相应的表面皿上充分燃烧。

（3）观察、比较燃烧后各表面皿中黄色油状物的多少。将表面皿中黄色油状物的量划分为无、极少、较少、多、较多、很多六个等级，并把相应的观察结果记录在表1中。

2.5 实验现象及记录

现象：燃烧后的滤纸没有黄色油状物残留，燃烧后的餐巾纸均有黄色油状物残留但残留量不同，具体残留量见表1。

表1 各种餐巾纸和滤纸燃烧后留下的黄色油状物的量比较

餐巾纸类型	品牌1	品牌2	品牌3	散装1	散装2	散装3	滤纸
表面皿编号	1	2	3	4	5	6	7
黄色油状物的量	较少	较少	较多	很多	很多	很多	无

2.6 实验结论

通过对实验结果的分析和比较，学生可以从中得出各种餐巾纸燃烧后留下的黄色油状物的多少，进而可以判断出各种餐巾纸质量的好坏。

2.7 活动结果

经过活动发现，市场上的餐巾纸品牌繁多，但有些餐巾纸的质量没有保证，尤其是散装的餐巾纸。餐巾纸是我们经常接触的日常生活用品，若它的质量不合格则不利于人体的健康，所以建议大家在外用餐时尽量少用餐巾纸，或者自备。为此，在平时选购餐巾纸时，我们提出以下一些建议：

（1）选正规厂家生产的餐巾纸。在选购餐巾纸时，看包装是否标明卫生许可证号，是否印有厂名、厂址和有无执行标准。另外，粗糙发硬的餐巾纸、未经包装和消毒的散装餐巾纸都不要买。

（2）要看餐巾纸的色泽。纯木浆餐巾纸因无任何添加剂，颜色应为自然的象牙白，纹理相对均匀。如果白中带蓝，特别是在日光灯下白得耀眼的，多半是添加了办公废纸；如果是黄中带灰，表面尘埃点多的餐巾纸，则是添加了普通废纸。

（3）要看餐巾纸耐力强度。纯木浆餐巾纸由于纤维长，故拉力大，韧性好，不易断；而质量差的餐巾纸，则有不规则的小洞和掉粉现象。

（4）要看餐巾纸燃烧的结果。好的餐巾纸经燃烧后呈白灰状，而且不会有其他物质留下。

3　相关化学助剂的结构与性质

目前，我国造纸原料紧缺，特别是木材纤维原料极为匮乏，因此一些中小型纸厂在生活用纸生产中多采用草类纤维和二次纤维为原料。由于草浆中细小纤维含量高，滤水速度慢，纸页的干湿强度低，所以需要使用适量的化学助剂[3]。但一些化学助剂对人体健康是有影响的，所以在生产中应对一些化学助剂的成分有一定的了解，并适当使用。

3.1　荧光增白剂

荧光增白剂是利用荧光给予人们视觉器官以增加白度感觉的白色染料。荧光增白剂的分子结构主要包括两部分：一个含芳环的连续共轭体系和一个或多个取代基，取代基可以改善共轭体系的荧光特性，对荧光增白剂的应用性能有较大影响。从化合物结构上看，荧光增白剂有多种类型，包括二苯乙烯型、香豆满酮类、萘二甲酰亚胺型等。在造纸业中应用的荧光增白剂有80%属于二苯乙烯型[4]。以下是三种二苯乙烯型荧光增白剂的结构式（见图1）。

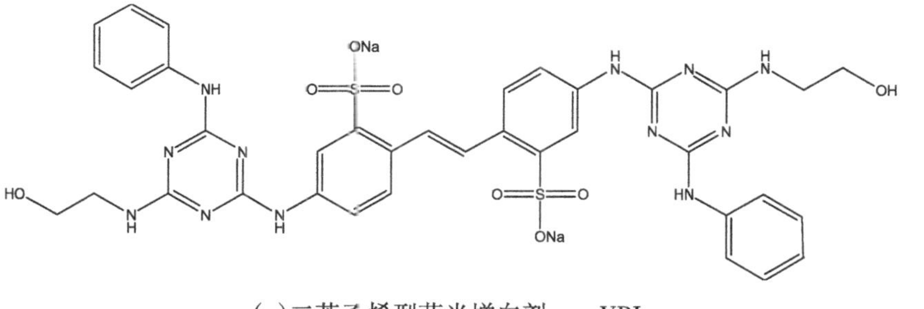

(a)二苯乙烯型荧光增白剂——VBL

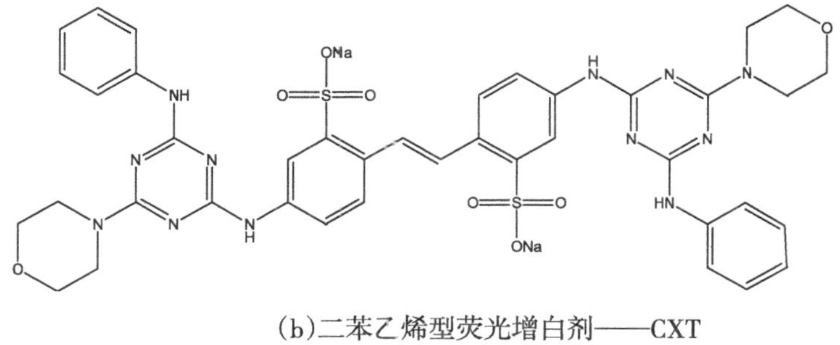

(b)二苯乙烯型荧光增白剂——CXT

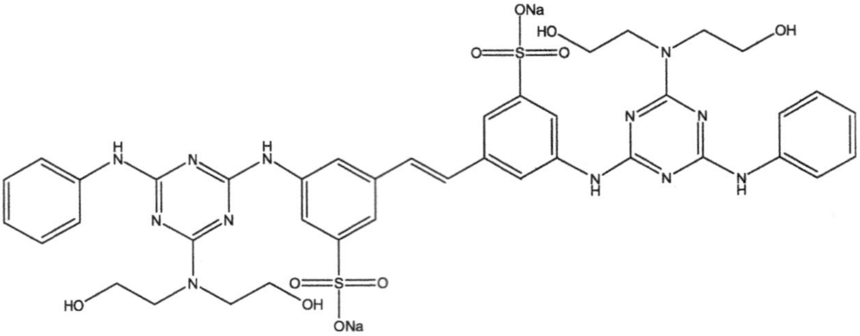

(c) 二苯乙烯型荧光增白剂——BA

图1 三种二苯乙烯型荧光增白剂结构式

3.2 漂白助剂

常用的漂白助剂有氨基磺酸（H_3NSO_3）、尿素［$CO(NH_2)_2$］等，其中以氨基磺酸为最好。氨基磺酸是无色无臭片状晶体，在大气中稳定，可溶于水。在传统的漂白过程中纸浆会受到损伤，特别是次氯酸盐漂白段，浆料受到强烈的氧化，纤维遭受很大的损伤，引起物理强度和得率的降低，而漂白过程中添加含氮的化合物，则有抑制降解，保护纤维强度的作用[5]。

3.3 柔软剂

大部分柔软剂都是具有12~18（一般为16~18）个碳原子的长链烷基有机化合物，并带有短链的可溶性基，属于表面活性剂。由于柔软剂吸附在纤维的表面，适当地限制或减少了纤维间氢键的结合，使纤维易于滑动，从而使纸变得柔软。按其极性可把柔软剂分为阴离子型柔软剂、阳离子型柔软剂、非离子型柔软剂和两性型柔软剂四类[6]。以下是两种常用的阳离子型柔软剂的结构式（见图2）。

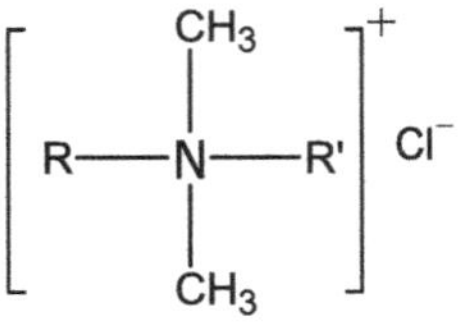

(a)氯化双烷基二甲基铵 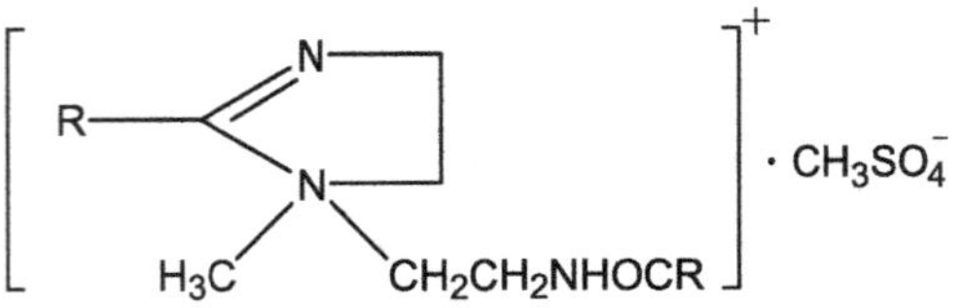　　(b)双烷基酰胺咪唑啉季铵盐

图2 两种常用的阳离子型柔软剂结构式

3.4 脱墨剂

脱墨剂主要由NaOH、Na_2SiO_3、H_2O_2、螯合剂和表面活性剂组成[7]。脱墨剂的脱墨效果之所以显著，是由于它具有润湿、渗透、溶胀树脂、乳化、分散等多种功能。脱墨方法不同需采用不同配方的脱墨剂[8]。

3.5 分散剂

对于造纸过程来说，纤维、填料和一些助剂等都是水不溶性的，它们有在水溶液中自行聚集的趋势，而且不同物料之间往往因不相容性而尽量远离，这样就难以得到性能均匀、强度理想的纸张。加入分散剂则可以解决这些问题，达到良好的分散效果。分散剂按照化学成分来分，主要有表面活性剂（如丁基萘磺酸钠、烷基酚聚氧乙烯醚等）、无机盐（如焦磷酸钾、六甲基磷酸钠等）和水溶性高分子（如聚丙烯酰胺、聚氧化乙烯等）等[9]。以下是三种常用的分散剂的结构式（见图3）。

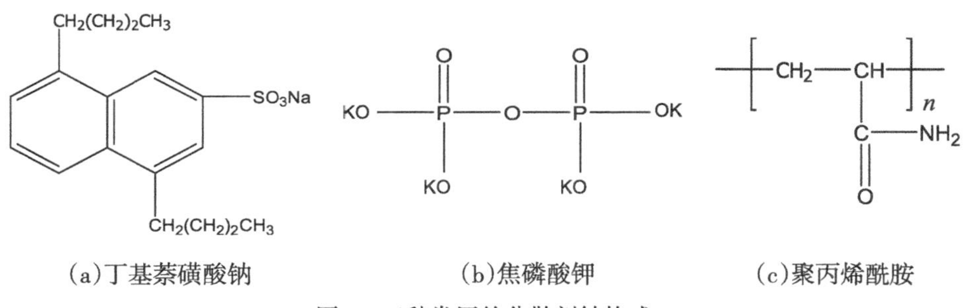

(a)丁基萘磺酸钠　　(b)焦磷酸钾　　(c)聚丙烯酰胺

图3　三种常用的分散剂结构式

4 活动评价

本实践活动使用的用品较少，所需的主要实验材料餐巾纸在日常生活中随处可见，所需的散装餐巾纸均来自于我校附近的餐馆、小吃部，有品牌的餐巾纸也可在超市购买或在学生中收集，材料获得十分便利，且价格低。该综合实践活动贴近学生生活实际，操作简单、安全、有效，易推广和普及，将其作为中学生的化学活动课内容或家庭实验内容，对于增强学生对生活中化学的关注和提高实验动手能力有很大的帮助，也拓展了学生的知识视野。

学校在开展本实践活动时，可以在同一班级同学中开展，也可以在同一年级或不同年级同学中开展。在教师安排和指导下，学生以3～5人为一组，自行收集活动用品，进行实验，记录实验结果，然后由每小组推荐一名同学汇报实验结果。最后，教师根据每小组的汇报情况，引导学生讨论、归纳本次活动结果，并给出选购餐巾纸的一些建议。

参考文献

［1］高野．浅谈荧光增白剂在造纸工业中的使用以及其检测方法的探讨［J］．中国科技信息，2005（8）：25.

［2］莫立焕，陈祖鑫．造纸化学助剂的应用与发展［J］．造纸化学，1998（2）：16–20.

［3］蔡文祥．生活用纸生产中应用助剂的几点体会［J］黑龙江造纸，2001（1）：21

［4］罗冠中，刘祥，汪晓冬，等．荧光分光光度法测定生活用纸制品中的荧光增白剂［J］．中国测试，2009（4）：68–71.

［5］陈祖鑫，莫立焕，黎振球．纸张柔软剂的结构及作用机理［J］．广西轻工业，1998（4）：34–36.

［6］吴玉英．中国造纸助剂的应用现状及发展趋势［J］．北京林业大学学报，1999（6）：89–96.

［7］王幼筠．造纸助剂的作用机理和合成［J］．中华纸业，1993（2）：23–33.

［8］傅瑞芳．分散剂在造纸工业中的应用［J］．上海造纸，2007（5）：40–44.

可燃性气体不支持燃烧实验设计与验证*

吴凤兮　熊言林　马珊珊

摘　要： 可燃性气体（如氢气、甲烷等）都能够燃烧，但不支持燃烧。为扩大学生知识视野，激发学生学习兴趣，培养学生实验能力，本文对氢气、甲烷不支持燃烧实验方案进行设计，并进行了实验验证及应用于教学中。

关键词： 氢气　甲烷　不支持燃烧　实验设计　实验思考

可燃性气体，如氢气、甲烷、一氧化碳等，都能够燃烧，但不支持燃烧。对于前者，学生知道且能够通过实验验证；但是，对于后者，大多数学生都不知道，更不会通过实验设计与验证。为扩大学生知识视野，激发学生学习兴趣，培养学生实验能力，本文对氢气、甲烷不支持燃烧实验方案进行设计，并进行了实验验证及应用于教学中，获得了很好的实验结果和教学效果。

1　实验目的

（1）知道可燃性气体不支持燃烧。

（2）学会设计可燃性气体不支持燃烧实验的方法。

（3）体验化学实验的趣味性及实验现象的启发性。

2　实验原理

点燃的蜡烛，在空气中能安静地燃烧，在可燃性气体（如氢气、甲烷等）中蜡烛火焰却熄灭，说明可燃性气体（如氢气、甲烷等）能够燃烧但不支持燃烧。

---

* 2011年安徽省省级质量工程“中学理科综合类卓越教师培养计划”项目成果。本文发表于《教学仪器与实验》2012年第3期。

3　实验用品

250 mL氢气1瓶（用排水集气法收集，集气瓶盖上毛玻璃片，倒立放置），250 mL甲烷1瓶（用排水集气法收集，集气瓶盖上毛玻璃片，倒立放置），长蜡烛1支，铁架台（附铁圈）1副，火柴1盒。

4　实验装置

实验装置如图1所示。

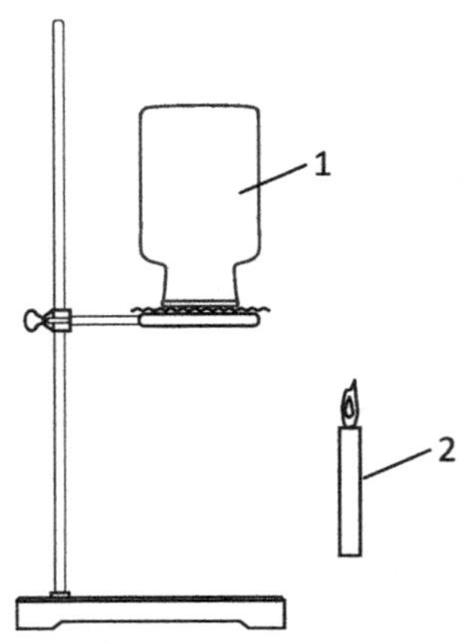

1. 氢气(或甲烷)；2. 点燃的蜡烛

图1　不支持燃烧实验装置

5　实验步骤

（1）点燃蜡烛。

（2）将盛有氢气的集气瓶倒置在铁架台的铁圈上，抽去毛玻璃片，放稳。

（3）将点燃的蜡烛慢慢地伸入集气瓶中，再将蜡烛慢慢地拿出来。如此反复数次，观察有何现象发生。为什么会出现这种现象？

同理，做甲烷不支持燃烧实验。

6　实验现象

氢气、甲烷不支持燃烧的实验现象如表1所示。

表1　氢气、甲烷不支持燃烧的实验现象

可燃性气体	氢气	甲烷
实验现象	点燃的蜡烛伸入集气瓶中时，烛焰熄灭，瓶口处有淡蓝色火焰（不明显，如不注意观察，则看不出来）。拿出蜡烛，蜡烛又被点燃，瓶口处仍有淡蓝色火焰。再将点燃的蜡烛伸入集气瓶中，出现同样现象。如此反复4～5次，蜡烛由“点燃—熄灭—再点燃”到最终熄灭，瓶口处也无淡蓝色火焰（氢气已被烧完）	点燃的蜡烛伸入集气瓶中时，烛焰熄灭，瓶口处有较大火苗，并喷出瓶壁外，火苗尖处呈淡蓝色。拿出蜡烛，蜡烛又被点燃，瓶口处仍有较大火苗，并喷出瓶壁外。再将点燃的蜡烛伸入集气瓶中，出现同样现象。如此反复约5次，蜡烛由“点燃—熄灭—再点燃”到最终熄灭，瓶口处和瓶壁外也无较大火苗（甲烷已被烧完）

7 实验评价

本实验用品少，操作简单，安全、无污染，实验现象鲜明，富有说服力、启发性和教育价值。

8 实验思考

化学实验教学有助于发现一些意想不到、有思考深度、富有启发性的实验现象，同时对学生正确的思维方式和行为方式都有很好的训练作用。因此，化学教师应多开展一些有意义的化学实验。在本实验中，可以引导学生思考以下问题：

（1）连续检验氢气纯度时，为什么不能用同一支试管立即收集氢气进行纯度检验？

（2）如何安全地使用可燃性气体？收满氢气（或甲烷）的集气瓶，为什么要倒立放置？引燃集气瓶中的氢气（或甲烷）时，为什么不会发生爆炸？

（3）怎样安全地设计可燃性气体不支持燃烧实验？

（4）用图1装置做可燃性气体不支持燃烧实验时，盛放甲烷的集气瓶口火焰比盛放氢气的集气瓶口火焰要大，为什么？

（5）用图1装置做氢气不支持燃烧实验时，盛放氢气的集气瓶口有安静的燃烧火焰。如果改用甲烷实验时，盛放甲烷的集气瓶口有何实验现象？请你推测并解释之。

参考文献

［1］熊言林.化学教学论实验［M］.合肥：安徽大学出版社，2004：108.

［2］熊言林.化学实验研究与设计［M］.合肥：安徽人民出版社，2009：157-158.

蜡烛燃烧产物二氧化碳非常规灭火原因的实验探究*

熊言林　李晓龙　金海莲　汪　清　陶　敏

摘　要： 本文将蜡烛燃烧产物的检验和二氧化碳非常规灭火实验探究集中在一个实验内完成，使实验操作更简便、现象更明显，同时对二氧化碳非常规灭火原因的假设和验证进行了巧妙的实验探究。最后，对化学实验教学提出了几点教学思考。

关键词： 蜡烛　燃烧产物检验　非常规灭火　原因探究　教学思考

“对蜡烛及其燃烧的探究”是人教版《义务教育课程标准实验教科书：化学》（九年级上册）第一单元课题2“化学是一门以实验为基础的科学”中的一个实验[1]，它是学生接触到的第一个化学活动与探究实验，是中学化学的基础实验之一，对中学生整个初中化学学习乃至今后的化学学习都起到至关重要的作用。笔者认为，对该实验进行拓展研究——蜡烛燃烧产物的检验和二氧化碳非常规灭火原因的实验探究，对提高中学化学实验教学水平及培养学生的创新意识和动手能力都有着重要的意义。

二氧化碳常规灭火实验的现象是低处蜡烛火焰比高处蜡烛火焰先熄灭，其原理是二氧化碳的密度比空气的密度大，并沉降在容器底部，使得低处蜡烛火焰周围的二氧化碳浓度过高，进而导致蜡烛火焰熄灭[2]。二氧化碳非常规灭火实验的现象则是高处蜡烛火焰比低处蜡烛火焰先熄灭，但是由于该现象的原理不易用实验验证，所以近年来对这方面的实验研究比较少[3]。另外，在一个相对封闭环境中，蜡烛燃烧产物二氧化碳的浓度大小的直观检验方法至今还没有文献报道过。

针对上述实验问题，笔者将蜡烛燃烧产物的检验和二氧化碳非常规灭火

* 本研究获得国家级实验教学示范中心建设单位（安徽师范大学化学实验教学中心）资助。本文发表于《化学教育》2011年第8期。

原因的实验探究集合在一个实验装置中完成，使实验操作更简便、现象更明显，同时对二氧化碳非常规灭火原因的假设和验证进行了巧妙的实验探究，对化学教学有一定的启示作用。

1 蜡烛的主要成分

蜡烛主要由主燃剂和烛芯组成[4]。石蜡作为蜡烛的主燃剂，是将原油蒸馏所得的润滑油馏分经溶剂精制、溶剂脱蜡或经蜡冷冻结晶、压榨脱蜡制得蜡膏，再经溶剂脱油、精制而得的片状或针状结晶。它是几种高级烷烃的混合物，主要是正二十二烷（$C_{22}H_{46}$）和正二十八烷（$C_{28}H_{58}$），含碳元素约85%，含氢元素约14%。蜡烛里还常加入硬脂酸（$C_{17}H_{35}COOH$）以提高软度。所以蜡烛的燃烧产物主要是水和二氧化碳。因此，通过蜡烛燃烧产物的检验即可推测出蜡烛的主要元素组成。

2 实验探究

2.1 蜡烛燃烧产物的检验和非常规灭火综合实验设计

2.1.1 实验原理

由蜡烛的主要成分可以推断出其燃烧产物主要是水和二氧化碳。实验中可分别用无水硫酸铜和澄清石灰水对它们进行检验，这是因为无水硫酸铜吸水可生成蓝色的晶体（$CuSO_4\cdot 5H_2O$），而澄清石灰水中的氢氧化钙可与二氧化碳反应生成白色难溶的碳酸钙沉淀。主要化学方程式如下：

$$2C_{22}H_{46}+67O_2\xrightarrow{\text{点燃}}44CO_2+46H_2O$$

$$CuSO_4(\text{白色})+5H_2O = CuSO_4\cdot 5H_2O\ (\text{蓝色})$$

$$Ca(OH)_2+CO_2 = H_2O+CaCO_3\downarrow(\text{白色沉淀})$$

2.1.2 实验用品

蜡烛2支（长度分别为9.5 cm和6.5 cm），无水硫酸铜，饱和的澄清石灰水，火柴1盒，干燥的800 mL烧杯1个，胶头滴管1支，维C银翘片包装板（3×4片）1块，粗铜丝（长30 cm）1根，橡皮塞1个。

2.1.3 实验装置

实验装置如图1所示。

2.1.4　实验步骤

(1) 从维C银翘片包装板（3×4片）上剪下两个泡状容器，将边缘修剪整齐，备用。

(2) 取一根粗铜丝（长约30 cm），从中间部位开始缠绕，将其缠成螺旋的蚊香状以便作为承托药品的托盘，铜丝另一端则固定在橡皮塞上使其能够直立。

(3) 将步骤（1）中做好的2个泡状容器固定在步骤（2）中做好的螺旋状托盘上，并分别向2个泡状容器中加入饱和的澄清石灰水和无水硫酸铜粉末。

(4) 将盛放药品的螺旋状托盘摆放到长度分别为9.5 cm、6.5 cm的2支蜡烛之间（蜡烛间距为3.5 cm），调整好三者之间的距离（如图1所示），点燃两支蜡烛，立即用干燥的800 mL烧杯倒立罩住，观察现象。

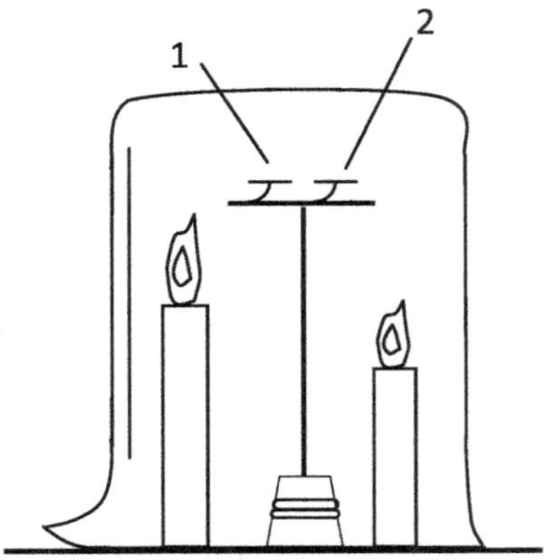

1.饱和澄清石灰水；2.无水硫酸铜

图1　产物检验实验装置

2.1.5　实验现象

2支蜡烛安静地燃烧，干燥的烧杯内壁逐渐变模糊。约7.3 s后，高处蜡烛火焰逐渐变小直至熄灭；再过19.4 s左右后，低处蜡烛火焰也逐渐变小直至熄灭。泡状容器内白色的无水硫酸铜粉末变成蓝色，饱和的澄清石灰水变浑浊。

2.1.6　实验结果与讨论

由上述实验现象可知，无水硫酸铜粉末变成蓝色晶体（$CuSO_4 \cdot 5H_2O$），表明蜡烛燃烧有水生成，进而说明蜡烛组成中含有氢元素；饱和的澄清石灰水变浑浊，说明蜡烛燃烧有二氧化碳生成，进而说明蜡烛组成中含有碳元素。由此得出，蜡烛的主要成分是由碳、氢两种元素组成。

本实验现象与人教版化学（九年级上册）教科书第六单元课题3“二氧化碳和一氧化碳”中二氧化碳性质实验之一——【实验6–4】中低处蜡烛火焰先灭的现象恰恰相反。学生知道，在教材上的实验中，低处蜡烛火焰先熄灭是由于二氧化碳不支持燃烧且二氧化碳因密度比空气大而沉降在烧杯底部造成的。那么，本实验中较高处蜡烛火焰先熄灭是否也与二氧化碳有关呢？为此，笔者进行了如下实验探究。

2.2 二氧化碳非常规灭火原因的实验探究

对于二氧化碳非常规灭火原因可通过两部分实验来进行探究。第一个实验是探究烧杯中的二氧化碳分布情况；第二个实验是探究二氧化碳这种分布的原因，再根据这两个实验的结果推断出二氧化碳非常规灭火的原因。

2.2.1 烧杯中二氧化碳分布情况的实验探究

（1）实验原理：

由于澄清石灰水中的氢氧化钙能与二氧化碳反应生成白色难溶的碳酸钙，所以可在烧杯内不同高度处安置盛有澄清石灰水的容器，通过观察澄清石灰水变浑浊的先后情况来推断烧杯中由上到下二氧化碳的分布情况。

$Ca(OH)_2 + CO_2 = CaCO_3\downarrow + H_2O$

（2）实验用品：

蜡烛2支（长度分别为9.5 cm和6.5 cm），饱和的澄清石灰水，火柴1盒，干燥的800 mL烧杯1个，胶头滴管1支，维C银翘片包装板（3×4片）1块，粗铜丝（长20 cm）1根，橡皮塞1个。

（3）实验装置：

实验装置如图2所示。

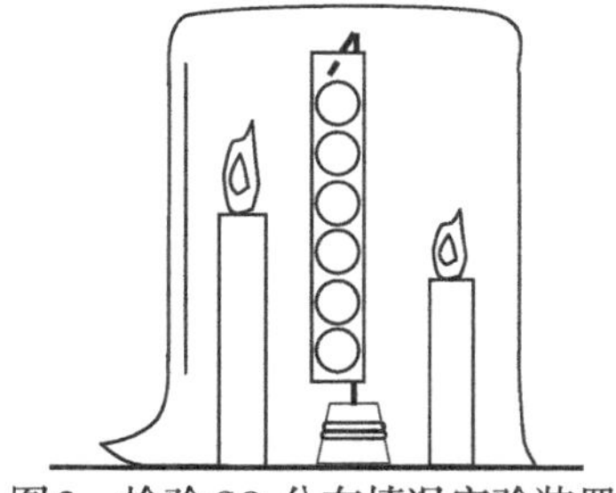

图2 检验CO_2分布情况实验装置

（4）实验步骤：

①从维C银翘片包装板(3×4片)上剪下2排含3个泡状容器的长条，用透明胶带将2排泡状容器连接在起，使其成为6个泡状容器在一排的长条，并在做好的长条的一端打一个小孔，备用。

②将粗铜丝的一端弯曲使其成为倒L形，再将另一端固定在橡皮塞上（如图2所示）。

③用胶头滴管吸取饱和的澄清石灰水，由上到下向每一个泡状容器内加入2~3滴澄清石灰水，并按从上到下的顺序将长条上的泡状容器依次编号为1、2、3、4、5、6。

④将2支蜡烛摆放在长条泡状容器两边，调整好三者之间的距离，点燃蜡烛，立即用干燥的800 mL烧杯倒立罩住，同时开始计时，分别记下长条上泡状容器内饱和的澄清石灰水变浑浊的时间。

（5）实验现象与数据：

本实验中可以观察到，烧杯中的蜡烛火焰仍然是高处先灭、低处后灭，并且长条上各泡状容器内的澄清石灰水从上到下依次先后变浑浊的时间（做3次实验，取其平均值）如表1所示。

表1　三次实验中泡状容器内澄清石灰水变浑浊的平均时间

编　号	1	2	3	4	5	6
3次实验平均时间 / s	3.3	3.3	4.9	6.6	11.1	15.8

（6）实验结果与讨论：

从表1中的平均值可以看出，除1、2号泡状容器内的饱和澄清石灰水同时变浑浊外，3、4、5、6号泡状容器内的澄清石灰水是从上到下依次先后变浑浊的，且变浑浊所需的时间逐渐增加。由此我们可以推断出，蜡烛燃烧产生的二氧化碳很快上升，首先集中在烧杯顶部，然后才逐渐向烧杯的中下部积累，且烧杯顶部的二氧化碳浓度最高，这就很好地解释了本实验中高处蜡烛火焰比低处蜡烛火焰先熄灭的原因。

由二氧化碳的性质可知，二氧化碳密度比空气密度大，在通常状况下，二氧化碳应沉积在容器的底部。那么，又是什么原因导致了本实验中二氧化碳在烧杯中的这种异常分布情况呢？对此，笔者又进行了如下实验探究。

2.2.2　导致二氧化碳异常分布原因的实验探究

（1）实验原理：

在一相对封闭的环境（倒立的烧杯内）下，根据气体的性质和生活常识可知，气体受热会导致其温度升高，体积增大，密度减小，进而快速上升。蜡烛燃烧是放热反应，生成二氧化碳的温度很高，故可以通过测量蜡烛燃烧时顶部二氧化碳的温度和底部空气的温度来探究本实验中二氧化碳异常分布的原因。

$$2C_{22}H_{46}(s) + 67O_2(g) \xrightarrow{点燃} 44CO_2(g) + 46H_2O(l) + Q$$

（2）实验用品：

蜡烛1支，饱和的澄清石灰水，火柴1盒，铁架台（附铁夹3个）1副，550 mL矿泉水塑料瓶1个，胶头滴管1个，酒精温度计（150 ℃）2支，维C银翘片包装板（3×4片）1块，粗铜丝（长15 cm）1根。

（3）实验装置：

实验装置如图3所示。

（4）实验步骤：

①将550 mL的矿泉水塑料瓶的上下端剪去，做成长约19 cm的长塑料筒。

②将剪好的长塑料筒大口朝上固定在铁架台上，并将2支酒精温度计分别挂在其顶部和底部（如图3所示），读出2支温度计的初始度数。

③将粗铜丝中间部位绕成环状，并从维C银翘片包装板上剪下1个泡状容器放在环上，然后将放置泡状容器的粗铜丝固定在长塑料筒的顶部，并向泡状容器中滴入3～5滴饱和的澄清石灰水。

④在长塑料筒的下面固定一支蜡烛，点燃蜡烛，每2分钟分别记录2支温度计的度数。

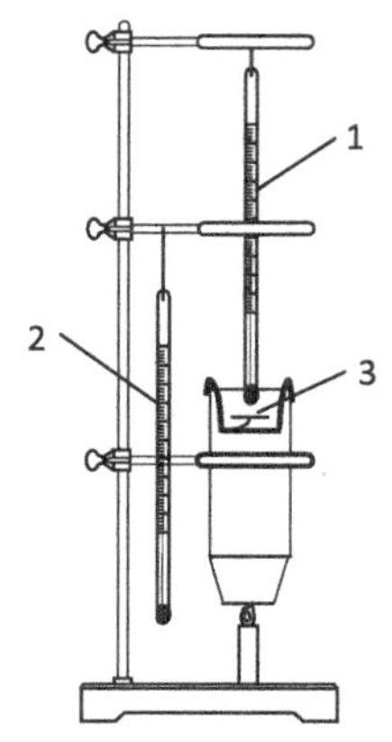

1. 温度计①；2. 温度计②；
3. 饱和的澄清石灰水
图3　实验装置

（5）实验现象与数据：

实验中，长塑料筒顶部泡状容器内的澄清石灰水变浑浊。长塑料筒顶部温度计的度数随时间增加而升高，底部温度计的度数始终不变（如表2所示）。

表2　两支温度计不同时间的度数（从蜡烛点燃时计时）

时间／min	气体温度／℃	
	温度计①	温度计②
0.0	16.0	16.0
2.0	54.5	17.0
4.0	69.5	17.0
6.0	80.0	17.0

（6）实验结果与讨论：

由实验中泡状容器内澄清石灰水变浑浊，可表明长塑料筒顶部有大量的二氧化碳分布。由表2中的数据则可看出，长塑料筒顶部的气体温度随蜡烛燃烧而逐渐上升，而其底部的空气温度则始终保持在17 ℃不变。由此可说明蜡烛燃烧产生的二氧化碳温度较高，密度减小，小于常温下的空气密度，因而快速上升到长塑料筒顶部，这就说明了实验2.2.1中二氧化碳在烧杯中异常分布的原因。

2.2.3　实验结论

由实验2.2.1和实验2.2.2可以得出二氧化碳非常规灭火的原因：在一个相对封闭的环境（倒立的烧杯内）下，由于蜡烛燃烧是放热反应，生成的二氧化碳的温度较高，以致其密度小于常温下的空气密度，因而二氧化碳能快速上升到烧杯顶部，并聚积在高处蜡烛火焰周围，出现二氧化碳的浓度上高下低的现象，导致高处蜡烛火焰先熄灭。随着低处蜡烛燃烧，生成的二氧化碳由烧杯顶部逐渐聚积到烧杯的中下部，并聚积在低处蜡烛火焰周围，导致低处蜡烛火焰后熄灭。

3 实验评价

本实验设计的成功之处在于可将蜡烛燃烧产物的检验、蜡烛火焰异常熄灭原因的假设和验证实验探究等内容综合在一个实验之中，从而大大简化了实验操作，实验现象明显、直观，易于观察，而且其中蕴含较多的化学知识和科学方法，具有较好的层次性、探究性、趣味性和启发性，能充分体现出新课程理念。

本实验用品较少，取材方便，十分安全，实验成功率达百分之百。在实际教学中，教师可在课前发动全体学生自带蜡烛、医用药片包装板、饮料瓶和粗铜丝等，让他们分组进行实验探究，这样能使全体学生充分参与到实验中并都拥有动手操作的机会。

4 对化学实验教学的思考

4.1 化学教学中应注重贴近学生生活实际

杜威经验主义教学论认为，思维起源于直接的情境，教学必须要有一个实际的经验情境作为思维的刺激物[5]。一个与学生生活实际接近、操作简单、现象明显的化学实验教学情境的创设，不仅具有较强的说服力，而且能让学生感到亲近、好奇、新鲜，使学生有更大的热情投入到化学学习中，并能积极主动地参与到化学实验教学活动中，从而有效地发挥学生的主观能动性。另外，化学教学在向学生传授化学基础知识和基本方法的同时，还应向学生传授与学生安全生活有关的基础知识和基本方法，这样的化学教育才是真正、全面的化学教育。例如，在本实验中，搞清楚蜡烛火焰异常熄灭的原因后，对学生安全生活应有这样的启迪：每栋大楼内部都是一个相对封闭的环境，当遇到一栋大楼下层失火时，在大楼上层的人千万不能从有烟雾的楼梯往外逃生。因为可燃物燃烧时产生大量炽热的二氧化碳、有毒气体和烟雾等物质会从相当于烟囱作用的楼梯快速上升，使楼梯上的人很快窒息而死。

正确的逃生方法是：被大火围困的人员应从无烟雾的安全地方逃出，或者在向消防队员求救的同时，关闭、堵塞有烟雾进来的门窗，用湿毛巾捂住口鼻呼吸，尽量赢得营救的时间。学生生活中还有许多与化学知识有关的不安全事例，例如，室内有泄漏的天然气或煤气时，为什么不能先打开室内电器开关或点燃火柴，而先要打开门窗和关闭气阀呢？这一事例可通过模拟实验来说明其中的原因，让学生明白这样处理的理由，使他们在以后遇到此类事例时知道如何正确处置，保护自己的生命。

4.2 要注重对化学实验探究方案的设计

教学既是一门科学又是一门艺术，而化学实验作为化学教学的内容和教学手段，可以毫不夸张地说，化学实验就是化学教学的灵魂。一个逻辑严密、环环相扣、层层推进、方法灵活、思路科学的化学实验探究方案的设计，对学生思维发展和问题成功解决有着潜移默化的影响。学生通过亲自进行缜密的实验方案设计和实验探究，既能体会到科学探究的过程和成功探究的乐趣，又能学到更多的化学知识和科学方法，进而提高了科学素养。

由上可见，化学教育教学工作者要为学生着想，脚踏实地，潜心研究教学，精心开发典型案例，用心教授化学，在向学生传授化学基础知识和基本方法的过程中，要对学生安全生活有所启迪。

参考文献

［1］人民教育出版社课程教材研究所化学课程教材研究开发中心．义务教育课程标准实验教科书：化学（九年级上册）［M］．北京：人民教育出版社，2001：8，113-114，125-126.

［2］李静芬．二氧化碳熄灭蜡烛火焰演示实验的改进［J］．化学教学，1997（12）：13.

［3］《科学大众》编辑部．蜡烛为什么会这样熄灭［J］．科学大众（中学版），2000（6）：37.

［4］吴国江．国内外蜡烛的发展状况［J］．化工科技市场，2002（7）：13-16.

［5］熊言林．化学实验研究与设计［M］．合肥：安徽人民出版社，2009：246.

氨的反复变色喷泉实验设计与教学思考*

熊言林　褚红军

摘　要：根据氨的一些性质，本文设计了氨的反复变色喷泉实验，并应用到化学教学论实验课上，获得了较好的教学效果。由此对化学教育产生了几点思考：（1）教师应利用化学实验创设生动活泼的教学情景；（2）教师应利用化学实验促进三重表征思维之间的联系；（3）教师应使化学实验教学功能最大化；（4）教师应有主动开发化学实验案例的意识；（5）教师应有亲自动手试做化学实验的行动。

关键词：氨　变色喷泉　实验设计　教学思考

在化学教学中能否通过实验形成喷泉？能否通过实验形成反复变色喷泉？如果能的话，它与城市广场喷泉的原理有何异同？它涉及哪些化学反应原理和知识？需要什么药品、仪器和实验装置？又涉及哪些实验操作？还能用哪些实验方法？怎样的实验设计既能传授化学知识又能启迪学生思维？为此，笔者对氨的反复变色喷泉实验进行了设计[1]，并应用到笔者所在学院的化学教学论实验课上，获得了较好的教学效果，由此产生了几点教学思考。

1　氨的制取和反复变色喷泉实验设计

1.1　实验目的

（1）理解氨的反复变色喷泉实验的原理，学会实验操作。

（2）探讨氨的反复变色喷泉实验的成败关键，训练实验设计能力。

（3）活跃思维，激发学习兴趣，体验实验成功的喜悦。

（4）研讨氨的制取和喷泉实验设计的教学方法。

* 本研究获得国家级实验教学示范中心建设单位（安徽师范大学化学实验教学中心）和安徽师范大学2008年度教学研究项目（xjjyxm200818）的基金资助。本文发表于《化学教育》2011年第5期。

1.2 实验原理

广场上喷泉的原理是将低处的水经过水泵加压并通过管道输送而形成的，不涉及化学变化，只有物理变化。本实验的原理是在连通装置内，利用氨极易溶于水（在常压下，293 K时，水可溶解氨的体积比为1∶700），使容器内的压强急剧减小，产生负压，导致外界大气压将低处不同的溶液压入到容器内而形成内喷泉；根据氨与酚酞溶液、硫酸铜溶液反应的有关性质，控制不同溶液先后喷入顺序和喷入量而形成反复变色的喷泉。本实验既涉及物理变化，也涉及一系列比较复杂的化学变化。所涉及的化学反应与反应物的量的比例大小、喷入快慢及先后顺序等因素有关，其反应方程式可能有：

（1）$NH_3+H_2O \rightleftharpoons NH_3\cdot H_2O \rightleftharpoons NH_4^++OH^-$　　使酚酞溶液变成红色

（2）$CuSO_4+2NH_3\cdot H_2O = (NH_4)_2SO_4+Cu(OH)_2\downarrow$　　浅蓝色絮状沉淀

（3）$Cu(OH)_2+4NH_3 = [Cu(NH_3)_4]^{2+}+2OH^-$　　深蓝色溶液

（4）$[Cu(NH_3)_4]^{2+}+Cu^{2+}+4H_2O = 2Cu(OH)_2\downarrow+4NH_4^+$　　浅蓝色絮状沉淀

（5）$CuSO_4+H_2O = Cu(OH)_2+H_2SO_4$　　浅蓝色浑浊液

氨是用氯化铵与氢氧化钙混合加热制取的，化学反应方程式如下：

$2NH_4Cl+Ca(OH)_2 = CaCl_2+2H_2O+2NH_3\uparrow$

1.3 实验用品

20 mm × 200 mm硬质试管1支，酒精灯1盏，铁架台（附铁夹和铁圈）1副，250 mL圆底烧瓶1个，300 mL矿泉水塑料瓶（或洗涤剂塑料瓶）2个，止水夹3个，Y形管1支，带单孔橡皮塞的尖嘴玻璃导管1支，带单孔橡皮塞的直导管3支，蒸发皿1个；氯化氨晶体，氢氧化钙粉末，2%$CuSO_4$溶液，1%酚酞溶液，红色石蕊试纸。

1.4 实验装置

实验装置如图1所示。

1.5 实验步骤

（1）组装氨的制取和反复变色喷泉的两实验装置，并检查两装置的气密性。将10～15滴1%酚酞溶液滴入矿泉水塑料瓶里，再加入约250 mL自来水，并振荡、混合均匀；再向另一矿泉水塑料瓶里加入约100 mL 2% $CuSO_4$溶液（有剩余）。

（2）分别取两药匙氢氧化钙粉末和两药匙氯化铵晶体，放入蒸发皿里，快速混合均匀，再用V形纸条将混合物送入干燥的硬质试管里，管口放入一脱脂棉球，塞紧单孔橡皮塞（氨的制取实验装置图略）。用酒精灯加热混合物，并用向下排气法收集一圆底烧瓶干燥的氨气（用润湿的红色石蕊试纸检验是否收满），然后塞紧带尖嘴玻璃导管的橡皮塞。

（3）按图1所示连接好圆底烧瓶和矿泉水塑料瓶。

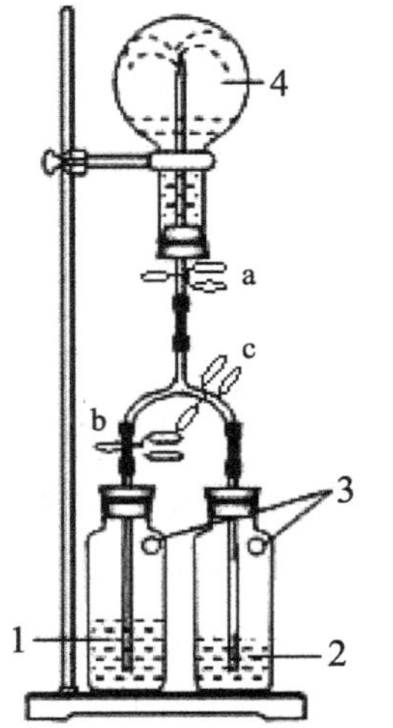

1. 酚酞溶液；2. 2% $CuSO_4$溶液；3. 小孔；4. 氨气；a、b、c为止水夹

图1　氨的反复变色喷泉实验装置

（4）实验开始时，打开止水夹a和b，用拇指堵住盛放酚酞溶液的矿泉水塑料瓶上部的小孔，并挤压出数滴酚酞溶液进入圆底烧瓶内，立即松开手，可见圆底烧瓶内产生红色喷泉。

（5）当圆底烧瓶内约有1/3体积的红色溶液时，关闭止水夹b，打开止水夹c，立即见到蓝色喷泉产生。圆底烧瓶内将会出现浅蓝色絮状沉淀并下沉，部分浅蓝色絮状沉淀又溶解为深蓝色溶液，部分深蓝色溶液又转化成浅蓝色絮状沉淀，还有部分深蓝色溶液又与红色溶液混合成紫色溶液等，现象如同“翻江倒海”，十分壮观。后来，圆底烧瓶内上部出现深蓝色溶液。

（6）当圆底烧瓶内有约1/2体积的混合液时，关闭止水夹c，再打开止水夹b，可见红色、无色喷泉又产生，直到圆底烧瓶内的溶液近满时，喷泉才停止（瓶内氨气基本反应完全）。静置，观察实验现象。

1.6　实验现象与解释

最后的实验现象是：圆底烧瓶内出现三层不同颜色的混合物，且密度从上到下依次增大。三种颜色能保持很长时间不褪色。圆底烧瓶的下层为浅蓝色絮状沉淀，说明介质呈中性或偏酸性，此层的$CuSO_4$溶液略有过量；中层为深蓝色澄清的溶液（溶液高度约1 cm），说明介质呈碱性，此层的氨略有过量；上层为红色澄清的溶液，说明介质呈碱性，此层溶液中溶有氨。

1.7　问题与研究

（1）实验装置气密性要好。特别是单孔橡皮塞要与圆底烧瓶口配套，能塞紧、不漏气。

（2）硬质试管、圆底烧瓶内部要干燥，收集的氨气应干燥而充满瓶中。

（3）尖嘴玻璃导管口径大小应适中，以直径约1 mm为宜，且要垂直，与圆底烧瓶底部相距1～2 cm，可使溶液喷到圆底烧瓶底部，而形成伞状的美丽喷泉。用烧红的粗铁丝在每个矿泉水塑料瓶上部打一口径适中的小孔，这样溶液就能自动喷上去。

（4）硫酸铜溶液的浓度不宜过大。否则，既浪费试剂又使烧瓶里的溶液颜色变化不易调控。控制溶液先后喷入顺序和喷入量，可产生不同颜色层次的喷泉现象。如先挤入少量的硫酸铜溶液时，将会先产生深蓝色喷泉。

（5）该实验涉及的化学反应较多，在教学中应有启发性分析讲解，引导学生思考，使学生能更好地理解不同实验现象产生的原理。另外，硫酸铜溶液与氨水反应生成碱式硫酸铜的化学式目前还有争议，为了简便起见，本文仍写为原来的化学式。

（6）查阅有关参考文献，可对各式各样的喷泉（内喷泉和外喷泉）实验装置进行归类，并比较它们的优点和不足之处。

1.8　实验优点

该实验将氨气极易溶于水、其水溶液呈碱性及与硫酸铜溶液反应的有关信息集中于一体，使实验内容得以拓展、容量大，实验设计新颖，现象变化鲜明，富有趣味性、启发性和发展性。当选用石蕊溶液和氢氧化钠稀溶液时，该实验装置还可用于其他气体（如HCl、H_2S、CO_2、SO_2等）发生反复变色的喷泉实验。

2　对化学实验教学的思考

化学实验是培养学生创新意识和实践能力的重要途径。化学教学中，可通过实验将一些相关的化学知识综合起来，启发学生思考和实践，从而提高学生的科学素养。

2.1 教师应利用化学实验创设生动活泼的教学情景

从化学史中可知，诸多的化学理论或结论都是在实验的基础上得出的。化学实验是化学教学的基础和精华，是学生学习化学中十分重要的实践活动。化学实验是设置、呈现学习情境的素材和方法。通过化学实验可以创设许多真实、生动、直观而又富于启发性的学习情境，使学生通过动手、动脑的有机结合获得全面的发展。因此，化学教师应不失时机地利用化学实验创设生动活泼的教学情境，引导学生积极、主动地学习化学。

2.2 教师应利用化学实验促进三重表征思维之间的联系

化学学习可分为三大领域，即宏观表征（可观察现象的宏观世界）、微观表征（分子、原子和离子等微粒构成的微观世界）和符号表征（化学式、方程式和符号构成的符号和数学世界）。化学实验能将物质或物质之间变化的色、形、态、热量等宏观现象展现出来，可以让学生联想其微观世界变化的相关原理和原因，并用化学式、方程式等符号表达。化学实验能够有效地促进化学学习三重表征思维之间的联系，有利于学生的化学学习。因此，在化学教学中，化学教师应利用化学实验将这三大领域有机结合起来，让学生在宏观与微观、宏观与符号、微观与符号、“名”与“实”以及“实”与“名”的结合中学习化学，解读化学。

2.3 教师应使化学实验教学功能最大化

启发学生智慧，培养学生创新能力，是素质教育的核心目标[2]。化学实验教学的功能是任何其他手段替代不了的，学生在实验中所经受的思维、操作、分析、观察、自学、合作能力的锻炼，实验中情绪、意志、毅力等品质以及问题意识、创新意识、安全意识、节约意识的形成只能通过实验来实现。化学教学中，实行实验室开放，给一些时间让学生进行实验探究，他们的收获绝对不止是结果，更重要的是过程和无形的能力提高，而这些也会迁移到他们以后的学习、工作中，并对其产生积极的影响。因此，化学教师应在基础教育新课改理念引领下，着力从“知识与技能”“过程与方法”“情感态度与价值观”三方面去考虑，设计好化学实验教学程序，并脚踏实地地去实施，使化学实验教学的功能能够最大化地发挥[3]。

2.4 教师应有主动开发化学实验案例的意识

化学教科书是学生学习化学的主要课程资源，但不是唯一的课程资源。随着化学实验教学改革的不断深入，化学实验教学资源已经远远超出“教科书+实验室”的传统模式，如何根据当地的具体情况，利用生活中的化学教学资源，充分发挥化学实验的教学功能，全面实现化学实验的教学价值已经成为落实化学教学改革新理念的关键之一。事实上，化学实验教学资源是非常丰富的，只要化学教师有主动开发化学实验案例的意识，就能不断地挖掘出贴近社会和学生生活实际的实验素材，合理地选取一些与日常生活紧密联系的实际内容设计成化学实验，将化学变化原理寓于生产和生活实际中。这样既有助于学生对重难点知识的理解，又可以使学生关心身边的化学，善于用化学的视角看待自然界中丰富多彩的现象，使学生感受化学在生活中的广泛应用[4]。

2.5 教师应有亲自动手试做化学实验的行动

“纸上得来终觉浅，绝知此事要躬行。”一切真知来源于实践。实验是化学学习中十分重要的实践活动。因此，化学教学中，与实验有联系的教学问题、能够用实验去探究的教学问题就不要纸上谈兵或凭空想象或脱离实际地争论，而应多让学生通过化学实验探究来说出有与无、对与错、好与差、行与不行等。这种教学理念完全符合当前我国基础教育新一轮课程改革的思路：倡导以“科学探究”为主的多样化学习方式。在让学生探究之前，化学教师对自己设计的或积累的化学实验案例应亲自动手试做一下，这样虽然教师辛苦点、累点，但教师既能完善其方案、掌握其操作关键，又能更有效地指导教学，还能得到意想不到的收获。例如，笔者在做重铬酸铵分解实验时，发现产生的气体能使酚酞溶液变成红色的异常现象，意外地发现了重铬酸铵分解实验中存在副反应，并研究了副反应的化学方程式[5]。实验中常有异常发生，而学生对此往往有强烈的探究欲望，教师只有做到心中有数，才能正确指导学生实验。由此可见，光设计化学实验方案或有化学实验案例还不行，教学之前教师还应该亲自动手试做这些案例，这是我们每一位化学教师都应该身体力行的[6]。

参考文献

[1] 熊言林. 化学教学论实验 [M]. 合肥：安徽大学出版社，2004：125-128.

[2] 熊言林. 钠跟水组合实验新设计 [J]. 化学教学，2003（7）：14.

[3] 熊言林，崔洪珊，周利军. 硫蒸气颜色的实验探究与思考 [J]. 化学教学，2007（1）：11-12.

[4] 李世凤，熊言林. 生活化系列化学实验设计与教学思考 [J]. 教学仪器与实验，2009（8）：16-18.

[5] 熊言林. 对重铬酸铵热分解产物的质疑 [J]. 化学教育，2005，26（2）：61.

[6] 熊言林. 化学实验研究与设计 [M]. 合肥：安徽人民出版社，2009：232-233.

蓝瓶子反复变色实验最佳反应条件的探究*

熊言林　王　闯

摘　要： 本文从亚甲蓝溶液的最佳溶剂选择、反应温度、氢氧化钠的最佳用量3个方面对新课标教科书中亚甲蓝与葡萄糖反复变色实验（又称蓝瓶子实验）的最佳反应条件进行了探究，经过多次试验，取得了较为理想的实验效果。

关键词： 亚甲蓝　葡萄糖　反复变色　最佳反应条件　实验探究

蓝瓶子反复变色实验是高中化学新课标教科书中一个十分有趣的实验，它蕴含着化学反应的影响因素和催化剂概念等有关化学知识。本实验可以激发学生学习化学的兴趣，使学生感受化学科学的魅力，进而学习有关化学知识。为使学生能全面理解并掌握这一重要化学反应现象，新课标教科书中设计了有关亚甲蓝与葡萄糖反复变色的学生实验。但若按新课标教科书中所提供的实验数据进行实验，由于确定了明确的反应条件，没有使学生了解控制化学反应条件的作用，而且实验所得到的数据太少，很难得到理想的实验探究效果。为获得理想的实验效果，笔者主要从亚甲蓝溶液的最佳溶剂选择、反应温度、氢氧化钠的最佳用量3个方面对该实验的最佳反应条件进行了探究。

1　实验目的

（1）理解蓝瓶子反复变色实验的原理及催化剂的概念。

（2）探究蓝瓶子反复变色实验的最佳反应条件，学习观察方法和对比实验法。

（3）了解控制化学反应条件的作用，并由此激发学习化学的兴趣，培养创新意识。

---

* 本文发表于《化学教育》2010年第10期。

2 实验原理

亚甲蓝是一种氧化还原指示剂，易溶于水，能溶于乙醇。在碱性条件下，盛放在锥形瓶中的蓝色的亚甲蓝溶液可以被葡萄糖还原成无色的亚甲白溶液。亚甲蓝与亚甲白的结构式[1]分别如下：

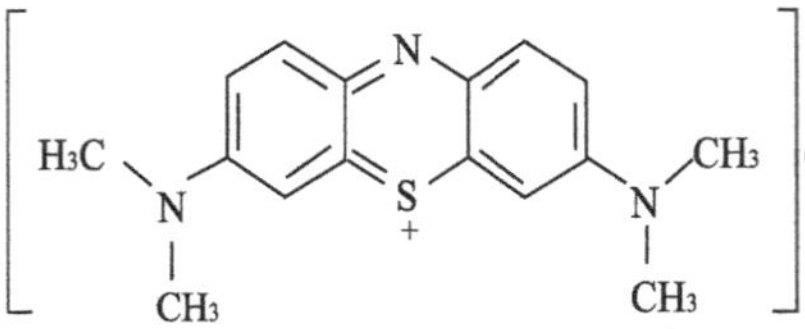

图1 亚甲蓝的结构式

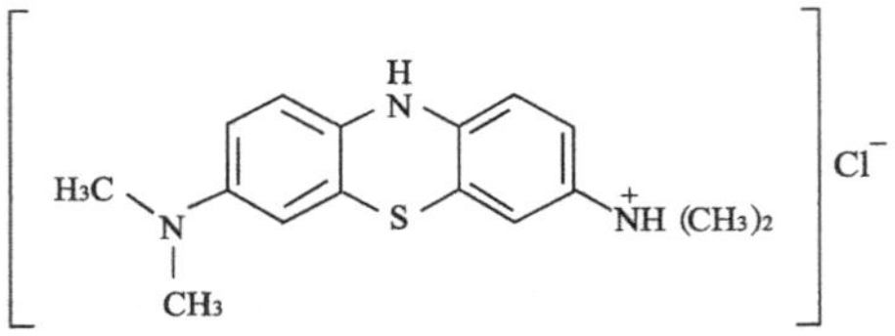

图2 亚甲白的结构式

振荡锥形瓶中的混合液，使其溶入空气或氧气后，亚甲白被氧气氧化成亚甲蓝，致使该混合液又呈现蓝色。若静置混合液，亚甲蓝又被葡萄糖还原成无色的亚甲白。如此反复振荡、静置锥形瓶，其混合液在蓝色与无色之间互变，故称为蓝瓶子实验。其变色原理[2]为：

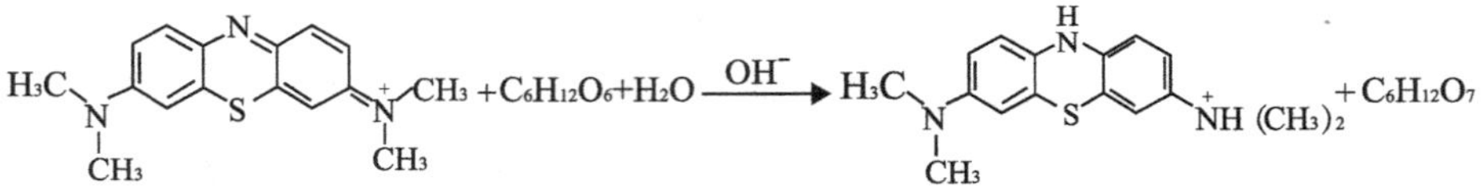

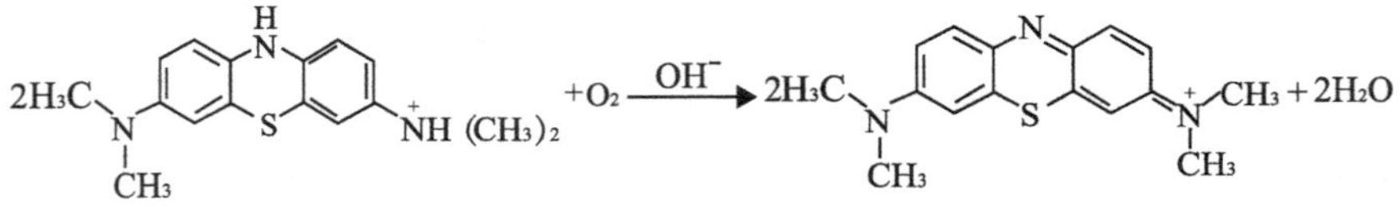

总的反应：$2C_6H_{12}O_6+O_2 \xrightarrow[OH^-]{} 2C_6H_{12}O_7$

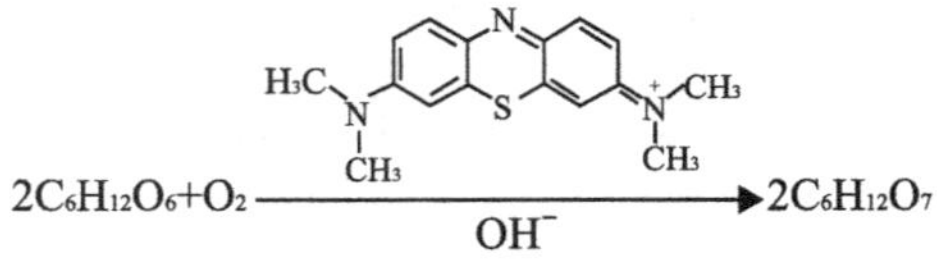

若如此反复振荡、静置混合液，其颜色将由蓝色到无色重复变化，这种现象称为亚甲蓝的化学振荡。由蓝色出现至变成无色所需要的时间称为振荡周期[3]，振荡周期的长短受反应条件如亚甲蓝溶液的最佳溶剂选择、反应温度、氢氧化钠的用量等因素的影响。其中，亚甲蓝在葡萄糖与氧气反应中起催化剂的作用。

3 实验用品

葡萄糖，氢氧化钠，亚甲蓝溶液（0.2%），蒸馏水；250 mL锥形瓶5个，

20 mm × 200 mm试管5支，温度计5支，单孔橡皮塞5个，500 mL烧杯，计时器，托盘天平，100 mL量筒，石棉网，酒精灯，三脚架。

4　实验装置

蓝瓶子反复变色实验装置如图3所示。

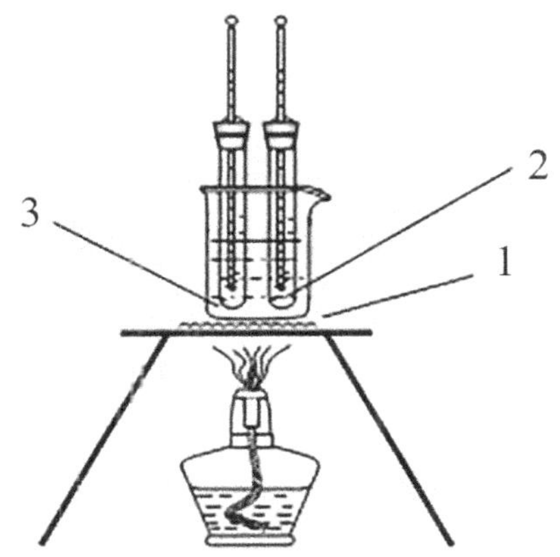

1.石棉网；2.葡萄糖与亚甲蓝混合溶液；3.水

图3　蓝瓶子反复变色实验装置

5　实验探究

5.1　探究不同溶剂的亚甲蓝溶液对蓝瓶子反复变色实验的影响

（1）配制不同溶剂的亚甲蓝溶液。在两个洁净的烧杯中分别加入100 mL蒸馏水和100 mL 95%的乙醇溶液，再向两个烧杯中加入0.2 g亚甲蓝，搅拌至完全溶解，分别转移到试剂瓶中，并编号为1、2号（其中，1号溶液的溶剂为蒸馏水，2号溶液的溶剂为乙醇）。

（2）在2个250 mL锥形瓶中，各依次加入2 g氢氧化钠、100 mL蒸馏水、3 g葡萄糖，待固体溶解后，再分别加入5滴已经配制好的1、2号亚甲蓝溶液，并振荡锥形瓶，静置，两混合液均由蓝色褪为无色。

（3）将上述2个锥形瓶中的混合液分别倒入试管Ⅰ和试管Ⅱ中，使混合液体积均为试管容积的1/3，分别塞上带有温度计的橡皮塞，并将2支试管置于20 ℃的水浴中，待试管内的混合液温度与水浴温度相等时，同时剧烈振荡试管Ⅰ、Ⅱ，观察试管的颜色变化；静置两试管，再观察两试管的颜色变化，并分别记录褪色时间（见表1所示）。

表1　探究不同溶剂的亚甲蓝溶液对蓝瓶子反复变色实验的影响（室温：20 ℃）

组别	实验现象	褪色时间
Ⅰ号试管	混合液的颜色由无色变为鲜艳的深蓝色，静置后又逐渐褪成无色	1'35"
Ⅱ号试管	混合液的颜色由无色变为浅蓝色(略呈现浑浊)，静置后又逐渐褪成无色	1'58"

实验现象和结果分析：用乙醇配制的亚甲蓝溶液呈浅蓝色且有点浑浊，而用蒸馏水配制的亚甲蓝溶液呈鲜艳的深蓝色。这是因为亚甲蓝在水和乙醇中的溶解度是不同的，所以颜色有所差别。由于水分子的极性大于乙醇，而亚甲蓝是一种盐酸盐，属于极性分子，按照相似相溶原理，亚甲蓝在蒸馏水中的溶解度更大些，故亚甲蓝在水中颜色更深。实验时，用蒸馏水配制的亚甲蓝溶液褪色比较明显，而用乙醇配制的亚甲蓝溶液，一开始时其溶液就呈现浅蓝色，褪色现象不太明显，不宜观察，且两者褪色时间相差不大。因此，在本实验中，配制亚甲蓝溶液的试剂用蒸馏水比用乙醇好，且颜色鲜艳，容易观察。

5.2　探究反应温度对蓝瓶子反复变色实验的影响

（1）在一个250 mL的锥形瓶中，依次加入2 g氢氧化钠、100 mL水、3 g葡萄糖，待固体溶解后，再滴加5滴0.2%的亚甲蓝溶液（溶剂为蒸馏水），并振荡锥形瓶，静置，混合液由蓝色褪为无色。

（2）将混合液分别倒入5支洁净的试管中，倒入的体积均为试管容积的1/3，然后塞上带有温度计的橡皮塞，将装有混合液的试管放入装有水的大烧杯中，进行水浴加热，水浴温度分别控制在15 ℃、20 ℃、25 ℃、30 ℃、35 ℃，待试管内的混合液温度达到规定温度时，取出、剧烈振荡试管，再放回试管，观察现象，记录褪色时间（见表2所示）。

表2　探究反应温度对蓝瓶子反复变色实验的影响

温度	15 ℃	20 ℃	25 ℃	30 ℃	35 ℃
褪色时间	3'33"	1'35"	0'48"	0'24"	0'15"

实验现象和结果分析：亚甲蓝溶液经剧烈振荡、静置后，混合液的颜色都由无色变为蓝色，然后褪为无色，但是褪色的时间各不相同。由表2可以

看出，在其他反应条件相同的情况下，随着反应温度的升高，反应速度越来越快，褪色时间越来越短。

5.3 探究氢氧化钠的用量对蓝瓶子反复变色实验的影响

（1）在5个洁净的250 mL锥形瓶中，各依次加入0.5 g、1.0g 、1.5 g、2.0 g、2.5 g氢氧化钠，再向每个锥形瓶中加入100 mL水、3 g葡萄糖，待固体溶解后，再向其中滴加5滴0.2%的亚甲蓝溶液（溶剂均为蒸馏水），并振荡锥形瓶，静置，混合液均由蓝色褪为无色。

（2）将上述5个锥形瓶中的混合液分别倒入5支试管，混合液的体积为试管容积的1/3，并分别塞上带有温度计的橡皮塞，把5支试管分别置于15 ℃的水浴中，待试管内的混合液温度达到15 ℃时，取出、剧烈振荡试管，再放回试管，观察现象，记录褪色时间；同理，然后分别做水浴温度为20 ℃、25 ℃、30 ℃的混合液褪色时间（见表3所示）。

表3 探究氢氧化钠的用量对蓝瓶子反复变色实验的影响

时间 / 温度 \ NaOH的用量	0.5 g	1.0 g	1.5 g	2.0 g	2.5 g
15 ℃	10'47"	4'53"	4'04"	3'33"	3'21"
20 ℃	5'21"	2'16"	1'47"	1'35"	1'27"
25 ℃	2'33"	1'05"	0'55"	0'48"	0'42"
30 ℃	0'44"	0'33"	0'28"	0'24"	0'22"

实验现象和结果分析：亚甲蓝溶液经剧烈振荡、静置后，混合液的颜色都由无色变为蓝色，然后褪为无色，但是褪色的时间各不相同。由表3可以看出，在其他反应条件相同的情况下，随着氢氧化钠用量的增加，反应速度越来越快，褪色时间越来越短。

6 实验结论与讨论

从表1、2、3中我们可以得出：

（1）亚甲蓝和葡萄糖混合液在碱性条件下经剧烈振荡、静置后均褪色，但褪色时间的长短受溶剂的不同、氢氧化钠的用量多少以及实验温度高低的影响。混合液褪色时间越短，反应越快。总体来说，混合液褪色时间与氢氧化钠的用量多少、实验温度的高低成反比。

（2）在本实验中，配制亚甲蓝溶液的试剂应用蒸馏水，但为了降低实验成本，也可用自来水配制所有溶液，而且不影响实验结果。本实验既可以作为教师的演示实验，也可作为学生的探究实验。从上表中可以看出，若室温在25 ℃左右，作为教师的演示实验，建议选择氢氧化钠的用量为2.5 g的反应条件，因为课堂教学时间紧，要求演示实验时间不宜过长；作为学生的探究实验，建议选择氢氧化钠的用量为1.0 g的反应条件，因为在此反应条件下，反应时间比较长，学生能更好地对实验进行控制、测量、思考与探究，而且实验安全，又降低了实验成本，从而达到理想的化学教学效果。若室温低于20 ℃，实验时应进行热水浴（温度为25 ℃）；若室温达到30 ℃左右，实验时应减少氢氧化钠的用量（为0.5 g）或进行冷水浴（温度为25 ℃），这样才能顺利进行教师演示实验和学生探究实验。

（3）本实验中看到的颜色变化是由于亚甲蓝发生可逆的氧化还原反应的缘故。在其他反应条件相同和有空气或氧气存在时，混合液褪色所需时间很大程度上取决于混合液被振荡的程度大小，因为振荡程度不同混合液中溶入的氧气的量是不同的。所以在本实验中，要控制混合液被振荡的时间和程度相同。值得注意的是，在本实验条件下，混合液最终呈现黄棕色，通入空气或振荡时，均不能使之恢复蓝色。这是由于葡萄糖在强碱条件下形成的双键在不同位置的烯醇式或碳键断裂分解为醛，醛经过聚合后生成树脂状的物质[4]。一旦混合液变为棕色，应倒掉，因为它不能再用于阐明其催化作用等。

（4）本实验用品较少，装置简单，操作简便，现象鲜明，安全可靠，成功率百分之百。本实验稍作改进，就更具有趣味性、启发性和探究性。例如，可改为[5]：① 将锥形瓶中蓝色的混合液倒入2支试管中，其中试管Ⅰ中倒满混合液，试管Ⅱ中倒入其体积1/3的混合液，并分别用橡皮塞塞紧，静置片刻，各仪器中的混合液呈现出______色。（问题1：混合液为什么会由蓝色变为无色呢？）② 同时振荡试管Ⅰ、Ⅱ，试管Ⅰ中的混合液仍呈现出______色，试管Ⅱ中的混合液呈现出______色。静置片刻，试管Ⅰ中的混合液仍呈现出______色，试管Ⅱ中的混合液由______色变成______色。若重复上述操作数次，其实验现象是________。（问题2：两支试管振荡数次后，其混合溶液为什么变色情况不一样呢？）③ 将试管Ⅰ中的混合液倒出2/3，塞上橡皮塞，与试管Ⅱ同时振荡，将会出现什么变化？（问题3：混合液为什么会出现这样的变化呢？问题4：与空气中哪种物质有关？怎样验证？）

由上可见，如果教师能巧妙地设计本实验，就能使它成为一个能够激发学生化学学习兴趣，启迪学生思维，培养学生问题意识与创新意识，以及开发学生主动学习潜能的好实验。

参考文献

［1］周公度. 化学辞典［M］. 北京：化学工业出版社，2006：345.

［2］曹金朋.MB-SiMo-OP光度法测定水中痕量活性二氧化硅的研究［J］. 北京化工大学学报（自然科学版），2005（6）：105-109.

［3］人民教育出版社化学室. 全日制普通高级中学教科书·实验化学（选修6）［M］.北京：人民教育出版社，2007：5-6.

［4］熊言林. 一个激趣启思的化学实验设计——亚甲基蓝反复变色的实验［J］. 化学教育，2005（2）：37-38.

［5］熊言林. 化学教学论实验［M］. 合肥：安徽大学出版社，2004：64-65.

不同纸质上的潜指纹碘熏实验探究*

熊言林　王　华

摘　要：本文利用含碘物质（单质碘、碘酒等）作为碘熏法中碘的来源，对不同纸质材料上的潜指纹进行检验的一系列实验探究，得到了潜指纹的检验效果与所选择含碘物质及其纸张类型匹配有关的结论。同时发现，生活中常见的纸里大多含有淀粉，且淀粉在水湿润的条件下，才能与碘结合而显现出特征的蓝色。

关键词：潜指纹　不同纸质材料　碘熏法　实验探究

以生活中常见的医用碘酒和不同纸质材料作为化学实验用品，开展潜指纹检验实验探究与比较，同时利用化学试剂单质碘进行潜指纹检验实验探究与比较，可丰富学生学习化学的内容，扩大学生知识视野，激发学生学习化学的兴趣。

1　实验目的

（1）了解碘熏法显现潜指纹的实验原理，掌握相关实验操作条件。

（2）了解纸质材料类型，知道哪些纸质材料含有淀粉。

（3）培养动手操作能力和创新意识。

（4）激发学习化学的兴趣，体验生活中处处有化学。

2　实验原理

碘熏法是指用碘蒸气熏有潜指纹的纸时，潜指纹会被显现出来的一种实验方法。通常是由于指纹的纹路中留有皮脂和汗液的混合物，而晶体碘是非极性的双原子分子，当其受热升华后，紫色的碘蒸气会因相似相溶性而溶解在指纹的纹路中，从而使指纹显现出来[1]。

---

* 本文发表于《化学教育》2010年第8期。

潜指纹的纹路中含有油脂，对碘具有粘附作用和吸收作用，其中不饱和脂肪酸等物质经碘化后会形成棕黄色含二碘的硬脂酸，其化学反应是[2]：

$$CH_3(CH_2)_7CH=CH(CH_2)_7COOH+I_2 \rightarrow CH_3(CH_2)_7CHICHI(CH_2)_7COOH$$

3 实验用品

碘酒，单质碘，蒸馏水，各种类型的纸张（练习本纸、普通信纸、杂志封面、书籍纸、A4拷贝纸、普通滤纸、过滤滤纸、面巾纸、包装盒纸等），100 mL烧杯，石棉网，三脚架，酒精灯，火柴。

4 探究步骤

4.1 纸张分类

在实验之前，可以让学生通过查阅资料对现有纸张分类：a.印刷用纸；b.工业用纸；c.生活用纸；d.包装用纸。然后把各种类型的纸张裁成100 mL烧杯口径大小的纸片，备用。

4.2 指纹纸片的制作

在每块纸片一面的中央周围部位均匀按上4个潜指纹印，并在纸张同一面的右下角写上纸张类型，以做标记，备用。

4.3 实验装置

碘熏法显现潜指纹实验装置如图1所示。

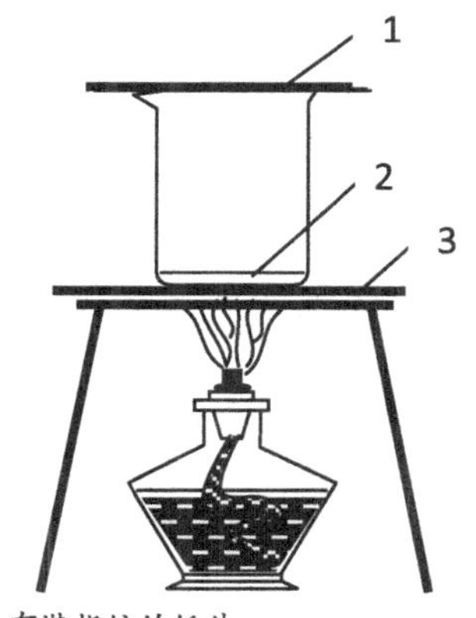

1.有潜指纹的纸片；
2.碘酒或碘单质或饱和的碘水；
3.石棉网

图1 碘熏法显现潜指纹实验装置

4.4 不同类型纸张显现潜指纹的效果

将100 mL烧杯放在有三脚架的石棉网上，向该烧杯中加入约0.5 mL的碘酒，然后纸片有潜指纹的一面（即做标记的那一面）朝下盖在烧杯口上，开始对烧杯加热。当有适量碘蒸气产生时停止加热，从石棉网上取下烧杯，冷却20～30 s，翻开实验纸张，观察实验现象，并记录。同理，分别做其他纸张的潜指纹检验实验（见表1所示）。

表1　不同类型纸张显现潜指纹的效果

编号	纸张类型		实验现象
1	印刷用纸	练习本纸（书写纸）	出现紫红色的蒸气，纸张背面和内面分别出现烧杯口径大小的淡黄色痕迹和蓝色痕迹，加热过程中，颜色加深，4个指印嵌在蓝色痕迹中，清晰可见，但纹路不是很清晰
2		普通信纸（书写纸）	出现紫红色的蒸气，纸张背面和内面分别出现烧杯口径大小的淡黄色痕迹和蓝色痕迹，加热过程中，颜色加深，4个指印嵌在蓝色痕迹中，清晰可见，但纹路不是很清晰，指纹周围呈棕黄色
3		杂志封面（胶版纸）	出现紫红色的蒸气，纸张内面出现烧杯口径大小的蓝色痕迹，加热过程中，颜色加深，4个指印嵌在蓝色痕迹中
4		书籍纸（新闻纸）	出现紫红色的蒸气，纸张背面和内面分别出现烧杯口径大小的淡黄色痕迹和蓝色痕迹，加热过程中，颜色加深，4个指印嵌在蓝色痕迹中，清晰可见，但纹路不是很清晰，指纹周围呈棕黄色
5		A4拷贝纸（拷贝纸）	出现紫红色的蒸气，纸张背面和内面分别出现烧杯口径大小的淡黄色痕迹和蓝色痕迹，加热过程中，颜色加深，4个指印嵌在蓝色痕迹中，清晰可见，但纹路很清晰，且指纹周围呈棕黄色
6	工业用纸	普通滤纸	出现紫红色的蒸气，有4个棕黄色的指纹印显现在滤纸中央，但纹路不是很清晰
7		过滤滤纸	出现紫红色的蒸气，有4个棕黄色的指纹印显现在滤纸中央，纹路很清晰
8	生活用纸	面巾纸	出现紫红色的蒸气，有4个棕黄色的指纹印显现在面纸中央，但纹路不是很清晰
9	包装用纸	包装盒纸	出现紫红色的蒸气，纸张内面出现烧杯口大小的蓝色痕迹，加热过程中，颜色加深，有4个模糊的黑色指印混在紫蓝色痕迹中

4.5　不同含碘物质显现潜指纹的效果

向100 mL烧杯中加入2～3粒碘单质或约1 mL饱和的碘水，然后把一张有潜指纹的A4拷贝纸片盖在烧杯上，开始对烧杯加热。当有少量碘蒸气产生时停止加热，从石棉网上取下烧杯，冷却20～30 s，翻开A4拷贝纸片，观察实验现象，并记录。同理，分别做过滤滤纸、包装盒纸、面巾纸和普通信纸的潜指纹检验实验（见表2所示）。

表2　不同含碘物质显现潜指纹的效果

编号	纸张类型	实验现象	
		碘单质	饱和的碘水
1	A4拷贝纸	出现紫红色的蒸气，纸张背面出现烧杯口径大小的黄色痕迹，4个指印和纹路均非常清晰，指纹呈棕黄色	出现紫红色的蒸气，纸张背面和内面分别出现烧杯口大小的黄色淡痕迹和蓝色痕迹，加热过程中，颜色均加深，指纹隐约嵌在蓝色痕迹中，不是很清晰
2	过滤滤纸	出现紫红色的蒸气，4个指印和纹路均非常清晰，指纹呈棕黄色	出现紫红色的蒸气，指纹隐约嵌在蓝色痕迹中，不是很清晰
3	包装盒纸	出现紫红色的蒸气，4个指印和纹路均非常清晰，指纹呈棕黄色	出现紫红色的蒸气，纸张内面有烧杯口径大小的蓝色痕迹，无指印痕迹
4	面巾纸	出现紫红色的蒸气，4个指印和纹路均非常清晰，指纹呈棕黄色	出现紫红色的蒸气，无指印痕迹
5	普通信纸	出现紫红色的蒸气，纸张背面出现烧杯口径大小的黄色痕迹，4个指印和纹路均非常清晰，指纹呈棕黄色	出现紫红色的蒸气，纸张背面和内面分别出现烧杯口大小的黄色淡痕迹和蓝色痕迹，加热过程中，颜色均加深，指纹隐约嵌在蓝色痕迹中，不是很清晰

4.6　检验与验证

4.6.1　检验纸张中是否含有淀粉

将各类型的纸张撕成碎片，浸泡在做好标记的烧杯中，30 min后，分别取浸泡液约5 mL，滴加1滴碘酒或碘水，观察实验现象，并记录（见表3所示）。

表3　检验纸张中是否含有淀粉

纸张类型	实验步骤	实验现象
练习本纸	从各类型纸张的浸泡液中各取5 mL，分别滴加1滴碘酒或碘水	振荡后，浸泡液变成紫蓝色，说明这些纸张中均有淀粉。
普通信纸		
杂志封面		
新闻纸		
A4拷贝纸		
普通滤纸		振荡后，浸泡液呈黄色，说明这些纸张中均无淀粉。
过滤滤纸		
面巾纸		

4.6.2　验证有水时淀粉遇碘变蓝

向100 mL烧杯中加入2～3粒碘单质，然后把已有潜指纹的湿的纸张覆盖在烧杯上，开始对烧杯加热。当有适量碘蒸气产生时停止加热，从石棉网上取下烧杯，冷却20～30 s，翻开湿的纸张，观察现象，并记录。同理，分别做其他纸张的潜指纹检验实验（见表4所示）。

表4　验证有水时淀粉遇碘变蓝

编号	纸张类型	实验现象
1	湿的A4拷贝纸	出现紫红色的蒸气，纸张内面立即出现烧杯口径大小的深蓝色痕迹，指印嵌在其中隐约可见，不是很清晰
2	湿的过滤滤纸	出现紫红色的蒸气，有淡黄色指印隐约可见，不是很清晰
3	湿的包装盒纸	出现紫红色的蒸气，纸张内面立即出现烧杯口径大小的深蓝色痕迹，无指印可见
4	湿的面巾纸	出现紫红色的蒸气，无指印可见

5　实验结论

根据实验结果可知，除滤纸、面巾纸外，大多数纸张里都含有淀粉，且淀粉在有适量的水分条件下遇碘变蓝色，否则淀粉不变蓝色。

碘熏法显现潜指纹实验，可用多种含碘物质作为实验试剂，如单质碘、碘酒、饱和的碘水等。但是，显现潜指纹的实验效果与所选择的含碘物质及其纸张类型匹配有关。如选用单质碘，可与大多数类型纸张匹配，而且要求纸张是干燥的；如选用碘酒、饱和碘水，则可与滤纸匹配，实验效果较好，因为碘酒、饱和碘水中含有水，而滤纸里不含淀粉，避免了蓝色的干扰。因为水能将淀粉润湿，使淀粉膨胀，并使淀粉分子链伸展、张开，这时淀粉能与碘分子形成包合物而呈现特征的蓝色[3]。另外，从实验结果得知，面巾纸在湿润时不能显现潜指纹，因为面巾纸里虽无淀粉，但面巾纸很松软，湿润时更松软，致使潜指纹消失。

6　问题与探究

（1）要使碘熏法显现潜指纹实验成功，关键是要指纹的纹路中有油脂，所以过于干燥的手指不易呈现指纹。为了使手指上有较多的油脂，在实验之前，可将手指在自己的脸上抹一抹，然后再按指纹，因为脸上分泌的油脂较多。

（2）碘酒即医用碘酒，其中含水约50%（体积比）。饱和的碘水最好是现用现配，配制方法：取少量单质碘于大试管中，加入30 mL左右的蒸馏水，充分溶解至饱和，塞上橡皮塞，备用。用时，可取上层澄清的液体。

（3）加热过程中，如有适量的紫红色碘蒸气出现，可熄灭酒精灯。此时，可以利用石棉网的余热继续实验，迅速拿走熏好的纸片，然后快速盖上另一张已有潜指纹的纸片，这样可充分利用含碘物质，以节约实验资源。

（4）在做完碘单质显现潜指纹的实验后，可以在已显出指纹的纸张上喷撒少量的水，这时可以发现，原本呈棕黄色的指纹处会变成大面积的蓝色，这不但能验证淀粉在有水时遇碘会变蓝，而且更能激发学生对化学奇妙处的惊叹。

（5）纸张有多种类型。印刷用纸包括铜版纸、新闻纸、轻涂纸、轻型纸、胶版纸、书写纸（如拷贝纸）等；包装用纸包括白板纸、白卡纸、牛卡纸、牛皮纸、瓦楞纸、箱板纸等；生活用纸包括卫生纸、面巾纸、餐巾纸等；工业用纸包括离型纸（防粘纸）、碳素纸、绝缘纸、滤纸等[4]。通过资料查询可知，为了增强纸张的光滑度，在纸张制作过程中可添加淀粉，而比较粗糙的纸张在制作过程中则不用添加淀粉。通过实验检验，也得出了同样的结果。

由上可见，化学与生活紧密相连，生活中有丰富的化学教学资源，广大化学教师需要不断地发掘生活中的教学资源，服务于化学教学，以扩大学生的知识视野，培养学生学习化学的兴趣，帮助学生养成良好的探究习惯。

参考文献

［1］刘丽，罗强，张丽梅. 一种改进的碘熏法——碘锌手印显现法［J］. 刑事技术，2008（4）：28-30.

［2］胡子威，沈阳，杨睿，等. 新法消退碘熏显手印中的杂景［J］. 湖北警官学院学报，2008（6）：108-110.

［3］熊言林. 化学实验研究与设计［M］. 合肥：安徽人民出版社，2009：228-233.

［4］冷寒冬. 国内纸张概况［J］. 印刷技术，2005（14）：117.

二氧化硫对不同花朵颜色影响的实验探究*

熊言林　余婵娟　王　华　曹光霞

摘　要： 二氧化硫作为主要的大气污染物之一，其对植物的伤害越来越受到人们的关注。那么，对于自然界中五颜六色的花朵，二氧化硫对其颜色又有什么样的影响呢？本实验探究试图说明这一问题，通过合理的实验设计和直观的实验现象，对学生进行环保教育，以实现新课标对学生的环保意识和科学素养进行培养的要求。

关键词： 二氧化硫　花朵　颜色影响　实验探究　教学思考

1　问题的提出

20世纪环境警示录记载：1930年12月1—15日的比利时马斯河谷事件、1948年10月26—31日的美国多诺拉烟雾事件、1952年12月5—8日的英国伦敦烟雾事件以及从1959年开始的由于石油冶炼产生的废弃物导致的日本四日市哮喘病事件，都是因为有害气体的长期排放导致的环境污染，而二氧化硫气体就是其中的主要元凶之一。二氧化硫作为一种主要的大气污染物，在工业生产上规定空气中最高允许排放量为0.02 mg/m^3，否则就会造成环境污染，危害人类健康[1]。二氧化硫不仅会以“酸雨”的形式对建筑物、森林、植被等产生损害，危害自然生态系统，还会直接破坏植物的叶肉组织，使叶片失绿，严重危害植物绿叶的生长发育，浓度高时甚至会使植物枯死。那么，二氧化硫对绿叶有如此严重的影响，它对五颜六色的花朵又有什么样的影响呢？为了使学生对二氧化硫给美丽的花朵带来的危害有一个直观而深刻的认识，使其认识到环境保护的重要性，从而对学生进行环保教育，使之树

* 2008年度安徽省教育科学规划课题(JG08019)；安徽省淮北市2008年度教育科学规划课题(HJG08008)；安徽师范大学2008年度教学研究项目(xjjyxm200818)。本文发表于《化学教育》2010年第6期。

立环保意识，我们通过合理的实验设计与实验验证，探究了大气中二氧化硫对花朵颜色的影响，从而说明大气中二氧化硫对花朵生长的影响。

2 提出假设

自然界中花朵的品种和颜色多种多样，同一类植物会开出不同颜色的花朵，不同的植物也会开出颜色相同或相近的花朵。经过分析，我们提出以下实验假设：相同外界条件下，不同浓度的SO_2可能对同一朵花的伤害程度不同；同一浓度的SO_2可能对颜色不同的同一类植物花朵伤害程度不同；同一浓度的SO_2可能对相同或相近颜色的不同类植物花朵伤害程度也不同。

3 实验设计

3.1 实验原理

根据强酸与亚硫酸钠反应可以制得较纯的二氧化硫气体的原理，本实验利用无水亚硫酸钠和过量的稀硫酸（质量分数为50%）反应来制备二氧化硫气体。反应的化学方程式为：

$$Na_2SO_3 + H_2SO_4(稀) = Na_2SO_4 + H_2O + SO_2\uparrow$$

二氧化硫具有漂白性，大气中的二氧化硫气体遇到湿润的有色花朵，会使花朵褪色，可以通过观察花朵颜色的变化和受伤害症状来研究其对花朵生长的影响程度。随着气体中二氧化硫浓度的不同以及花朵在含有二氧化硫的气体中时间的不同，花朵受伤害程度也不一样。

在本实验中，为了使实验现象更加明显，我们采集并选用了生活中常见的、易得的、颜色鲜艳的花朵，放在含有一定浓度二氧化硫气体的广口瓶中进行实验探究。

3.2 实验仪器及药品

250 mL干燥洁净的广口瓶7个（带橡皮塞），回形针若干，10 mL、100 mL的量筒各1个，电子天平，表面皿，烧杯，玻璃棒，秒表，剪刀；无水亚硫酸钠，80%的硫酸溶液，各种颜色鲜艳的花朵若干。

3.3 实验装置

二氧化硫对不同花朵颜色影响的实验探究装置如图1所示。

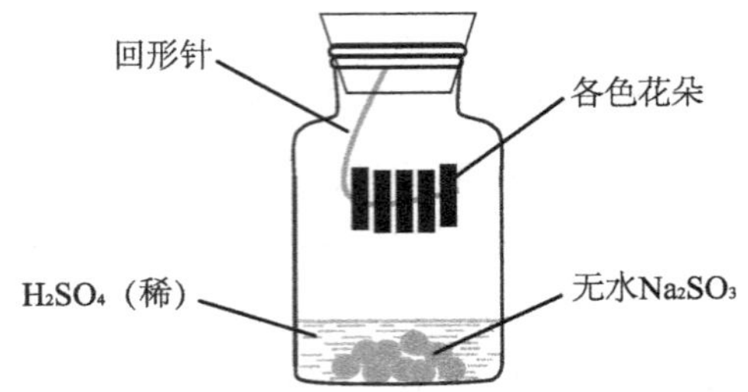

图1　二氧化硫对不同花朵颜色影响的实验探究装置

3.4 实验探究与验证

3.4.1 制作含不同浓度二氧化硫的气体

实验采用对比的方法，探究不同花朵在含不同浓度二氧化硫的气体中的受伤害情况。在实验之前，根据反应方程式$Na_2SO_3 + H_2SO_4$(稀)$=Na_2SO_4 + H_2O + SO_2\uparrow$，先计算出所需药品的理论用量（无水亚硫酸钠为理论用量，50%硫酸为过量，约3 mL）。另外，在本实验探究过程中，实验室提供的是80%的硫酸，要预先稀释并配制50%的稀硫酸溶液（29 ℃时，80%硫酸的密度约为1.72 g/cm^3，50%硫酸的密度约为1.39 g/cm^3）。

实验开始前，准备7个250 mL的广口瓶，配上合适的橡皮塞（要确保气密性良好）并测量出每个瓶的实际容积（约为265 mL）。根据广口瓶的实际容积，计算出室温下不同浓度二氧化硫的广口瓶中所需要的无水亚硫酸钠的用量（见表1），按二氧化硫浓度的大小给广口瓶编号，作为二氧化硫污染大气的实验容器。

表1　不同浓度二氧化硫的广口瓶中所需无水Na_2SO_3的质量

广口瓶的编号	1	2	3	4	5	6	对照瓶
广口瓶内气体中SO_2的浓度(g / L)	0.1	0.2	0.3	0.4	0.5	0.6	0
无水Na_2SO_3的质量(g)	0.05	0.10	0.16	0.21	0.26	0.31	0

3.4.2 系列实验探究

首先，分别称量不同质量的无水Na_2SO_3粉末，放置于已经编号的广口瓶中；然后将花朵剪成形状、大小相同的小花片，润湿，按相同的顺序穿在用回形针弯成的“小勾”上，并固定在橡皮塞上（为了便于观察，每个“小勾”穿5片花片，7个广口瓶中花片的顺序保持一致，如图1所示）；再向广口瓶中迅速加入3 mL稀硫酸溶液，立即塞上带有“小勾”和花片的橡皮塞，轻轻振荡，观察广口瓶中花朵颜色的变化情况，并记录（实验探究结果见表2）。

表2　不同浓度的二氧化硫对不同花朵颜色的影响（室温为29℃）

<table>
<tr><td colspan="2" rowspan="3">花朵
（颜色）</td><td colspan="6">广口瓶的编号与SO_2的浓度(g / L)</td><td rowspan="3">对照瓶</td></tr>
<tr><td>1</td><td>2</td><td>3</td><td>4</td><td>5</td><td>6</td></tr>
<tr><td>0.1</td><td>0.2</td><td>0.3</td><td>0.4</td><td>0.5</td><td>0.6</td></tr>
<tr><td rowspan="4">玫瑰花</td><td rowspan="2">大红</td><td>约2 min颜色开始变浅，约17 min稳定</td><td>约1 min颜色开始变浅，约14 min稳定</td><td>约51 s颜色开始变浅，约12 min稳定</td><td>约42 s颜色开始变浅，约10 min稳定</td><td>约31 s颜色开始变浅，约8 min稳定</td><td>加入硫酸振荡后颜色立即变浅，约7 min稳定</td><td rowspan="9">花朵颜色均无明显变化</td></tr>
<tr><td colspan="6">花片以颜色整体变浅形式呈现被伤害症状，经过桃红、粉红，最后变成非常浅的红色而稳定不变。实验结束时整个花片都枯萎</td></tr>
<tr><td rowspan="2">粉红</td><td>约1 min 30 s开始有白斑，约9 min稳定</td><td>约40 s开始有白斑，约7 min稳定</td><td>约35 s开始有白斑，约4 min 30 s稳定</td><td>约25 s开始有白斑，约3 min稳定</td><td>约18 s开始有白斑，约2 min稳定</td><td>加入硫酸振荡立即开始有白斑，小于1 min稳定</td></tr>
<tr><td colspan="6">花片以白斑的形式呈现被伤害症状，边缘处最先出现白斑，而后白斑逐渐增多，最后至整个花片变成白色稳定。实验结束时整个花片都枯萎</td></tr>
<tr><td rowspan="3">康乃馨</td><td>大红</td><td colspan="6">花片变色很慢，颜色整体变化，不出现白斑，最终变成白色。时长约要一个多小时，没有明显的时间区别。实验结束时整个花片都枯萎</td></tr>
<tr><td rowspan="2">粉红</td><td>约1 min开始有白斑，约47 min稳定</td><td>约50 s开始有白斑，约21 min稳定</td><td>约40 s开始有白斑，约12 min 30 s稳定</td><td>约30 s开始有白斑，约9 min稳定</td><td>约25 s开始有白斑，约8 min稳定</td><td>加入硫酸稍振荡立即开始有白斑，约7 min稳定</td></tr>
<tr><td colspan="6">花片以白斑的形式呈现被伤害症状，白斑不断增多直至花片全部变成白色。在二氧化硫浓度低时白斑增长的速度稍慢，历时较长。随着二氧化硫浓度的增大，速度越来越快。实验结束时整个花片都枯萎</td></tr>
<tr><td rowspan="2">非洲菊</td><td rowspan="2">大红</td><td>约2 min颜色开始变浅，约12 min稳定</td><td>约50 s颜色开始变浅，约6 min 30 s稳定</td><td>约40 s颜色开始变浅，约5 min 30 s稳定</td><td>约37 s颜色开始变浅，约5 min稳定</td><td>约14 s颜色开始变浅，约4 min 5 s稳定</td><td>加入硫酸振荡立即变淡，约2 min 50 s稳定</td></tr>
<tr><td colspan="6">花片以颜色整体变浅形式呈现被伤害症状，最后变成稳定的橙色。二氧化硫浓度较低时变色较慢，浓度增大，变色逐渐加快。实验结束时整个花片都枯萎</td></tr>
</table>

续表

<table>
<tr><td colspan="2" rowspan="3">花朵
(颜色)</td><td colspan="6">广口瓶的编号与SO_2的浓度(g / L)</td><td rowspan="3">对照瓶</td></tr>
<tr><td>1</td><td>2</td><td>3</td><td>4</td><td>5</td><td>6</td></tr>
<tr><td>0.1</td><td>0.2</td><td>0.3</td><td>0.4</td><td>0.5</td><td>0.6</td></tr>
<tr><td rowspan="2">非洲菊</td><td rowspan="2">粉红</td><td>约 1 min 26 s开始有白斑，约 10 min 稳定</td><td>约40 s开始有白斑，约5 min稳定</td><td>约 35 s 开始有白斑，约4 min稳定</td><td>约 25 s 开始有白斑，约2 min 50 s稳定</td><td>加入硫酸振荡立即出现白斑，约 2 min稳定</td><td>小于 1 min 大部分花片有白斑，小于 2 min 稳定</td><td rowspan="11">花朵颜色均无明显变化</td></tr>
<tr><td colspan="6">花片以白斑的形式呈现被伤害症状，白斑不断增多直至花片全部变成白色。即使在二氧化硫浓度很低的1号瓶中，花片的变色都很快。实验结束时整个花片都枯萎</td></tr>
<tr><td rowspan="5">百日草</td><td rowspan="2">紫红</td><td>约 1 min 43 s颜色开始变浅，约 9 min稳定</td><td>约50 s颜色开始变浅，约 3 min 47 s稳定</td><td>约 25 s 颜色开始变浅，约3 min 12 s稳定</td><td>约 12 s 颜色开始变浅，约3 min稳定</td><td>加入硫酸振荡立即变浅，约 2 min 30 s稳定</td><td>加入硫酸振荡后立即变浅，约2 min稳定</td></tr>
<tr><td colspan="6">花片以整体颜色变淡形式呈现被伤害症状，最后变成稳定的浅红色。实验结束时整个花片都枯萎</td></tr>
<tr><td rowspan="2">石榴红</td><td>56 s颜色开始变浅，约8 min稳定</td><td>约 38 s颜色开始变浅，约 6 min稳定</td><td>约 20 s 颜色开始变浅，约4 min稳定</td><td>加入硫酸振荡后立即变浅，约 3 min稳定</td><td>加入硫酸振荡后立即变浅，约 2.5 min稳定</td><td>加入硫酸振荡后立即变浅，约2 min稳定</td></tr>
<tr><td colspan="6">花片以整体颜色变淡形式呈现被伤害症状，最后变成稳定的橙色。实验结束时整个花片都枯萎</td></tr>
<tr><td>黄色</td><td colspan="6">颜色没有任何变化，花片整体缺水枯萎</td></tr>
<tr><td>牵牛花</td><td>淡紫色</td><td colspan="6">加入硫酸，稍加振荡后，立即就有大量的白斑出现，在很短的时间内花片就变为白色。实验结束时花片整体枯萎</td></tr>
<tr><td rowspan="2">茑萝</td><td rowspan="2">大红</td><td>约 1 min 开始有白斑，6 min稳定</td><td>约30 s开始有白斑，约5 min 40 s稳定</td><td>加入硫酸振荡立即有白斑，5 min 10 s稳定</td><td>加入硫酸振荡后立即有白斑，约 4 min 稳定</td><td>加入硫酸振荡后立即有白斑，3 min 40 s稳定</td><td>加入硫酸振荡后立即有白斑，3 min 18 s稳定</td></tr>
<tr><td colspan="6">花片以斑点的形式出现被伤害症状，斑点面积不断增多直至花片全部变成橙色。实验结束时整个花片都枯萎</td></tr>
<tr><td>丝瓜花</td><td>黄色</td><td colspan="6">颜色几乎没有变化，花片整体缺水枯萎</td></tr>
</table>

3.5 实验结论

通过含有不同浓度二氧化硫的瓶中气体对不同品种的花朵颜色影响的实验探究，可以得出以下结论：

（1）气体中二氧化硫浓度不同，花朵出现被伤害症状的时间不同，浓度越大，被伤害速度越快。

（2）不同颜色的植物花朵呈现出不同的被伤害症状。大红色花朵在含有二氧化硫的气体中整体颜色变浅，经过逐渐变浅的几个阶段，最后变成非常浅的淡红色或者白色；粉红色的花朵以白斑的形式呈现被伤害症状，白斑随着时间的增长而不断增多，最后至整个花朵呈白色。

（3）不同颜色的同类植物花朵在相同浓度的二氧化硫气体中，被伤害的症状和程度不同；相同颜色的不同植物花朵在相同浓度的二氧化硫气体中，被伤害的症状和程度基本相同，只是因花瓣本身的厚度不同而有些区别，出现伤害症状的时间略有差别。

（4）从表2可以看出，淡紫色的牵牛花受伤害症状最早出现，瞬间变成白色；红色花朵受伤害变色也很明显，随着红色深浅的不同最后变成橙色或者白色；黄色花朵基本保持原色，说明二氧化硫对花朵颜色的影响主要根据花色的不同而不同，对黄色花朵不敏感，对其他颜色花朵很敏感。

花的颜色通常是指花冠的颜色，花冠的颜色又是由花瓣细胞里的色素决定的。色素的种类很多，与花的颜色有关的色素主要是花青素和类胡萝卜素。花青素存在于细胞液中，含花青素的花瓣可呈现出红、蓝、紫等颜色。花青素在酸性溶液中呈现红色，在碱性溶液中呈现蓝色，在中性溶液中呈现紫色[2]。二氧化硫具有漂白性，当其与湿润的有色花片接触时，就会使有色花片（除黄色花片外）漂白而褪色，并随着时间的延长褪色逐渐严重；二氧化硫浓度越大，其漂白程度越明显。另外，花瓣细胞液里含有大量的水分，大气中的SO_2通过气孔进入花瓣细胞内部与其中的水分作用生成H_2SO_3，改变了花瓣细胞液的酸碱性，也可能致使花的颜色发生变化。

在花片变色稳定后，将褪色的花片放在酒精灯火焰上烘烤（但不能烤炭化了），花片很快就能恢复原色，二氧化硫对花朵伤害主要是因为其漂白性，从而说明二氧化硫对有色花朵的漂白过程具有可逆性。

4 实验评价与教学思考

本探究实验简单，所用到的仪器、药品少，花朵易得（可从花店收集掉落的五颜六色的花瓣，也可以从校园内或农村的田间地头上采集一些五颜六色的野花），操作简便，现象明显，具有启发教育作用。通过实验探究，让学生看到原本颜色鲜艳的美丽花朵在很短的时间内就失去了原本的颜色，变得枯萎，给学生很直观的感受，让他们对二氧化硫污染的严重性有了很直接的认识。

本实验是系列对比实验探究，涉及多种花朵，实验中花朵伤害症状出现时间相对较集中，需要学生分组、合作进行实验，才能够很好地完成探究，这符合新课程关于合作探究的理念。学生通过亲身参与，对比探究，不仅能训练其动手能力，培养其对实验现象的观察能力，更能通过直观的实验现象让其体验到二氧化硫对花朵的危害，进而培养学生的环保意识和科学素养，实现“三维”教学目标。

我们的世界，因为树木而有了绿色，因为花朵而多了五颜六色，要保护好我们的地球家园，就要从根本做起，从我们的教育做起。在日常教学中，要注意培养学生的环保意识，使学生从小树立环保观念，从而养成保护环境从自身做起的习惯。

参考文献

［1］钱海如.初中化学实验探究题的设计新视角［J］.化学教学，2008（9）：10–14.

［2］佚名.花有各种颜色的秘密［J］.河南农业，2002（10）：21.

用变色硅胶检验酸碱反应生成水的实验探究*

熊言林　倪放放　张　燕　徐泽忠　黄　萍

摘　要： 本文在分析用无水硫酸铜检验酸与碱反应生成水的实验中存在问题的基础上，提出了用变色硅胶检验酸与碱反应生成水这一更为合理的方法。经实验验证，发现变色硅胶检验酸与碱反应生成水的灵敏度要比无水硫酸铜强。另外，变色硅胶经回收处理后可重复使用。

关键词： 无水硫酸铜　变色硅胶　酸碱反应　水的检验

中和反应一般是酸、碱水溶液混合发生反应，但是否生成水不易检验。在化学教学中，学生往往对此反应结果缺乏直观的感性认识，为此有人提出用无水硫酸铜来检验酸与碱反应生成的水[1,2]。

实验方法：向一干燥试管中加入少量无水硫酸铜和少量干燥的固体氢氧化钠，白色的无水硫酸铜无颜色变化；再向另一干燥试管中加入少量无水硫酸铜和少量冰醋酸，同样，无水硫酸铜也不变色；最后将少量无水硫酸铜加入到混有少量干燥的固体氢氧化钠和少量冰醋酸的干燥试管中，白色的无水硫酸铜迅速变为蓝色，据此检验出水，从而证明酸与碱反应中有水生成。

此方法虽简单易行，但我们对此方法的结果有不同的看法。我们认为，上述实验中的无水硫酸铜变为蓝色，有可能是由于固体氢氧化钠和冰醋酸反应生成水，水在固体氢氧化钠表面形成氢氧化钠溶液，氢氧化钠溶液与无水硫酸铜反应，在无水硫酸铜表面生成蓝色的氢氧化铜，蓝色的氢氧化铜又与冰醋酸反应生成蓝色的醋酸铜等缘故，此方法涉及的化学反应较多。另外，使用过的硫酸铜很难重复利用。因此，用无水硫酸铜来检验酸与碱反应生成的水是不合适的。

鉴于此，我们通过反复实验，发现用变色硅胶来检验酸与碱反应生成的水的方法比较科学、合理，更加简单易行，并且实验现象明显，灵敏度高，

---

* 本文发表于《化学教育》2010年第3期。

变色硅胶颗粒经回收处理后还可重复使用。

1 实验原理

硅胶也称为氧化硅胶或硅酸凝胶，呈无色透明或乳白色颗粒。硅胶具有多孔结构，有较强的吸附性，吸湿量（吸水的质量占原硅胶质量的质量分数）能达到40%左右。变色硅胶外观为蓝色，根据颗粒形状可分为球形和块状两种，具有吸湿后自身颜色由蓝色变为红色的特性。本实验使用的变色硅胶为球形，是将硅酸凝胶用$CoCl_2$溶液浸泡，然后经干燥活化后制得的。当其吸水后，蓝色的$CoCl_2$转化为红色的$CoCl_2 \cdot 6H_2O$而使硅胶显红色。其实验原理为：

$$CH_3COOH+NaOH=\!=CH_3COONa+H_2O$$

$$CoCl_2(\text{蓝色})+6H_2O \rightleftharpoons CoCl_2 \cdot 6H_2O(\text{红色})$$

2 实验用品

氢氧化钠(s)，冰醋酸，变色硅胶(蓝色)，无水硫酸铜，自来水；试管(20 mm × 200 mm)10支，100 mL烧杯1个，电吹风1个，橡皮塞10个，等等。

3 实验过程与结果分析

实验时，室温为19.5 ℃，反应容器为20 mm × 200 mm试管（干燥的）。

3.1 观察固体氢氧化钠与变色硅胶混合后的颜色变化

操作与观察：向试管1中分别加入少量变色硅胶和少量干燥的固体氢氧化钠，迅速塞好橡皮塞，变色硅胶无颜色变化。

结果分析：说明混合物混合过程中无水产生。

3.2 观察冰醋酸与变色硅胶混合后的颜色变化

操作与观察：向试管2中分别加入少量变色硅胶和冰醋酸，迅速塞好橡皮塞，变色硅胶不变色。

结果分析：说明混合物混合过程中也无水产生。

3.3 观察冰醋酸与变色硅胶混合并加入极少量水后的颜色变化

操作与观察：再向试管2中加入1小滴自来水，迅速塞好橡皮塞并振荡，约2 s后，发现变色硅胶颗粒表面出现淡红色；约27 min后，变色硅胶颗粒完全呈红色。

结果分析：说明变色硅胶对水具有极强的敏感性。

3.4 观察冰醋酸与固体氢氧化钠混合后变色硅胶颜色变化

操作与观察1：分别向试管3、试管4、试管5、试管6中加入2 mL冰醋酸和3片氢氧化钠固体，再向试管3、试管4、试管5、试管6中分别加入1粒、2粒、3粒、4粒变色硅胶，迅速塞好橡皮塞，并充分振荡，观察并记录实验现象（见表1）。

表1 冰醋酸与固体氢氧化钠混合后不同用量的变色硅胶颜色变化情况

试管编号	3	4	5	6
冰醋酸(mL)	2	2	2	2
硅胶(粒)	1	2	3	4
氢氧化钠(片)	3	3	3	3
加塞振荡观察	2 s左右出现红色，44 min后完全变红	3 s左右出现红色，50 min后完全变红	3 s左右出现红色，56 min后完全变红	4 s左右出现红色，65 min后完全变红

结果分析：由试管1、试管2的混合物中变色硅胶无颜色变化可知，试管3、试管4、试管5、试管6中变色硅胶变为红色，是由于冰醋酸与氢氧化钠固体反应生成的水，使变色硅胶转化为红色硅胶的缘故，且硅胶用量越多，需水量越多，变色硅胶完全变成红色需要的时间则越长。

操作与观察2：分别向试管7、试管8、试管9、试管10中加入1 mL、2 mL、3 mL、4 mL冰醋酸和2片氢氧化钠固体，再分别向试管7、试管8、试管9、试管10中加入1粒变色硅胶，迅速塞好橡皮塞，并充分振荡，观察并记录实验现象（见表2）。

表2 固体氢氧化钠与不同用量的冰醋酸混合后变色硅胶颜色变化情况

试管编号	7	8	9	10
冰醋酸(mL)	1	2	3	4
硅胶(粒)	1	1	1	1
氢氧化钠(片)	2	2	2	2
加塞振荡观察	2 s左右出现红色，35 min后完全变红	1 s左右出现红色，32 min后完全变红	1 s左右出现红色，30 min后完全变红	2 s左右出现红色，29 min后完全变红

结果分析：由试管1、试管2的混合物中变色硅胶无颜色变化可知，试管7、试管8、试管9、试管10中的变色硅胶变为红色，是由于冰醋酸与氢氧化钠

固体反应生成的水，使变色硅胶转化为红色硅胶的缘故，且在其他条件相同时，冰醋酸用量越多，产生的水量越多，变色硅胶完全变红需要的时间则越短。

3.5 用无水硫酸铜与变色硅胶同时检验酸与碱反应生成水的对比实验

操作与观察：

（1）取一干燥的100 mL的烧杯，向烧杯中加入10 mL冰醋酸。

（2）再向烧杯中加入2片固体氢氧化钠，使其位置正好在烧杯底面直径的两端，并使其完全浸没在冰醋酸里，然后在其左边的位置加入一粒变色硅胶，同时在其右边的位置加入一粒相当于变色硅胶体积大小的无水硫酸铜颗粒。观察并记录实验现象（见表3）。

表3　用变色硅胶和无水硫酸铜同时检验酸与碱反应生成水的情况

试剂	起始变色时间	完全变色时间
变色硅胶	立即出现红色(0.5 s左右)	37 min完全变红
无水硫酸铜	1 s出现蓝色	15 min完全变蓝

结果分析：相同实验条件下，用变色硅胶和无水硫酸铜同时检验酸与碱反应生成水的时候，我们可以发现变色硅胶的反应灵敏度要比无水硫酸铜强。但无水硫酸铜完全变色时间要比变色硅胶完全变色时间短，这是由于无水硫酸铜颗粒很疏松、间隙大，其内部的无水硫酸铜很容易与水结合的缘故。

4　实验结论

实验表明，变色硅胶完全可以检验出酸与碱反应生成的水。针对不同用量的酸与碱反应，变色硅胶均有可靠的检验效果，具有较好的灵敏度和宽容度，现象明显，完全符合检验试剂的要求。应用本实验方法，能较好地说明酸碱中和反应有水生成。本实验方法操作科学简便，检验时间短，涉及反应少，药品用量少，且使用过的硅胶经洗涤、干燥后可重复使用，节约药品。

参考文献

[1] 孙旭，黄新阶. 中学化学实验设计与改进的研究 [J]. 化学教育，2007（12）：47.

[2] 田宗学. 对无水硫酸铜鉴别法的质疑 [J]. 教学仪器与实验，2006（12）：32.

化学实验中3种力的大小关系比较实验探究*

孙劲松　熊言林

摘　要：通过巧妙的化学实验设计，探究碘水与淀粉溶液、碘化钾溶液和四氯化碳液体相互之间的作用，可直观地比较包合力、络合力与范德华力这3种力之间的大小关系，让学生对它们有更加深刻的认识，并由此得出对化学教学的几点启示。

关键词：化学实验　包合力　范德华力　络合力　启示

1　问题的提出

化学实验中，由于物质之间相互作用可产生相应的力，如包合力、络合力、范德华力等。这3种力的大小关系如何，能否通过简单的化学实验，让学生能够直观地比较这3种力的大小关系，从而对它们有更加深刻的认识？为此，本文通过对碘水与淀粉溶液、碘化钾溶液和四氯化碳液体的相互作用的实验探究，试图比较3种力的大小关系。

2　实验探究

2.1　实验原理

2.1.1　包合力

一种分子被包在大分子的空腔中形成了化合物[1]，它们之间的作用力可称为包合力。碘与淀粉混合，碘单质被大分子的淀粉所包合，存在包合力，而形成包合物，使得混合液呈蓝色。

2.1.2　络合力

由中心原子（或离子）和几个配体分子（或离子）以配位键相结合而形

---

* 本文发表于《安庆师范学院学报（自然科学版）》2010年第2期。

成的复杂分子或离子，通常称为配位单元。凡是含有配位单元的化合物都称为配位化合物（Coordination Compound），简称配合物，也叫络合物（Complex）[1]。在络合物中，中心原子（或离子）和配体分子（或离子）之间存在的力可称为络合力。

碘与碘化钾溶液混合，发生如下反应[2]：

$$I_2+I^-=I_3^-$$

I_2与I^-之间的作用力是络合力，在络合力作用下它们形成络合物，使混合液呈黄色。

2.1.3　范德华力

分子之间存在吸引或排斥的作用力[1]，称为范德华力。四氯化碳液体与碘水溶液混合，由于范德华力的作用，碘水中的碘单质溶于四氯化碳液体中，使得四氯化碳层呈红色。

2.2　实验用品

碘水溶液（0.25%），淀粉溶液（0.25%），四氯化碳液体，碘化钾溶液（2.0%）；试管，小烧杯。

2.3　实验步骤

实验1　比较包合力与范德华力的大小

（1）取2 mL 0.25%的碘水溶液加入到试管中，再向试管中加入2 mL 0.25%的淀粉溶液，充分振荡后，静置，观察混合液颜色。

（2）在（1）中的混合液中加入2 mL四氯化碳液体，充分振荡后，静置，观察混合液颜色的变化。

实验2　比较络合力与包合力的大小

（1）取2 mL 0.25%的碘水溶液加入试管中，再向试管中加入2 mL 2.0%的碘化钾溶液，充分振荡后，静置，观察混合液颜色。

（2）在（1）中的混合液中加入2 mL 0.25%的淀粉溶液，充分振荡后，静置，观察混合液颜色的变化。

实验3　比较络合力与范德华力的大小

（1）取2 mL 0.25%的碘水溶液加入到试管中，再向试管中加入2 mL 2.0%的碘化钾溶液，充分振荡后，静置，观察混合液颜色。

（2）在（1）中的混合液中加入2 mL四氯化碳液体，充分振荡后，静置，观察混合液颜色的变化。

实验现象及推论见表1所示。

表1　实验现象及推论

序号	实验操作1	实验现象1	实验操作2	实验现象2	推论
实验1	碘水和淀粉液混合	混合液呈蓝色	加入四氯化碳液体，振荡、静置	混合液分层，上层蓝色，下层无色透明	包合力大于范德华力
实验2	碘水和碘化钾溶液混合	混合液呈黄色	加入淀粉液，振荡、静置	混合液呈蓝色	包合力大于络合力
实验3	碘水和碘化钾溶液混合	混合液呈黄色	加入四氯化碳液体，振荡、静置	混合液分层，上层淡黄色，下层浅红色	范德华力大于络合力

2.4　实验现象与推论

2.4.1　对实验1现象的解释

在实验现象1中，碘与淀粉之间通过包合力形成包合物，使得混合液颜色呈蓝色。在实验现象2中，上层出现蓝色说明是碘水和淀粉液的混合物，下层无色透明是四氯化碳液体。因为四氯化碳液体和水溶液不能互溶，所以出现分层的现象，密度大的四氯化碳液体会沉在底层。由实验1的现象可以得出：四氯化碳与碘单质形成的分子间作用力（即范德华力）小于碘与淀粉所形成的包合力。

2.4.2　对实验2现象的解释

在实验现象1中，碘和碘化钾形成含I_3^-络合物，使混合液呈黄色，它们之间的作用力是络合力。在实验现象2中，混合液变为蓝色，说明淀粉破坏了碘与碘化钾形成的络合力，淀粉与碘结合形成了包合物。由实验2现象可以得出：淀粉与碘结合的包合力大于碘与碘化钾形成的络合力。

2.4.3　对实验3现象的解释

在实验现象1中，碘和碘化钾形成含I_3^-络合物，混合液呈黄色，它们之间的作用力是络合力。在实验现象2中，下层即四氯化碳层变成浅红色，说明四氯化碳液体破坏了碘与碘化钾形成的络合力，并与碘结合形成范德华力。由实验3现象可以得出：四氯化碳与碘结合形成的范德华力大于碘与碘化钾结合形成的络合力。

2.5 实验结论

根据实验1得出：在本实验条件下，碘与淀粉的结合能力强于四氯化碳与碘的结合能力，由此推出包合力大于范德华力。

根据实验2得出：在本实验条件下，淀粉与碘的结合能力强于碘与碘化钾的结合能力，由此推出包合力大于络合力。

根据实验3得出：在本实验条件下，四氯化碳与碘的结合能力强于碘化钾与碘的结合能力，由此推出范德华力大于络合力。

由以上3个实验得出：在本实验条件下，包合力>范德华力>络合力。

2.6 实验讨论

在实验3中，加入四氯化碳液体下层呈浅红色，说明四氯化碳液体夺取了碘和碘化钾形成的络合物中的碘单质，进一步说明了范德华力大于络合力。照此推断上层液应该是无色的碘化钾溶液，那么为什么上层液会是淡黄色？上层液中含有哪些物质？由此我们设计了实验4，作进一步探讨。

实验4　对实验3中上层液中淡黄色物质的进一步探讨

（1）取2 mL 0.25%的碘水溶液加入试管中，再向试管中加入2 mL 2.0%的碘化钾溶液，充分振荡后，静置，观察溶液颜色。

（2）在（1）的混合液中加入6 mL四氯化碳液体（过量），充分振荡后，静置，观察混合液颜色的变化。

（3）用吸管取（2）的上层混合液并加入试管中，再加入2 mL 0.25%的淀粉溶液，充分振荡后，静置，观察混合液颜色的变化。

实验现象见表2。

表2　实验现象

序号	实验操作1	实验现象1	实验操作2	实验现象2	实验操作3	实验现象3
实验4	碘水和碘化钾溶液混合	溶液呈黄色	加入过量的四氯化碳液体，振荡、静置	溶液分层，上层淡黄色，下层浅红色	取上层液并滴加淀粉液，振荡、静置	溶液变蓝

（4）对实验4现象的解释：

由实验现象2推出四氯化碳夺取了碘和碘化钾形成的络合物中的碘单质，由此说明四氯化碳与碘的结合能力强于碘与碘化钾的结合能力。

实验操作3中取上层液并加入淀粉溶液，溶液呈蓝色，说明在上层液中有碘单质存在。在实验操作2中四氯化碳并没有完全溶解掉碘与碘化钾形成的络合物离解出的碘单质，有部分碘单质继续留在上层的碘化钾溶液里。由此可以推测：范德华力略大于络合力。

3 对化学教学的几点启示

3.1 梳理化学知识，使学生发现化学知识的规律性

化学学科知识比较繁多，学生在掌握时颇为困难。如化学中各种气体的制取装置和收集装置的介绍，在实际教学中，教师对各种气体的介绍是独立进行的，学生掌握起来比较困难、容易混淆。如果教师在教学中能够把多个气体的制取和收集装置进行比较，学生就可以把握其规律性，更容易理解、掌握这部分知识。类似情况还有很多，化学教师应多花工夫梳理各部分知识，尽量把看似独立的知识点串联起来，使学生学习时能够感受到化学知识的规律性。

3.2 探究化学实验，使学生体验化学知识的趣味性

化学是一门以实验为基础的科学，化学实验是化学教学的基础和精华，是学生学习生活中十分重要的实践活动[3]。同时，化学实验现象中所体现的趣味性可以更好地调动学生学习化学的积极性。如在做氨的喷泉实验中，当观察到多彩的喷泉形成时，学生会对喷泉现象的产生原因有极大的兴趣。因此，多探究化学实验，通过这种有趣味性的实验现象，从而调动学生学习化学的积极性。

3.3 挖掘实验现象，使学生感知化学知识的直观性

在化学实验中，我们是通过实验的宏观现象来认识微观变化中的化学知识。教师应挖掘实验的本质，并与教学内容进行有机组合，更好地让学生感知化学知识的直观性。如在比较苯、水与四氯化碳液体密度大小的实验中，依次把四氯化碳液体、水与苯加入到小试管中，让学生仔细观察，学生可以惊奇地发现液体分为三层，该实验现象直观地反映出三者的密度大小。像这样的教学方法，学生能更容易、更直观地理解和掌握化学知识。

参考文献

[1] 周公度. 化学词典 [M]. 北京：化学工业出版社，2004：21，523，189.

[2] 魏永巨，刘翠格，默丽萍. 碘、碘离子和碘三离子的紫外吸收光谱 [J]. 光谱学与光谱分析，2005（1）：86–88.

[3] 熊言林. 化学教学论实验 [M]. 合肥：安徽大学出版社，2004：40–43.

试论化学实验设计的评价
——以两个“二氧化硫性质实验设计”为例*

熊言林　田　玮

摘　要：随着中学化学新课改的不断深入，越来越多的化学教师开始自主设计和改进化学实验，以提高化学教学质量。可见，化学实验设计很重要，但对化学实验设计进行评价也同样重要。何谓化学实验设计评价？评价需要遵循什么样的原则？评价的内容又是什么？本文以两个二氧化硫实验设计为例，对化学实验设计评价进行探讨。

关键词：化学实验设计　评价原则　评价内容

化学是一门以实验为基础的自然学科。化学实验在化学教学中占有很大的比例，它一方面有助于学生更好地理解化学理论知识内容，另一方面可以培养学生的化学实验能力，同时也是培养和造就高素质化学人才不可缺少的一个极其重要的环节。随着新课改的不断深入，为了适应新课改的理念，一些化学教师开始根据化学教学内容的特点和教学过程的需要，完善教科书中原有的化学实验、设计新的化学实验，旨在发挥化学实验丰富的素质教育功能，努力提高化学教学质量。设计的化学实验能否达到化学教学的目的和要求，是否体现绿色化学的理念，这就需要对化学实验设计进行评价。可见，设计化学实验是一个化学教师必须具备的一种教研能力，同样，评价化学实验设计也是一个化学教师必备的教研能力。

1　化学实验设计评价

化学实验设计是化学实验准备阶段中一项十分重要的工作。所谓化学实验设计，是指实验者在实施化学实验之前，根据一定的化学实验目的和要求，运用有关的化学知识和技能，按照一定的实验方法对实验的原理、仪器、装置和步骤等进行合理安排与规划。可见，化学实验设计的成果，

* 本文发表于《淮南师范学院学报》2009年第5期。

就是化学实验方案。化学实验设计的过程，见图1所示。要进行化学实验设计，实验者不仅需要有较为扎实的化学知识与技能，而且还必须掌握科学方法[1]。

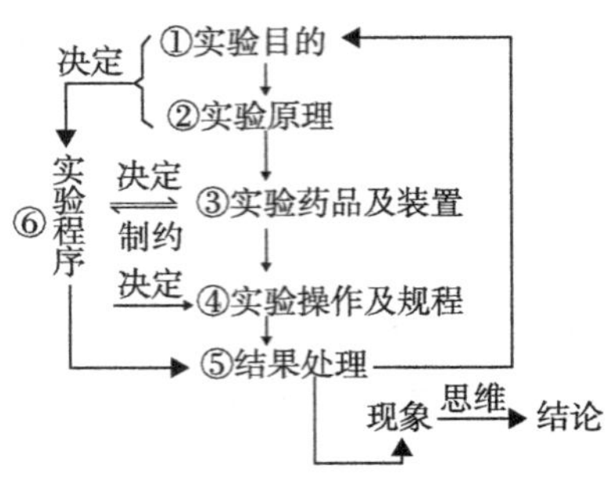

图1　化学实验设计过程

一般来说，对于每一个化学实验，都可以设计出不同的实验方案。如何在众多的实验方案中进行选择，这就需要作出评价。化学实验设计评价就是根据实验目的和要求，对现有的多种实验设计进行科学论证和对比评判，选出最佳设计，并且加以必要的改进[2]。实际上，化学实验设计评价就是对化学实验方案的优劣进行评判，吸收优秀实验设计的精华，改进设计不足的思维过程。

2　化学实验设计评价的意义

实验是化学学科赖以形成和发展的基础，是教师向学生传授知识的重要中介。化学实验设计的优劣直接决定着化学实验的成败，同时也反映了实验设计者的实验教学能力水平。因此，在化学教学中，开展对化学实验设计的评价，具有十分重要的意义。

2.1　便于交流推广

化学实验设计评价有利于交流化学实验教学现状，推广优秀的创意实验，更好地发挥化学实验对化学教学的多种服务功能。

2.2　提高专业水平

化学实验设计评价有利于教师从他人的创意中学到优化和设计实验的方法，以提高自身的教学素质。

2.3 激发教学激情

化学实验设计评价有利于提高教师设计化学实验的积极性。当教师创造性劳动的成果获得恰当而又公正的评价时，其设计实验的激情也会被点燃。

2.4 培养学生能力

化学实验设计评价有利于逐渐提高学生分析问题和解决问题的能力。随着教师化学实验设计在课堂教学中的广泛运用，教师的创新精神和创新能力会潜移默化地感染学生，使学生形成敢于创新和富于思考的科学素养。

在教学中，化学实验设计还直接关系到实验效率的高低，乃至实验的成败。科学、合理、周密、巧妙的实验设计，往往能产生化学科学的重大发现[3]。

3 化学实验设计评价的原则

明确化学实验设计原则是进行化学实验设计的前提。对化学实验设计进行评价，同样必须要遵循一定的原则。对化学实验设计进行评价的原则很多，一般包括科学性、安全性、简约性、创新性和绿色化等。

3.1 科学性原则

科学性原则是化学实验设计的核心原则。化学实验设计的科学性是指实验设计要以科学思想为指导，以事实为依据。以一定的事实为依据，使设计具有实践基础。巴甫洛夫曾说过，事实是“科学家的空气”，没有事实的理论是虚构的。科学研究就是要研究事实，研究客观实际存在的现象。以科学思想为指导，使实验设计具有理论基础。化学实验设计不能和已经过实践检验的科学原理相违背，只有这样，才能保证其科学性。

3.2 安全性原则

在设计实验时，应充分考虑到化学实验装置和实验操作的安全问题。一旦发生意外不仅会给学生及教师的身体造成伤害，更会在学生心里留下难以磨灭的阴影，学生很可能以后惧怕做化学实验甚至对化学产生恐慌心理，进而对学习化学失去兴趣。因此，在设计实验时要对实验的安全性给予足够的重视，确保实验过程万无一失。

3.3 简约性原则

简约性是指用简单的实验装置、实验方法和实验操作，以及较少的实验步骤、实验药品和仪器在短时间内达到明显的实验现象。简约性就是要用简单的方法去解决复杂的问题。

3.4 创新性原则

创新是化学实验设计的灵魂。没有创新的实验方案何谈价值，没有价值的实验方案也就毫无意义。因此，创新程度的高低是衡量一个创新实验方案价值大小的重要标准。一个优秀的化学实验设计必有其别出心裁之处[4]。

3.5 绿色化原则

化学实验中总有污染物存在，但采取合理的实验设计，可减少污染物的污染。所谓化学实验绿色化，是指化学实验对实验场所和环境的污染被努力地降低到最低限度。从实验设计角度来考虑，所谓化学实验绿色化，就是选取绿色化的原料、采用“原子经济性”的化学反应，使所获得的产物绿色化。因此，改进反应物、控制反应条件、降低生成物的危害程度已成为化学实验绿色化、减少实验室污染的一条新思路。

4 化学实验设计评价的内容

如何对化学实验设计作出评价，从哪些方面进行评价呢？在遵循上述原则指导下，一般来讲，对化学实验设计可从以下几个方面进行评价：实验设计的科学性、实验现象的明显性、实验步骤的简洁性、实验药品的用量和实验装置（对有实验装置的实验而言）等方面进行对比分析，从而得出化学实验设计的优劣评价。下面是以《化学教育》杂志2001年第12期中“二氧化硫系列演示实验的设计”（编号为方案1）和2008年第10期中“二氧化硫性质实验新设计”（编号为方案2）两个实验设计为例，对它们其进行比较和评价。

4.1 实验比较

二氧化硫既有氧化性又有还原性，溶于水具有酸性，还具有漂白性，而且是可逆的。这两个实验设计都从二氧化硫的制备开始，到二氧化硫的性质实验和防止二氧化硫污染为止，实验装置相对密闭，有关比较见表1所示。

表1　两个二氧化硫性质实验方案比较

编号	实验装置图	实验设计的科学性	实验现象的明显性	实验步骤的简洁性	实验药品的用量
方案1[5]	图2	符合科学性、安全性、创新性、简约性等实验设计原则，实验仪器少	生成的SO_2能迅速充满装置，各纸带颜色变化显著，现象明显，有利于学生观察实验现象	装置小巧，操作简单易控，便于师生操作，基本无污染	药品用量少，反应时间短
方案2[6]	图3	基本符合科学性等实验设计原则，但用了大量的仪器，不安全	实验效果不太好，SO_2的量不易控制，量少了现象不明显，量多了气球会爆破而造成污染	实验装置冗杂，操作不便，有一定的难度，且易造成污染	药品用量较大，造成浪费；实验持续时间长

4.2 评价结论

通过对上述两个二氧化硫性质实验方案的对比分析可以看出，实验方案1的设计明显优于实验方案2的设计。

（1）实验方案1能在短时间内将二氧化硫的氧化性、还原性、溶于水有酸性和可逆的漂白性的实验现象展现出来；实验设计较简单，药品用量较少，实验现象明显，性质实验全面，实验控制是一步到位，无污染，用时短。实验方案2不能在短时间内将二氧化硫的氧化性、还原性、溶于水有酸性和可逆的漂白性的实验现象展现出来；实验设计复杂，药品用量较多，实验控制是分步进行的，易造成污染，在教学中教师需花费大量的时间进行讲解，而且不适宜作为学生实验。

（2）实验方案1中的实验仪器较少，操作简便，具有启发性。实验方案2中的实验仪器较多，连接处很多，操作复杂，性质实验均在较大仪器中进行，不能很好地体现实验微型化，易造成实验药品的浪费。

5 结　语

评价化学实验设计是培养化学教师实验教学研究能力的重要途径和方法，也是一个化学教师必须具备的一种教研能力。在实验教学研究活动中，评价化学实验与设计化学教学实验同样重要，不懂得评价，就难以做到精益求精，也就难以设计出优秀的化学实验。化学实验设计评价是与教学并行的同等重要的过程，它渗透于教学活动的每一个环节，在课程改革中起着导向与质量监控的重要作用[7]。

参考文献

［1］刘知新，梁慧姝，郑长龙.化学实验论［M］.南宁：广西教育出版社，1996：118-119.

［2］李巨超.化学实验设计与评价的教学［J］.化学工程与装备，2008（5）：141-143.

［3］陆军.对教师创意实验评比的几点认识［J］.化学教育，2000（2）：25-27.

［4］熊言林.化学教学论实验［M］.合肥：安徽大学出版社，2004：40-44.

［5］熊言林.二氧化硫系列演示实验的设计［J］.化学教育，2001（12）：37.

［6］张艳.二氧化硫性质实验新设计［J］.化学教育，2008（10）：48.

［7］曹林华.改进高中化学实验教学评价　推进课程改革不断深入［J］.科学教育，2008（11）：27.

洗衣粉及其去污力实验设计*

张　燕　熊言林　徐泽忠　黄　萍　倪放放

摘　要：洗衣粉是人们日常生活中常用的洗涤剂，了解它的种类、性质和用法，尤其是洗衣粉的质量检验很有必要。去污力是衡量洗衣粉质量的标准，结合学生的生活实际，把去污力实验设计作为学生的化学活动课内容或综合实践活动内容，无疑将增强学生对生活中化学的关注，提高他们识别洗衣粉优劣的能力和科学探究能力。

关键词：洗衣粉　去污力　实验设计

化学与生活密切联系，化学融于生活之中，生活中处处有化学。新课程十分强调化学与生活的联系，对于作为新课程实施主体的学生，我们不仅要培养其科学知识与技能，让其了解化学知识的过程与方法，更要培养他们对科学知识的探究精神，还要进行情感态度与价值观教育。其中，开展洗衣粉去污力实验能很好地体现和落实新课程理念，提高学生的科学探究能力。

目前，市场上有多种多样的洗衣粉，如汰渍、奥妙、白猫、超能、雕牌等，面对目不暇接的洗衣粉市场，到底我们该如何选择？哪种品牌洗衣粉对于我们衣物上污渍的洗涤效果最好？我们可以从下面的设计中得出答案。

1　洗衣粉的种类及其成分

1.1　洗衣粉的种类

洗衣粉按组成进行分类，可分为从单一活性物到多种活性物的复配，从单一高泡型发展到低泡型，同时，在洗衣粉中可加入各种辅料形成加酶粉、浓缩粉、消毒杀菌粉、彩漂粉、柔软抗静电粉等。

根据轻工部《合成洗衣粉》标准规定，我国生产的洗衣粉分为三类，其

* 本文发表于《化学教育》2008年第11期。

中一类为普通型，二类为低泡型，三类为浓缩型。普通型即高泡型，普通洗衣粉（A型）颗粒大而疏松，溶解性好，泡沫较为丰富，但去污力相对较弱，不易漂洗，一般适于手洗；低泡型含聚醚和肥皂成分，效率高而泡沫少，易于漂洗，为洗衣机专用；浓缩型即在水中加入少量的这种洗衣粉就可以起到较好的洗涤效果，但其价格相对来说要高一些。浓缩洗衣粉（B型）颗粒小，密度大，泡沫较少，但去污力至少是普通洗衣粉的两倍，易于漂洗，节约水，一般适于机洗。有的消费者错误地认为洗衣粉泡沫越多越好，实际上泡沫的多少和去污力没有直接联系。

另外，洗衣粉还可以分为漂白型、加酶型和增艳型。漂白型洗衣粉含有硼酸钠或过磷酸钠，具有漂白作用；加酶型洗衣粉含有生物催化剂，可分解衣服上的汗、奶、血迹等；增艳型洗衣粉含有荧光增白剂，白色衣物可增白，彩色衣物可增艳。根据洗衣粉的含磷量，洗衣粉又可分为无磷和含磷洗衣粉，按其洗涤效果又可分为普通和浓缩洗衣粉。

1.2 洗衣粉的成分

洗衣粉是粉状（或颗粒状）洗涤剂，是生活中合成洗涤剂最常见的一种。这种洗涤剂是用表面活性剂与助剂配成粘稠的料浆，然后用喷雾干燥和附聚成型的方法制造的一种混合物。洗衣粉是由多种化学成分组成的，起主要作用的是表面活性剂，如烷基苯磺酸钠、烷基磺酸钠、脂肪醇硫酸钠、脂肪醇聚氧乙烯醚、环氧乙烷和环氧丙烷的共聚物等。各种化学物质相互促进，相互弥补，使洗涤去污效果更为理想。洗衣粉通用的助剂可分为无机盐和有机物两大类。洗衣粉的主要化学成分是十二烷基苯磺酸钠。

洗衣粉所用助洗剂种类繁多，有无机助洗剂和有机助洗剂等。有机助洗剂有重金属螯合剂、抗污垢再沉淀剂、抗吸潮结团剂、酶制剂、增白剂、漂白剂、增溶剂等。加酶洗衣粉中加入了一定量的酶制剂。常用的酶制剂有以下三种：

（1）碱性蛋白酶，能有效地除去汗、血、奶等蛋白质类污垢，适宜的pH为8～12，温度为30～60 ℃。

（2）淀粉酶，亦称糖化酶，对除去淀粉及糖类污渍效果最好，适宜的pH为6～9.5，温度为20～70 ℃。

（3）脂肪酶，清除油脂类污垢效果明显。

2 洗衣粉的去污原理

洗衣粉主要是由表面活性剂和洗涤助剂组成。表面活性剂是一种能大大降低溶剂表面张力（一般为水的表面张力或液－液界面张力），改变体系表面状态从而产生湿润和反湿润、乳化和破乳、分散和凝聚、起泡和消泡以及增溶等一系列作用的化学药品[1]。表面活性剂的作用是降低水的表面张力，去除衣物上的污渍。洗涤助剂的作用是结合钙、镁离子，阻止污垢再沉积，同时有助于提高表面活性剂的去污能力。

表面活性剂是由亲油的非极性基团——亲油基和亲水的极性基团——亲水基组成，亲油基可以和衣物上的污物结合（污物一般分为油溶性、水溶性和不溶性等），亲水基带着结合了污物的亲油基与水结合进入水里，这样衣物上的污物就容易去掉。所以用洗衣粉洗衣服时最好是在水中放入洗衣粉和衣物后，浸泡十几分钟，让洗衣粉中的两种化学基团充分溶解以后再洗，这样就比较容易把污物洗掉。

表面活性剂按亲水基分类，可分为阴离子表面活性剂、阳离子表面活性剂、两性表面活性剂和非离子表面活性剂，见图1所示[2]。

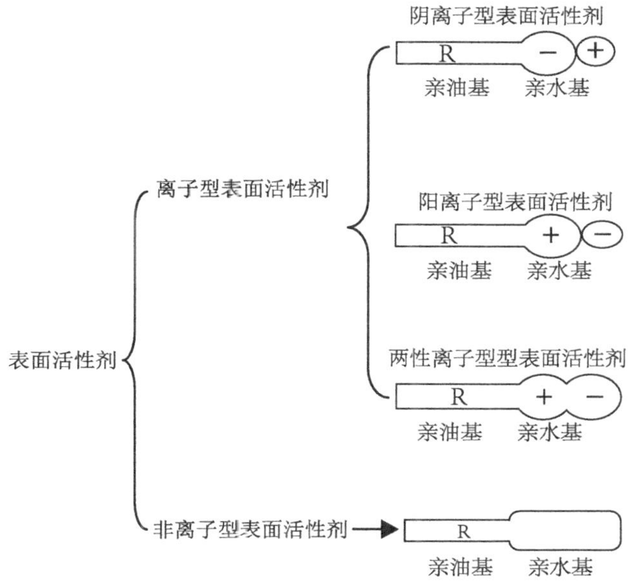

图1 表面活性剂按亲水基分类

3 市售洗衣粉去污力实验设计方案

3.1 实验目的

(1) 通过实验，了解洗衣粉的去污能力，提高环保意识。

(2) 了解洗衣粉对不同面料上的不同污渍的洗涤情况，学会如何鉴别其质量，提高洗涤效果。

(3) 培养动手操作能力，提高科学探究能力。

3.2 实验原理

合成洗衣粉的表面活性剂主要有阴离子表面活性剂和非离子表面活性剂两种。阴离子表面活性剂由亲油基和阴离子基团作为亲水基两部分组成，主要有烷基磺酸钠（化学式为 $C_nH_{2n+1}SO_3Na$，n 为 14～18）、烷基苯磺酸钠（化学式为 $C_nH_{2n+1}—C_6H_4—SO_3Na$，$n$ 为 10～14）和脂肪醇硫酸钠。非离子表面活性剂在水中不会离解成离子，但同样具有亲油基和亲水基，按照亲水基的结构不同可分为聚乙二醇型[$RO(CH_2CH_2O)_nH$]和多元醇型[$RCOOCH_2C(CH_2OH)_3$][3]。非离子表面活性剂对油污具有良好的乳化能力和增溶能力，与阴离子表面活性剂配合使用时，即使加入量很少，也能大大增强体系的去污能力。

3.3 实验用品

全棉白布，涤棉白布，涤纶白布（也可以是各种颜色较浅的布条），各种品牌洗衣粉（可以让学生从家中自带），碳素墨水，橙子，番茄，酱油和食用油；大烧杯，玻璃棒，温度计，台秤，滴管，计时器，酒精灯。

3.4 实验步骤

3.4.1 污渍液的配置

(1) 把酱油和食用油按照1∶1的质量比混合即为混合油渍液。

(2) 分别将橙子和番茄切碎、捣烂，过滤，即为橙汁、番茄汁。

3.4.2 布上污渍的制作

(1) 取全棉（或涤棉或涤纶）面料的白布，裁剪成数块大小相当的布条。

（2）分别在这些布条相隔2 cm处滴加2滴配好的橙汁、番茄汁、酱油、食用油、混合油和碳素墨水六种污渍，晾干，并形成橙渍、番茄渍、酱油渍、食用油渍、混合油渍和墨水渍。

3.4.3 洗涤过程

（1）分别称取3 g各种品牌的洗衣粉于容积为200 mL的各个烧杯中。

（2）向各烧杯内分别加入150 mL的自来水，用玻璃棒搅拌，使洗衣粉完全溶解。

（3）放入有污渍的布条，浸泡10 min。每隔1 min用玻璃棒搅拌一次，每次搅拌时间约20 s，直到规定时间结束。

（4）取出布条，用自来水清洗两次后晾干，对比观察去污效果。

（5）用同样的方法，实验污渍滴加时间的长短、水温高低、洗涤时间长短和洗衣粉用量多少对洗衣粉的洗涤效果有何影响，然后进行比较，获得结论。

3.5 实验现象与记录

3.5.1 洗衣粉去污力的评价标准

洗衣粉去污力是指一定浓度的洗衣粉对炭黑油污布、蛋白污布和皮脂污布的去污能力。

去污力效果，可以设为五个等级，分别为1、2、3、4和5。1为去污力最差的，5为去污力最好的，3为中等，2、4的去污力分别介于1与3、3与5之间。将各种品牌洗衣粉对六种污渍的去污力效果分值（去污值）累加起来，分值最高的也就是去污力最好的。对于每一品牌洗衣粉去污力效果（去污效能）的观察，最好是三人以上评判，取其平均值。用这种方法，我们测定的是洗衣粉对各种污渍的综合去污能力。如果我们单一来看各种品牌洗衣粉对不同污渍的去污值，就可以比较出不同品牌洗衣粉对于同一污渍的去污效果。

3.5.2 不同品牌洗衣粉对不同布料上的污渍洗涤效果实验

条件：污渍放置时间为2 h，洗涤时间为20 min，其他条件同实验步骤中布上污渍的制作和洗涤过程。洗涤结果填入表1中。

表1　不同品牌洗衣粉对全棉（或涤棉或涤纶）布上的污渍洗涤效果实验

污布、污渍 / 去污值 / 洗衣粉	全棉							涤棉							涤纶						
	混合油渍	橙渍	番茄渍	酱油渍	食用油渍	墨水渍	总去污值	混合油渍	橙渍	番茄渍	酱油渍	食用油渍	墨水渍	总去污值	混合油渍	橙渍	番茄渍	酱油渍	食用油渍	墨水渍	总去污值
品牌1																					
品牌2																					
品牌3																					
品牌4																					
品牌5																					
品牌6																					
品牌7																					
品牌8																					

实验结果：____。

3.5.3　同一品牌洗衣粉对不同放置时间的污渍洗涤效果实验

条件：污渍放置的时间分别为12 h、24 h和48 h，洗涤时间为20 min，其他条件同实验步骤中布上污渍的制作和洗涤过程。洗涤结果填入表2中。

表2　同一品牌洗衣粉对不同放置时间的污渍洗涤效果实验

污布、污渍 / 去污值 / 放置时间	全棉							涤棉							涤纶						
	混合油渍	橙渍	番茄渍	酱油渍	食用油渍	墨水渍	总去污值	混合油渍	橙渍	番茄渍	酱油渍	食用油渍	墨水渍	总去污值	混合油渍	橙渍	番茄渍	酱油渍	食用油渍	墨水渍	总去污值
12 h																					
24 h																					
48 h																					

实验结果：____。

3.5.4　水温不同，同一品牌洗衣粉对不同布料上的污渍洗涤效果实验

条件：污渍放置时间为2 h，水温分别为20 ℃、40 ℃和60 ℃，洗涤时间为20 min，其他条件同实验步骤中布上污渍的制作和洗涤过程。洗涤结果填入表3中。

表3　水温不同，同一品牌洗衣粉对不同布料上的污渍洗涤效果实验

污布、污渍 / 去污值 / 水温	全棉							涤棉							涤纶						
	混合油渍	橙渍	番茄渍	酱油渍	食用油渍	墨水渍	总去污值	混合油渍	橙渍	番茄渍	酱油渍	食用油渍	墨水渍	总去污值	混合油渍	橙渍	番茄渍	酱油渍	食用油渍	墨水渍	总去污值
20 ℃																					
40 ℃																					
60 ℃																					

实验结果：____。

3.5.5　洗涤时间不同，同一品牌洗衣粉对不同布料上的污渍洗涤效果实验

条件：污渍放置时间为2 h，洗涤时间分别为20 min、30 min和40 min，其他条件同实验步骤中布上污渍的制作和洗涤过程。洗涤结果填入表4中。

表4　洗涤时间不同，同一品牌洗衣粉对不同布料上的污渍洗涤效果实验

污布、污渍 / 去污值 / 洗涤时间	全棉							涤棉							涤纶						
	混合油渍	橙渍	番茄渍	酱油渍	食用油渍	墨水渍	总去污值	混合油渍	橙渍	番茄渍	酱油渍	食用油渍	墨水渍	总去污值	混合油渍	橙渍	番茄渍	酱油渍	食用油渍	墨水渍	总去污值
20 min																					
40 min																					
60 min																					

实验结果：____。

3.5.6　同一品牌、不同用量的洗衣粉对不同布料上的污渍洗涤效果实验

条件：污渍放置时间为2 h，洗涤时间为20 min，洗衣粉的用量分别为1 g、2 g、3 g和4 g，其他条件同实验步骤中布上污渍的制作和洗涤过程。洗涤结果填入表5中。

表5　同一品牌、不同用量的洗衣粉对不同布料上的污渍洗涤效果实验

污布、污渍 / 去污值 / 洗衣粉用量	全棉							涤棉							涤纶						
	混合油渍	橙渍	番茄渍	酱油渍	食用油渍	墨水渍	总去污值	混合油渍	橙渍	番茄渍	酱油渍	食用油渍	墨水渍	总去污值	混合油渍	橙渍	番茄渍	酱油渍	食用油渍	墨水渍	总去污值
1 g																					
2 g																					
3 g																					
4 g																					

实验结果：____。

3.6　实验结论

通过以上实验结果的分析和归纳总结，学生可以从中得出哪种品牌洗衣粉的去污效果好，在哪种条件下的洗涤效果更佳。

4　选购建议

生活中我们要洗涤的衣服面料各式各样，面料上的污渍也各不相同，因此我们选购洗衣粉时，就要根据面料、污渍的不同选购不同品牌的洗衣粉。总的来说，选购洗衣粉时，我们要把握以下几点：

（1）优质洗衣粉，粉为类似小米粒的空心颗粒状，粉体颜色纯正，装袋蓬松饱满，放入水中溶解快，无伤手的感觉。

（2）品质较差的洗衣粉则夹杂粗颗粒或硬结块，粉体颜色灰黄，装袋后不满，袋空隙较大，放入水中溶解慢，有沉淀物出现，有烧手感，去污力差；加大量后，有刺鼻的碱性味。

（3）如果加酶洗衣粉颜色为灰蓝色，表明酶活力已过期失效，或酶为其他染色后的物质。

5　结束语

本实验设计所需要的不同品牌洗衣粉、不同面料的布条、橙子等，都可以发动学生从家中带来。学生可以根据实验条件选择去污力实验方案中部分或全部内容进行实验探究，而且本实验安全性强、操作简便、学生参与面广，完全属于化学与生活紧密结合的一个优秀案例。实验中提出的问题也来源于学生的日常生活，实现了教学与学生的生活实际相联系的目的，可以极大地激发学生探究的兴趣。多进行此类活动，有助于学生在生活中学会化学，学会思考，学会做事，学会合理利用资源，这些正是新课程改革的目标。

参考文献

［1］张昭，彭少方，刘栋昌.无机精细化工工艺学［M］.北京：化学工业出版社，2005：28.

［2］徐宝财，郑福平.日用化学品与原材料分析手册［M］.北京：化学工业出版社，2002：85.

［3］宋启煌.精细化工工艺学［M］.北京：化学工业出版社，1995：28.

一个奇妙的化学振荡实验新设计*

熊言林

摘　要：培养学生学习化学的兴趣，化学实验是最直接、最直观、最生动、最现实的教学素材。在参阅前人研究的基础上，本文用过氧化氢、碘酸钾等试剂设计了一个操作十分简单、适合中学条件的化学振荡实验方案，其奇妙的振荡现象十分明显、有趣，引人入胜。

关键词：中学化学　振荡实验　方案设计　过氧化氢　碘酸钾

学生的学习兴趣是激发学习动机的重要因素[1]。所以，笔者无论是在本科生、函授生、研究生的课堂教学中，还是在国家级骨干教师、省级骨干教师、全省高中化学教师的培训课上，以及在给中学生开展的化学讲座上都要演示一些自己设计的、很有趣的新实验来配合相关内容的讲授，并收到了较好的教学效果[2]。

在查阅B-Z振荡反应、B-R反应及其相关振荡实验文献的基础上[3]，我设计了一个操作十分简单、适合中学条件的化学振荡实验方案，并在多年的课堂教学、报告讲座上亲自演示过该实验，它反复循环变色（“无色→琥珀色→蓝色”）的奇妙实验现象非常吸引学生的眼球，引起了他们对该实验产生很大的兴趣。为此，笔者现将这一化学振荡实验方案设计出来，对该实验感兴趣的化学教师，不妨在新学年的第一次化学课上或在化学活动课上按照该实验方案做一做，看看学生有什么反应。

1　实验目的

（1）初步了解化学振荡实验原理，知道振荡现象广泛存在于自然界中。

（2）探究化学振荡实验的最佳条件，掌握化学振荡实验的基本操作。

*安徽师范大学“化学教育专业实验—化学教学论实验”精品课程建设项目（校教字[2006]69号）。本文发表于《化学教育》2008年第10期。

（3）体验化学振荡实验的新颖性、趣味性和知识性，激发学习化学的兴趣。

2 实验原理

在一定条件下，过氧化氢既可以作为还原剂，又可以作为氧化剂。在本实验条件下（室温，淀粉溶液），过氧化氢在Mn^{2+}催化下分别跟碘酸钾、单质碘发生振荡反应，使溶液的颜色呈现周期性的变化（“无色→琥珀色→蓝色”），直至过氧化氢完全反应，溶液的颜色才不会再变化。上述颜色变化的反应机理很复杂，有人认为，可能的反应机理是：

$5H_2O_2+2IO_3^-+2H^+ \rightarrow 5O_2\uparrow+6H_2O+I_2$ （在Mn^{2+}催化下）使淀粉溶液变蓝

$I_2+5H_2O_2 \rightarrow 2HIO_3+4H_2O$ 使蓝色淀粉溶液褪色

$$\left.\begin{array}{l} I_2+CH_2(COOH)_2 \rightarrow ICH(COOH)_2+I^-+H^+ \\ I_2+ICH(COOH)_2 \rightarrow I_2C(COOH)_2+I^-+H^+ \end{array}\right\} \text{溶液呈琥珀色}$$

3 实验用品

4.3 g碘酸钾（C.P），4 mL 2 mol · L^{-1} H_2SO_4溶液，41 mL 30%的H_2O_2溶液，0.34 g硫酸锰晶体（C.P），1.6 g丙二酸（C.P），0.03 g可溶性淀粉（C.P），蒸馏水（可用自来水代替）。

400 mL烧杯1个，100 mL烧杯2个，100 mL量筒1个，10 mL量筒1个，台称1个，玻璃棒1支，酒精灯1盏，石棉网1块，白纸片1张。

4 实验步骤

4.1 溶液的配制

4.1.1 无色溶液A

在400 mL烧杯中，加入41 mL 30%的H_2O_2溶液，再加入59 mL蒸馏水，用玻璃棒搅拌均匀，即为无色溶液A。

4.1.2 无色溶液B

称取4.3 g碘酸钾，放入到100 mL烧杯中（为了配制方便，在此操作前，向烧杯里加入100 mL的水，标出水面高度的记号后，倒出水），加入约60 mL的蒸馏水，加热溶解，冷却后，再加入4 mL 2 mol · L^{-1} H_2SO_4溶液，用蒸馏水稀释到100 mL的标记处，用玻璃棒搅拌均匀，即为无色溶液B。

4.1.3 无色溶液C

称取1.6 g丙二酸、0.34 g硫酸锰晶体，放入到100 mL烧杯中（为了配制方便，在此操作前，向烧杯里加入100 mL的水，标出水面高度的记号后，倒出水），用少量的蒸馏水溶解，加入含有0.03 g可溶性淀粉的溶液（如10 mL 0.3％的可溶性淀粉溶液），再用蒸馏水稀释到100 mL的标记处，搅拌均匀，即为无色溶液C。

4.2 混合溶液

在盛有100 mL无色溶液A的400 mL烧杯底部下垫一张白纸片（便于观察），向烧杯中同时加入100 mL无色溶液B和100 mL无色溶液C，立即充分搅拌片刻。停止搅拌后，静置、观察振荡实验现象，并将颜色周期性变化的时间记入下表（每隔10～20 s时间记一次）：

周期	从“无色→琥珀色 →蓝色→无色”的时刻 / s	时间 / s	说明
1	起始时间：　　　　结束时间：		
2	起始时间：　　　　结束时间：		
3	起始时间：　　　　结束时间：		

结论：____。

4.3 记录振荡总时间

从3种溶液相混合开始，到不再发生振荡（即蓝色不再褪去，记下该蓝色出现的开始时刻）为止，共需要的时间为________________。

5 注意事项

（1）本实验成功的标志是溶液的颜色由“无色→琥珀色→蓝色”反复循环变色，它与溶液的浓度是否准确有关，并且混合时3种溶液的体积要相同。因此，一定要配准、量准3种溶液。否则，看不出3种颜色反复循环变化的现象，只能看到溶液的颜色由“无色→琥珀色”反复循环变色或溶液的颜色只出现蓝色或无色溶液不发生颜色变化中的一种。

（2）振荡周期的长短可以由硫酸的浓度来控制。硫酸的浓度愈低，振荡的周期愈长。当硫酸浓度较低（如在无色溶液B中用2 mL 2 mol · L^{-1} H_2SO_4代替4 mL 2 mol · L^{-1} H_2SO_4）时，在开始的两分钟左右的时间内振荡不会出现蓝色。

（3）温度对该反应有一定的影响。温度低时反应速率较慢，一般溶液温度应在25 ℃左右。当温度较低时，无色溶液B中已溶解的KIO_3将会因溶解度的降低而从溶液中析出。因此，室温较低时，应将无色溶液B在水浴中温热几分钟，但其温度不能太高。

（4）改变H_2O_2或IO_3^-的浓度会改变振荡的性质与周期。很显然，随着H_2O_2浓度的降低，变色的速率将减慢，颜色变化所需要的时间间隔将增加。实验中看到的冒泡现象是由于过氧化氢分解而放出氧气所致。

（5）混合溶液搅拌与否，对振荡周期有一定的影响。

（6）实验一开始，原来无色的溶液几乎立即变为琥珀色（呈金黄色），约8 s以后，突然变为蓝色。蓝色逐渐褪为无色，而循环又重新开始。最初的振荡过程约8 s重复一次，然后振荡的周期逐渐变长。几分钟以后，振荡将停止，而溶液始终保持蓝色。

6 问题与研讨

化学振荡是最早用来说明1977年诺贝尔化学奖获得者、被科学界誉为现代热力学的奠基人、比利时布鲁塞尔学派著名的统计物理学家普里高津教授提出的耗散结构理论的化学反应之一。介绍这个实验，再配以通俗的解释，可以让学生对远离平衡态的概念和自然界的自催化现象有一个启蒙认识，并能激发学生学习化学的兴趣。

振荡现象广泛存在于自然界中，在生物化学中有很多例子，如动物心脏有节奏的跳动；又如新陈代谢过程中占重要地位的糖酵解反应中，许多中间化合物和酶的浓度是随时间而做周期性变化的（振荡周期约为几分钟）；所谓的生物钟也是一种生物振荡现象；等等。这种振荡现象在非生命物质的化学体系中也能实现。

本实验是根据布里格斯（Briggs）和劳舍尔（Rauscher）振荡实验（又称B-R反应或布里格斯-劳舍尔反应）发展起来的。实验中，溶液的颜色在无色、琥珀色与蓝色之间做周期性振荡变化，是由于反应过程中产生的I_2和I^-浓度的起落而引起的。无色溶液是因为溶液中生成碘的浓度极低，与淀粉结合未达到显示蓝色的限度；琥珀色与小浓度碘离子存在时与碘络合、碘与丙二酸反应，以及形成极少量的淀粉-碘包合物等有关；当I_2、I^-浓度增大，形成I_3^-和特征的蓝色淀粉-碘包合物时，便出现蓝色；然后，当蓝色淀粉-碘包合物的浓度很大时，这些包合物立即消耗完，又呈现无色溶液，并重新开始振荡。

耗散结构理论：普里高津把那种开放和远离平衡的条件下，在与外界环境交换物质和能量的过程中，通过采用适当的有结构状态来耗散环境传来的物质和能量，在耗散过程中，以内部的非线性动力学机制来形成和维持的宏观时空有序结构称为“耗散结构”。这种理论，亦称为耗散结构理论[4]。

远离平衡态，这样才可能使体系具有足够的反应推动力，推进无序转化为有序，形成耗散结构。例如，在恒温恒压条件下，可以使反应物浓度远高于平衡浓度，生成物浓度远低于平衡浓度，从而在实际浓度与平衡浓度间造成巨大浓度差，以推进化学振荡反应的产生。相反，如果在平衡态，则实际浓度与平衡浓度相等，二者之差为零，反应推动力为零，反应已经达到极限，反应体系的浓度已经不再随时间变化而发生任何变化，即已经达到“时间终点”。因此，也就不可能产生浓度随时间、空间而发生周期性变化的化学振荡现象。所以普里高津说，非平衡是有序之源。形象地看，这好比是往咖啡里面加牛奶，达到平衡时的最后状态只能是一碗混沌无序的灰色浑汤。但是在达到那个状态以前的非平衡态，则是白牛奶在黑咖啡里排演了无数瞬息万变的漩涡花样和结构。可见，有序的生机是在远离平衡态时萌动的。

振荡现象的发生必须满足以下三个条件：(1) 反应必须是敞开体系且远离平衡态；(2) 反应历程中应包含有自催化的步骤；(3) 体系必须能有两个稳定态存在，即具有双稳定态。可作形象化的比喻：在给定条件下，当钟摆摆动到右方最高点后，它就会自动地摆向左方的最高点；反之，就会自动地摆向右方的最高点。在本实验中，无色的组分增加到一定程度后，它就会自动地向生成蓝色组分的方向变化；反之，就会自动地向生成无色组分的方向变化。

自催化反应：在给定条件下的反应体系，反应开始后逐渐形成并积累了某种产物或中间体（如自由基），这些产物具有催化功能，使反应经过一段诱导期后出现反应大大加速的现象，这种作用称为自（动）催化作用。这种反应，称为自催化反应（如油脂腐败、橡胶变质以及塑料制品的老化等，都存在着自催化作用）。在本实验中，二价锰离子可作为相关反应的催化剂。

B-Z振荡反应：1958年，苏联化学家别洛索夫（Belousov）和扎鲍廷斯基（Zhabotinskii）首次报道了以金属铈作催化剂，柠檬酸在酸性条件下被溴酸钾氧化时可呈现化学振荡现象，溶液在无色和淡黄色两种状态间进行着规则的周期振荡。该反应即被称为Belousov- Zhabotinskii反应，简称B-Z反应(或贝-札反应)。

在化学振荡反应发现的初期，人们感到难以理解。人们认为，这种魔术一般的“古怪行为”是在跟热力学第二定律开玩笑，是由于实验条件的错误安排或某种干扰所致，从而认为所谓的发现是绝不可能的。于是，别洛索夫的发现长期未被承认，其论文也未能及时发表，被搁置达6年之久。在此以前，美国伯克利加州大学的布雷于1921年在过氧化氢转化为水的过程中也发现了化学振荡反应，然而也被认为是由于实验操作错误而产生的人为现象而未被接受。直到20世纪60年代以后，由于发现的事实越来越多，化学振荡的存在已不容置疑才逐渐被承认，并日益引起了广大化学家的注目。

参考文献

［1］黄荣生，张蒋军，沈兆良. 新课程背景下对高中学生化学学习兴趣的调查［J］. 化学教育，2007，28（7）：48-51.

［2］熊言林. 了解学员　整合内容　优化方法　展现风采——谈《中学化学实验设计与研究》课的教学［J］. 化学教育，2002，23（2）：40-42.

［3］李家玉. 国外中学化学实验集锦［M］. 上海：上海翻译出版公司，1987：32-36.

［4］石丰. 普里高津：耗散结构理论［EB/OL］. （2005-12-10）［2007-12-28］. http://www.360doc.com/content/07/0821/10/19446_685803.shtml.

新制氢氧化铜分解温度的实验探究*

熊言林　黄　萍　张　燕　徐泽忠

摘　要：为更好地了解氢氧化铜的分解温度，本实验用氢氧化钠溶液和硫酸铜溶液反应来新制氢氧化铜，然后从多方面进行实验探究，观察新制氢氧化铜沉淀的分解情况，并针对实验现象进行讨论，从而得出结论。

关键词：氢氧化铜　分解温度　水浴　实验探究

1　问题的提出

关于氢氧化铜的分解温度问题，有资料介绍氢氧化铜遇热水分解[1]，也有资料介绍氢氧化铜在80 ℃时分解[2,3]，还有资料介绍氢氧化铜的分解温度是70～90 ℃，更有资料介绍它的分解温度为140 ℃；另外，还有资料描述它的分解情况为氢氧化铜受热至60～80 ℃变暗，温度再高则分解为黑色氧化铜和水；等等。由此可见，众多资料对氢氧化铜的分解温度表述不尽相同，这种情况不能不说给化学教学带来一些不便。那么，氢氧化铜究竟在什么温度下分解呢？我们对此进行了实验探究。

2　实验探究原理

为更好地了解氢氧化铜的分解温度，本实验用氢氧化钠溶液和硫酸铜溶液反应来新制氢氧化铜，然后从多方面进行实验探究，特别是氢氧化钠和硫酸铜溶液生成的产物氢氧化铜沉淀在水浴加热条件下，观察其分解情况，从而进一步探讨新制氢氧化铜的分解温度。本实验涉及的主要反应方程式为：

$CuSO_4+2NaOH = Cu(OH)_2\downarrow +Na_2SO_4$　　　　$Cu(OH)_2 \xlongequal{\triangle} CuO+ H_2O$

$Cu(OH)_2+4NH_3\cdot H_2O = [Cu(NH_3)_4]^{2+}+2OH^-+4H_2O$

---

* 本文发表于《化学教育》2008年第9期。

3 实验用品

固体氢氧化钠，硫酸铜晶体，水；烧杯，温度计，玻璃棒，铁架台（附铁圈、铁夹），酒精灯，石棉网，容量瓶，药匙，火柴。

4 实验装置

氢氧化铜水浴受热分解实验装置见图1。

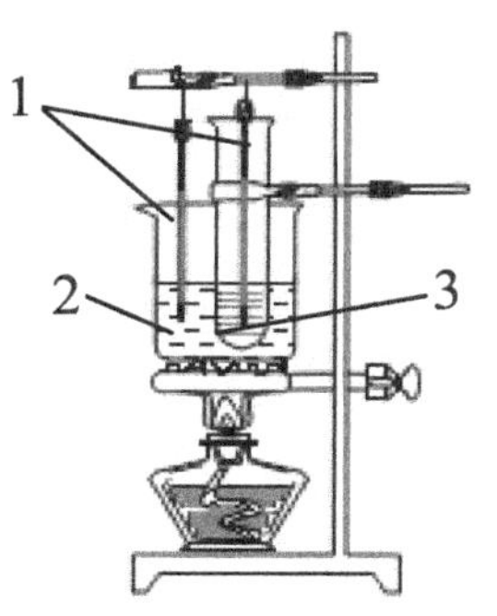

1. 温度计；2. 水；3. 新制氢氧化铜

图1 氢氧化铜水浴受热分解实验装置

5 实验探究过程

5.1 溶液的配制

分别配制10%的NaOH溶液、10%的$CuSO_4$溶液，再用容量瓶配制1 mol/L的硫酸铜溶液200 mL和2 mol/L的氢氧化钠溶液200 mL。

5.2 反应物温度不同的系列对比实验探究

将刚配制的10%的NaOH溶液（温度为40.3 ℃）与10%的$CuSO_4$溶液（温度为18.5 ℃）相混合反应，并将静置的10 %的NaOH溶液（温度为18.5 ℃）与10%的$CuSO_4$溶液（温度为18.5 ℃）相混合反应，分别测量其反应中最高温度，观察实验现象，并将结果记录在表1中。

表1 不同温度的氢氧化钠溶液与相同温度的硫酸铜溶液反应的情况

沉淀变化情况 / 不同温度的溶液	与室温（18.5 ℃）下的$CuSO_4$溶液反应的最高温度	取少量蓝色沉淀溶于浓氨水后的实验现象	沉淀中出现灰黑色的时间	沉淀完全变黑所经过的时间	取少量黑色沉淀溶于浓氨水后的实验现象
刚配制的NaOH溶液（40.3 ℃）	26.0 ℃	沉淀溶解，变成蓝色溶液	约2 min	约2 h，蓝色沉淀逐渐变黑	黑色产物不溶于浓氨水
室温下的NaOH溶液（18.5 ℃）	21.8 ℃	沉淀溶解，变成蓝色溶液	6～7 min	约4 h	黑色产物不溶于浓氨水

由表1可知，配制氢氧化钠溶液的过程中有热量放出，氢氧化钠溶液和硫酸铜溶液混合反应的过程中也有热量放出，它们对氢氧化铜沉淀的稳定性

都有影响，温度越高，氢氧化铜就越易分解。

5.3 反应物物质的量不等的系列对比实验探究、

（1）氢氧化钠溶液过量：取4 mL 2 mol/L NaOH溶液和2 mL 1 mol/L $CuSO_4$溶液混合反应。

（2）恰好完全反应：取2 mL 2 mol/L NaOH溶液和2 mL 1 mol/L $CuSO_4$溶液混合反应。

（3）硫酸铜溶液过量：取2 mL 2 mol/L NaOH溶液和4 mL 1 mol/L $CuSO_4$溶液混合反应。

分别在规格相同的小烧杯中进行反应，然后观察产物的生成情况，并将结果记录在表2中。

表2 不同物质的量的反应物反应的情况

沉淀变化情况 / 物质的量不等	混合反应后的情况	取少量蓝色沉淀溶于浓氨水的现象	沉淀开始出现灰黑色的时间	沉淀完全变黑的情况	取少量沉淀溶于浓氨水的现象
氢氧化钠溶液过量	立即生成蓝色絮状沉淀	沉淀溶解，变成蓝色溶液	8 ~ 10 min	随时间的延长，蓝色沉淀逐渐变黑，约5 h后完全变黑	黑色产物不溶于浓氨水
恰好完全反应	同上	同上	同上	同上	同上
硫酸铜溶液过量	同上	同上	同上	同上	同上

从表2可以看出，对于氢氧化钠溶液和硫酸铜溶液的反应，不管是恰好完全反应，还是氢氧化钠过量或者硫酸铜过量的情况下，反应都能生成氢氧化铜沉淀，而生成的氢氧化铜沉淀都能在常温下缓慢地分解，且氢氧化铜分解情况差别都不大。

5.4 水温不同的系列对比实验探究

分别取1 mL 10%的NaOH溶液和1 mL 10%的$CuSO_4$溶液混合于试管中，生成蓝色絮状沉淀后，将试管置于20 ℃、30 ℃、40 ℃、50 ℃、60 ℃、70 ℃、80 ℃、90 ℃的水中进行水浴，观察实验现象，并将实验结果记录在表3中。

表3 不同温度水浴中氢氧化铜的变化情况

水浴温度	室温	20 ℃	30 ℃	40 ℃	50 ℃	60 ℃	70 ℃	80 ℃	90 ℃
试管中的蓝色沉淀变化情况	短时间内无变化	短时间内无变化	经过约2 min有少量黑色物质，慢慢变黑	经过约30 s出现黑色物质，然后逐渐变黑	经过约10 s有黑色物质出现，然后逐渐变黑	经过约6 s有黑色沉淀出现	经过数秒就有黑色物质出现，然后2~3 min后变黑	试管中马上有黑色物质出现，很快全部变黑	蓝色沉淀变黑更快，数秒钟全部变黑

从表3中可以看出，新制的氢氧化铜沉淀随着水浴（不加热条件下）温度的升高，分解速度加快。

5.5 水浴加热的系列对比实验探究

分别取室温条件下（18.5 ℃）的1 mL 2 mol/L NaOH溶液和1 mL 1 mol/L $CuSO_4$溶液置于试管中，充分反应生成氢氧化铜，然后把试管放入大烧杯中，进行水浴加热，把两支温度计分别插入试管和烧杯中，分别测量试管中物质的温度和水浴温度，装置如图1所示。观察氢氧化铜分解情况，并将结果记录在表4中。

表4 氢氧化铜沉淀在水浴加热条件下的变化情况

实验次数	蓝色氢氧化铜沉淀变色的温度（℃）			取试管中少量黑色物质，滴加浓氨水、振荡后的实验现象
	试管内新生成蓝色沉淀的温度	沉淀逐渐出现灰黑色的温度	沉淀完全变黑的温度	
第一次	21.8(18.5)	31.2(34.0)	66.2(68.0)	黑色物质不溶于浓氨水
第二次	21.8(18.5)	33.5(36.7)	64.3(66.1)	
第三次	21.8(18.55)	32.0(34.8)	63.5(66.5)	

注：括号内的数字为烧杯中水的温度。

从表4可以得出，新制的氢氧化铜沉淀在水浴加热条件下，分解成不溶于浓氨水的黑色氧化铜。从直观上看，氢氧化铜完全变黑的温度在60 ℃以上。

6 实验分析与结论

从表1~4可以得出：

（1）配制氢氧化钠溶液的过程中有热量放出，氢氧化钠溶液和硫酸铜溶液混合反应的过程中也有热量放出，它们对氢氧化铜沉淀的稳定性都有影响。

（2）温度越高，氢氧化铜沉淀越易分解，且分解速度越快，分解越彻底。用水浴加热装置，可确保氢氧化铜沉淀的温度均匀上升。

（3）新制的氢氧化铜沉淀在常温下就不稳定，在蓝色的氢氧化铜沉淀中夹杂有少许灰黑色沉淀，随着放置时间的延长，蓝色絮状沉淀逐渐变少，黑色沉淀物逐渐增多，直到全部变成黑色沉淀。蓝色的氢氧化铜沉淀能溶于浓氨水，而黑色的氧化铜不溶于浓氨水。用浓氨水检验黑色沉淀物，该黑色沉淀物不溶解，说明新制的氢氧化铜沉淀在常温下就能缓慢分解成为黑色的氧化铜。

由上可知，氢氧化铜在室温下就能缓慢分解，且温度越高，分解速度越快，分解越彻底。因此，氢氧化铜的分解温度没有一个准确的数值，所以也就出现了关于氢氧化铜分解温度的多种说法。

参考文献

［1］《中学教师化学手册》编委会. 中学教师化学手册［M］. 北京：科学普及出版社，1981：128.

［2］许绍权. 硫酸铜液滴与金属钠作用小议［J］. 化学教育，2006（5）：59.

［3］北京师范大学等三校无机化学教研室. 无机化学（下册）. 第三版［M］. 北京：高等教育出版社，1992：788.

金属钠与硫酸铜溶液反应产物的实验探究*

黄　萍　熊言林

摘　要：为了进一步把握金属钠与硫酸铜溶液的反应实质，本文对金属钠与硫酸铜溶液的反应产物进行了实验探究，分别从两方面进行：(1) 金属钠与不同浓度的硫酸铜溶液反应情况探究；(2) 从反应物加入方式和控制用量上对两者反应情况进行探究，并对各实验中生成的不溶物用1：1的盐酸溶液溶解，看是否有金属铜生成，并针对实验现象进行讨论，从而得出结论。

关键词：钠　硫酸铜溶液　置换反应　不溶物　实验探究

1　问题的提出

关于金属钠与硫酸铜溶液的化学反应有很多探讨的文章[1-6]，归纳起来主要有两种看法：一是认为钠先与硫酸铜溶液中的水反应生成氢氧化钠和氢气，并放出热量，然后氢氧化铜与硫酸铜生成蓝色氢氧化铜沉淀，即 $2Na+2H_2O=2NaOH+2H_2\uparrow$，$2NaOH+CuSO_4=Cu(OH)_2\downarrow+Na_2SO_4$，在反应过程中，氢氧化铜受热分解生成氧化铜，氧化铜又被产生的氢气还原生成单质铜，即 $Cu(OH)_2\overset{\triangle}{=\!=}CuO+H_2O$，$CuO+H_2\overset{\triangle}{=\!=}Cu+H_2O$；另一种认为是钠直接置换出硫酸铜溶液中的铜，即发生了 $2Na(s)+CuSO_4(s)=Na_2SO_4(s)+Cu(s)$。那么金属钠与硫酸铜溶液到底发生了怎样的反应呢？为了能够进一步把握该实验的反应实质，我们进行了以下实验探究。

2　实验探究思路

首先考虑反应物需要哪些。经过分析思考，发现需要金属钠和不同浓度的硫酸铜溶液。然后从两方面进行实验探究：(1) 金属钠与不同浓度的硫酸铜溶液反应情况探究；(2) 从反应物加入方式和控制用量上对两者反应情况

* 本文发表于《化学教育》2008年第6期。

进行探究，并对各实验中生成的不溶物用1∶1的盐酸溶液溶解，看是否有金属铜生成，从而探讨本实验的反应实质。

3 实验探究过程

3.1 配制不同浓度的硫酸铜溶液

配制1% $CuSO_4$溶液、5% $CuSO_4$溶液、10% $CuSO_4$溶液、15% $CuSO_4$溶液和饱和硫酸铜溶液。在配制15% $CuSO_4$溶液和饱和硫酸铜溶液过程中，由于溶质的溶解非常缓慢，所以进行了加热处理，加速溶解后再冷却，备用。试剂用量如表1（注：温度为室温25 ℃）。

表1 配制不同浓度的硫酸铜溶液的试剂及用量

溶液 / 用量 / 试剂	1% $CuSO_4$ 溶液	5% $CuSO_4$ 溶液	10% $CuSO_4$ 溶液	15% $CuSO_4$ 溶液	饱和硫酸铜溶液
$CuSO_4·5H_2O$ 晶体(g)	0.78	3.9	7.8	11.7	12.9
蒸馏水(mL)	49.22	46.1	42.2	38.3	30.0

3.2 系列实验对比探究

3.2.1 硫酸铜液滴滴在钠片上的实验情况

分别用上述各种不同浓度的$CuSO_4$溶液滴加到一小块金属钠片上，将研磨成粉末状的胆矾或无水硫酸铜粉末分别撒在一小块金属钠片上，进行实验比较。实验情况见表2中的序号1。

3.2.2 小钠块投入硫酸铜溶液中的实验情况

分别将一小块钠投入约10 mL不同浓度的$CuSO_4$溶液中，进行实验比较。实验情况见表2中的序号2。

3.2.3 对不溶物的处理

将各个实验中生成的不溶于水的物质收集后，用1∶1的盐酸溶液处理，看其溶解情况。

表2　关于金属钠与硫酸铜溶液反应的实验情况

序号	1		2	
实验操作与不溶物的处理	将少量的 $CuSO_4$ 溶液滴加到一小块钠片上的实验现象	向不溶于水的物质中加入1:1的HCl溶液后的实验现象	将一小块钠投入到不同浓度的 $CuSO_4$ 溶液中的实验现象	向不溶于水的物质中加入1:1的HCl溶液后的实验现象
1% $CuSO_4$ 溶液	立即反应，发出嘶嘶声，钠熔成小球，发出火花，直到反应结束，生成棕红色固体物	充分反应后留有非常少量的红色片状固体，且具有金属光泽，溶液无色澄清	立即反应，钠在溶液中迅速游动，发出嘶嘶声和火花，直到反应结束，生成淡蓝色絮状沉淀	充分反应后溶液呈无色，且澄清
5% $CuSO_4$ 溶液	立即反应，发出嘶嘶声，钠熔成小球，发出火花，直到反应结束，生成灰色固体物，周围有少量蓝色糊状物	充分反应后留有非常少量的红色片状固体，且具有金属光泽，溶液无色澄清	立即反应，有少量白烟逸出，钠在溶液中游动，发出嘶嘶声和火光，直到反应结束，生成灰蓝色絮状沉淀	充分反应后溶液呈淡黄色，且澄清
10% $CuSO_4$ 溶液	剧烈反应，发出嘶嘶声，钠熔成小球，发出火花，直到反应结束，生成灰黑色固体物，周围有蓝色糊状物	充分反应后留有非常少量的红色片状固体，且具有金属光泽，溶液呈淡绿色	立即反应且较剧烈，有少量白烟逸出，钠在溶液中游动较少，发出嘶嘶声和持续的火光，直到反应结束，生成灰蓝色絮状沉淀	充分反应后溶液呈淡绿色，且澄清
15% $CuSO_4$ 溶液	剧烈反应，发出嘶嘶声，钠熔成小球，发出强烈火花，直到反应结束，生成灰黑色固体物，周围有较多蓝色糊状物	充分反应后留有非常少量的红色片状固体，且具有金属光泽，溶液呈淡绿色	立即反应且剧烈，钠在溶液中游动较少，聚集在一起，发出嘶嘶声和持续的火光，直到反应结束，生成灰蓝色片状沉淀	充分反应后溶液呈较深的绿色，且澄清
饱和硫酸铜溶液	剧烈反应，发出嘶嘶声，钠熔成小球，发出更强烈的火花，直到反应结束，生成灰黑色固体物，周围有大量蓝色糊状物	充分反应后留有少量片状的红色片状固体，且具有金属光泽，淡绿色溶液加深	立即反应且剧烈，钠在溶液中几乎不游动，聚集在一起，发出嘶嘶声和持续的火光，最后发出啪啪的较大响声，直到反应结束，生成大量灰蓝色片状沉淀	充分反应后溶液呈深绿色，且澄清

续表

序号	1		2	
实验操作与不溶物的处理	将少量的 $CuSO_4$ 溶液滴加到一小块钠片上的实验现象	向不溶于水的物质中加入1:1的HCl溶液后的实验现象	将一小块钠投入到不同浓度的 $CuSO_4$ 溶液中的实验现象	向不溶于水的物质中加入1:1的HCl溶液后的实验现象
$CuSO_4 \cdot 5H_2O$ 晶体粉末	$CuSO_4 \cdot 5H_2O$ 晶体粉末在钠片表面跳动,并有小气泡冒出,钠表面变黑,但反应较缓慢	取出黑色生成物,加入1:1盐酸溶液中得到淡绿色澄清溶液		
$CuSO_4$ 粉末	$CuSO_4$ 粉末在钠片表面逐渐由无色变为蓝黑色,有小气泡冒出,反应较缓慢	同上		

3.3 说　明

（1）1% $CuSO_4$ 溶液配制之后，要尽快使用，因为 $CuSO_4$ 溶液浓度太低时，易发生水解。

（2）在进行少量的 $CuSO_4$ 溶液分别滴加在一小块钠片上的实验时，滴加的 $CuSO_4$ 溶液以钠片完全反应为标准，大概用量为两到三滴。

（3）在进行一小块钠投入到不同浓度的 $CuSO_4$ 溶液的实验时，每次取的 $CuSO_4$ 溶液为10 mL，取钠稍小于绿豆为宜。

4　实验探究结论

（1）经过多次反复实验可以得出，进行少量的 $CuSO_4$ 溶液分别滴加在一小块钠片上的实验时，产物可以得到金属单质铜，但得到的铜非常少量，并不是所有呈棕红、灰黑色的反应产物都是铜。而进行钠块投入到不同浓度的 $CuSO_4$ 溶液中的实验和把胆矾粉末和无水硫酸铜粉末撒在钠片上的实验时，产物得不到单质铜。

（2）在进行少量的 $CuSO_4$ 溶液分别滴加在一小块钠片上的实验时，我们可以得出，随着 $CuSO_4$ 溶液浓度增大，反应更剧烈，且产物中蓝色糊状物增多。我们认为该反应有两种解释：一种认为是因为 $CuSO_4$ 溶液滴加在钠片上，一方面因反应热使 $CuSO_4$ 溶液蒸干，另一方面，几滴 $CuSO_4$ 溶液所含的水很少，很快便与钠反应完，只剩下没有完全失去结晶水的硫酸铜固体，便会与剩余的金属钠发生固相的置换反应，生成铜，即 $2Na(s)+CuSO_4(s)=Na_2SO_4(s)+Cu(s)$。至于为什么随着 $CuSO_4$ 溶液浓度增大，产物中蓝色糊状物增多，我们认为是因为随着 $CuSO_4$ 溶液浓度增大，硫酸铜含量增多，生成的碱式硫酸铜就越多。$CuSO_4$ 溶液浓度越小，生成的碱式硫酸铜就越少。另一种认为是发生了如下反应：①$2Na+2H_2O=2NaOH+2H_2\uparrow$，②$2NaOH+CuSO_4=Cu(OH)_2$（蓝）$\downarrow+Na_2SO_4$，反应热积聚，使部分 $Cu(OH)_2$ 分解，生成 CuO，CuO 又被剩余的 Na 与 H_2O 反应产生的氢气还原成 Cu，即③$Cu(OH)_2 \xlongequal{\triangle} CuO$（黑）$+H_2O$，④$CuO+H_2 \xlongequal{\triangle} Cu+H_2O$。我们认为在上述实验条件下，这两种反应都可能同时发生，而不单单是发生了其中一种反应。从反应机理上分析，这是完全可能的。因为 $2Na(s)+CuSO_4(s)=Na_2SO_4(s)+Cu(s)$，$\Delta rG^{\ominus}=-604.93$ kJ/mol，自由能为负值，比较小，反应是很容易发生的。另一方面，金属钠片遇硫酸铜溶液中的少量水会立即发生反应，生成的氢氧化钠与硫酸铜发生反应（见本段中反应①②）。我们知道，氢氧化铜很易分解，反应③在 80 ℃就能进行[1]。有资料记载：氢氧化铜遇热水分解[7]。我们还验证了氢氧化钠与硫酸铜溶液在试管里发生反应，生成蓝色的氢氧化铜，经酒精灯稍微加热，很快变成黑色，说明氢氧化铜分解温度很低。生成的氧化铜与反应①中产生的氢气发生了置换反应④，该反应在温度约 250 ℃时就可进行[8]，我们认为是反应①在局部产生的大量热量，给接下来的一系列反应提供了温度条件，使反应得以进行下去。所以我们认为在生成铜的过程中，上述两种情况都可能同时发生。

（3）在进行一小块钠投入到不同浓度的 $CuSO_4$ 溶液中的实验时，产物中没有得到单质铜，说明钠与 $CuSO_4$ 溶液在该条件下不能生成单质铜。随着反应条件的不同，得到的产物也可能完全不同。在 $CuSO_4$ 溶液浓度非常小时，一小块钠放入该溶液中，钠迅速在溶液表面游走，比如在 1% $CuSO_4$ 溶液中，产物是很少的蓝色絮状沉淀。随着溶液浓度的变大，生成的产物变成了灰蓝色片状沉淀。我们认为该实验发生了如下反应：①$2Na+2H_2O=2NaOH+2H_2\uparrow$，②$2NaOH+CuSO_4=Cu(OH)_2$（蓝）$\downarrow+Na_2SO_4$，反应的热量积聚，使部分 $Cu(OH)_2$ 分解，即③$Cu(OH)_2 \xlongequal{\triangle} CuO$（黑）$+H_2O$，但是硫酸铜溶液的量相对较多（10 mL），所以水就多，产生的热量很快被吸收，使其温度达不到氢气还原氧化铜反应的温度（约250 ℃），所以我们看到的灰黑色片状沉淀是蓝色的$Cu(OH)_2$与黑色的CuO的混合物。

（4）在进行将研磨成粉末状的胆矾和无水硫酸铜粉末分别撒在一小块金属钠片上的实验时，根据实验现象——产物中有黑色生成物，且加入1∶1盐酸溶液，未得到单质铜，我们认为该黑色产物是氧化铜，发生的反应同上。

（5）在进行少量的$CuSO_4$溶液分别滴加在一小块钠片上的实验时，滴加$CuSO_4$溶液的量以钠片完全反应为标准，如果认为金属钠表面有红色固体物质出现，那么红色固体物质就是单质铜，是不科学的。因为单凭颜色判断产物是不够准确的，必须要对反应产物进行研究。研究方法是：把该反应产物溶解在水中，弃去可溶物，再加1∶1的盐酸进行反应，结果只得到极少量的铜，那么大量的红色固体物质都不是单质铜。另一方面，在进行不溶物处理时，剩余的钠又会与水剧烈反应，影响了实验的进行，增加了实验的繁琐程度。因此，实验时不要取太多的金属钠。

（6）比较第一组和第二组实验，我们可以得出，在进行化学反应时，相同的反应物，随着反应条件的不同，得到的产物也可能完全不同。在本实验中，金属钠与少量的硫酸铜溶液反应时，有单质铜生成，而与大量的硫酸铜溶液反应，以及与硫酸铜晶体粉末和无水硫酸铜粉末反应时，产物中得不到单质铜。我们认为铜的生成与水量的多少有一定的关系，可能是与钠和水反应产生了热量，导致温度升高有关。少量的硫酸铜溶液含有少量的水，与钠片反应，放出热量，能量聚集，温度升高，是生成铜单质的反应得以进行的重要条件。而钠块投入到大量的硫酸铜溶液中，产生的热量很快散失，温度不能快速升高，因而没有生成铜单质。如果水量极少或缺水，钠与水反应产生能量少，温度升不高，生成的氢气又少，因而不会有单质铜生成。如硫酸铜晶体粉末、无水硫酸铜粉末撒在钠片上的实验现象就是一个实证。

参考文献

［1］许绍权. 硫酸铜液滴与金属钠作用小议［J］. 化学教育，2006（5）：59.

［2］吴江明，熊言林. 一个多用途的实验装置——钠与硫酸铜溶液反应的组合设计［J］. 化学教学，2004（7-8）：8-9.

［3］柴逸梵. 金属钠与硫酸铜溶液反应会有氧化铜生成［J］. 化学教学，1993，（4）：46–47.

［4］丁杰，黄建兵，陈勇. 硫酸铜溶液与氢氧化钠溶液作用产物讨论［J］. 自贡师范高等专科学校学报，1993（4）：74–75.

［5］袁白云，刘秀红. 钠与硫酸铜溶液反应中的意外现象及分析［J］. 湖北中小学实验室，2001（6）：5.

［6］阮鸿飞，李云芬. 钠与硫酸铜溶液反应的实验设计［J］. 实验教学与仪器，2003（7–8）：46–47.

［7］《中学教师化学手册》编委会. 中学教师化学手册［M］. 北京：科学普及出版社，1981：128.

［8］熊言林，魏先文. 土红色物质是氧化亚铜还是铜［J］. 化学教育，2006，27（2）：59–60.

检验烟花爆竹燃放中产生SO_2的实验设计与思考*

裴传友　熊言林　阮志明

摘　要： 本文在实验室条件下检验燃放烟花爆竹时产生的二氧化硫气体，教育学生树立环保意识，并由此实验引发对环境保护的思考。

关键词： 检验　烟花爆竹　火药　二氧化硫　环保思考

1　产生研究性课题的背景

高中化学选修模块《化学与生活》的内容标准要求学生知道大气主要污染物，其中二氧化硫是大气主要污染物之一。大气中二氧化硫的来源有多种途径，燃放烟花爆竹是其中之一。据考证，我国燃放烟花爆竹的历史已有一千多年。“爆竹声中一岁除”是有着悠久历史的传统习俗，是中华民族文化的重要组成部分。每逢喜庆日子，特别是春节期间，人们为了增加节日的欢乐气氛，更是大量燃放烟花爆竹，然而随之而来的是严重的空气污染。因为燃放烟花爆竹会产生二氧化硫、一氧化氮、二氧化氮等气体，这些有害气体是无形的“杀手”。二氧化硫进入大气层后，被氧化为硫酸（H_2SO_4），在云中形成酸雨（酸雨被称为“空中死神”），能强烈腐蚀建筑物和工业设备；酸雨还可导致树木死亡，鱼虾绝迹，土壤营养遭到破坏，使农作物减产或死亡。

据国家环境检测部门公布的信息，春节期间全国各地大气污染综合指数也多呈上升趋势，一些城市的大气质量连续数日为重度污染或中度污染。根据历史资料统计，采暖期间二氧化硫为主要污染物的天数为16.7%，在春节腊月三十至正月初七的8天中，其中有4天二氧化硫为主要污染物，说明燃放烟花爆竹造成二氧化硫浓度升高的现象较为突出。据环保专家们分析，导

* 本文发表于《化学教育》2008年第3期。

致污染的“罪魁祸首”便是大面积、集中地燃放烟花爆竹过后生成的二氧化硫气体。

我们已知燃放烟花爆竹能产生二氧化硫等气体，那么，在实验室条件下能否检验燃放烟花爆竹时产生的二氧化硫等气体?

2 实验方案

2.1 实验原理

烟花爆竹的主要成分是黑火药，火药是中国的四大发明之一。火药的成分主要是硝酸钾、硫黄和木炭，有的还含有少量的氯酸钾。制作电光炮、烟花炮、彩色焰火时，还要加入镁粉、铁粉、铝粉、锑粉及无机盐。加入锶盐，火焰呈红色；加入钡盐，火焰呈绿色；加入钠盐，火焰呈黄色。当爆竹被点燃时，木炭粉、硫黄粉、金属粉末等在氧化剂的作用下，发生化学反应，迅速燃烧，产生二氧化碳、一氧化碳、二氧化硫、一氧化氮、二氧化氮等气体及金属氧化物的粉尘，瞬时产生的大量气体和烟尘，伴随着大量光和热，冲破炮纸的包裹，引起鞭炮的爆炸[1]。烟花和爆竹的化学原理基本相同，其结构中都包含黑火药和药引，不同的是烟花中加入了一些发光剂和发色剂。常用黑火药的标准配方为：硝酸钾 75%、硫黄 10%、木炭 15%[2]。烟花和爆竹内的黑火药是以1硝、2硫、3碳为基础发展而来，但要知道这里的“1”“2”“3”说的是黑火药的成分一是硝酸钾、二是硫黄、三是木炭，但这三种成分的质量比并不是1∶2∶3。一般配方是：硫黄2 g、硝酸钾3 g、炭粉4.5 g，因为黑火药中的硫黄成分具有着火温度低、燃速快等性质，因而使黑火药容易点着，并在较弱的约束下能迅速燃烧爆炸。这样的配方中硫的量比例过大，在空气中燃放时更容易产生二氧化硫。

$$2KNO_3 + 3C + S \xlongequal{点燃} K_2S + 3CO_2\uparrow + N_2\uparrow + 707\ kJ$$

$$S + O_2 \xlongequal{点燃} SO_2$$

2.2 仪器与试剂

仪器：硬质长玻璃管（34 cm × 2 cm）1支、双连球气唧1个、酒精灯1盏、试剂瓶3个、铁架台1副、单孔塞2个、双孔塞3个、气球1个、玻璃导管若干（7~8 mm）。

试剂：酸性品红试液、氢氧化钠溶液（10%）、硫黄、硝酸钾、木炭粉、石灰水（饱和）。

2.3　实验装置

实验装置如图1所示。

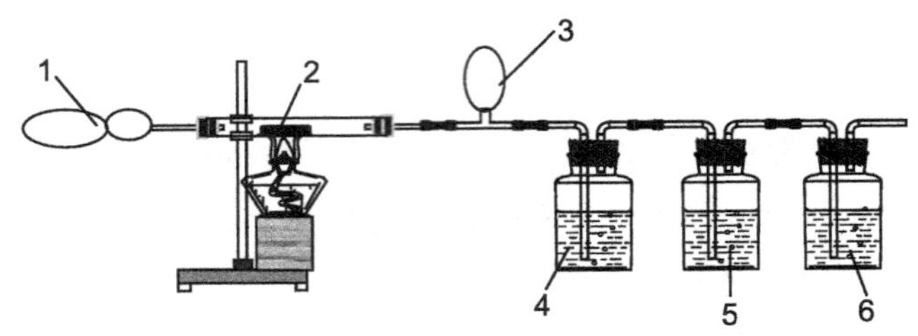

1. 双连球气唧；2. 火药；3. 气球；4. 酸性品红；5. 石灰水；6. 氢氧化钠溶液

图1　验证燃放烟花爆竹时产生SO_2、CO_2等气体装置

3　实验过程与现象

（1）如图1连接装置，用双连球气唧向长玻璃管内充气，检验气密性。

（2）火药种类：自制火药和小鞭炮中的火药。拆开几根小鞭炮，取出火药，筛去小石块，称量0.5 g，放在V形纸槽中。把V形纸槽伸进长玻璃管内，翻转过来，让火药平铺在长玻璃管中部（2~3 cm），塞好塞子。用酒精灯预热，然后对准火药加热。

（3）长玻璃管内的火药剧烈燃烧，发出火光，产生大量的粉尘，并且可以看到长玻管内壁上有黄色物质出现，这是长玻璃管中未燃尽的硫，继续加热一会儿，使未燃尽的硫充分燃烧，同时用双连球气唧向长玻璃管内慢慢鼓入空气，气流速度大约每秒1~2个气泡。

（4）品红溶液褪成无色后，继续充气。石灰水变浑浊时，停止充气。（有关实验现象见表1）

表1　火药燃烧现象

	自制火药(g)				市售火药(g)			
	0.4	0.5	0.6	0.7	0.4	0.5	0.6	0.7
火药燃烧时间(s)	55	55	55	55	20	20	20	20

续表

	自制火药(g)				市售火药(g)			
	0.4	0.5	0.6	0.7	0.4	0.5	0.6	0.7
品红褪色时间(s)	93	81	72	57	85	74	65	50
石灰水变浑时间(s)	120	113	100	85	185	163	145	132

注：①自制火药的质量比$m_S : m_{KNO_3} : m_C=2:3:4.5$。

②表格中的时间仅供参考，因为市售火药成分存在不确定因素。

4 结论与讨论

（1）通过酸性品红溶液变色的时间，可以看出自制火药与市售火药含硫量相差不大，但都能产生较多的二氧化硫等气体。

（2）根据饱和石灰水变浑浊的时间和火药燃烧的时间对比，市售火药中木炭的量减少而增加了氧化剂的量，使发生爆炸的效果更好。

（3）通过本实验，可向学生展示烟花爆竹燃放产生的污染十分严重，教育学生树立环保意识，减少或不燃放烟花爆竹。

5 实验说明

（1）如果用自制火药，应先把三种药品分别研成粉末烘干，再混合均匀。

（2）使用气球的目的是防止火药燃烧时装置发生爆炸。

（3）市售火药最好用小鞭爆里的火药，因为大爆竹和烟花里含有的KNO_3等氧化剂比较多，在长玻璃管内产生大量的热量和气体，压强瞬时增大，使长玻璃管内的气体排出过多。装置内瞬间温度骤降，压强减小，试剂瓶中的液体会倒流，使温度较高的长玻璃管骤冷而破裂。因此，市售火药的用量不宜过大。

（4）用酸性品红溶液证明使之褪色的是SO_2，排除其他酸性气体。

（5）酸性品红试液浓度不宜过大（在50 mL的水中加一滴），最好做对比实验。

（6）火药的质量约为0.5 g，过少则产生的SO_2量少，品红溶液褪色不明显。

（7）当火药燃烧后，要继续加热一段时间，同时向长玻璃管内充气，原因是长玻管内空气不足，火药可能未完全燃烧。

6 实验结果引起的环保思考

这个实验证明了燃放烟花爆竹能够生成大量的二氧化硫气体和烟尘，造成大气污染。现行的空气质量预报，把空气污染指数（API）作为区别空气质量状况的重要指标。它是依据各地空气中的二氧化硫、二氧化氮和可吸入颗粒的含量把空气质量划分为五个层次（见图2）。通常情况下，我们居住环境的空气污染指数在100以下，空气质量基本上都能达到良。然而春节期间燃放烟花爆竹时，总是伴随着大量有毒烟气的出现，污染指数往往超过300，如2006年1月29日（正月初一）重庆市主城区空气污染指数为327，空气严重污染，对人的健康极为不利[3]。除此之外，燃放烟花爆竹还带来严重的噪声污染。据环保部门对武汉、上海、北京等十大城市春节期间的烟花爆竹污染情况进行监测，发现燃放地区噪声高达135分贝，远远超过人的听觉范围和耐受度，同时还产生大量的固体废弃物污染。

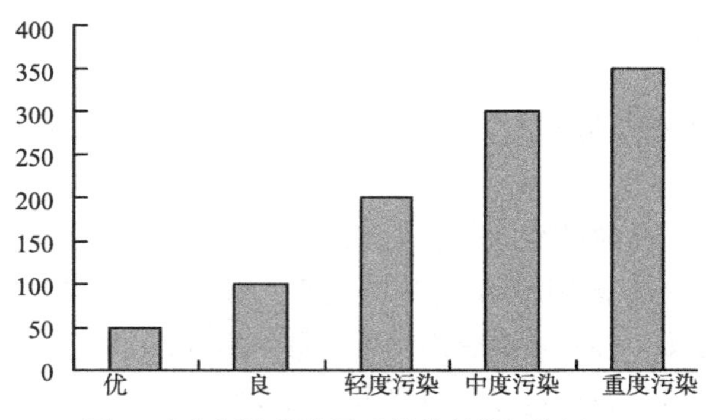

图2　空气污染指数及质量状况等级指标

在北京、上海、广州等大城市，“禁放”工作走在了前列，沿海经济发达城市也相继出台了“禁放”规定。但是烟花爆竹作为“中华民族抹不去的文化情结”，使一些禁放城市又走上了回头路，为“燃放”开了绿灯[4]。作为化学工作者，笔者支持“禁放”。但是“禁”与“放”的冲突已经成为“现代文明”与“传统文化”的冲突。如何解决这种冲突？笔者认为合理的方法有：一是改“禁放”为“限放”，限时限地燃放；二是使用电子鞭炮；三是开发绿色火药，这是我们化学工作者将要研发的课题之一，也是我们义不容辞的责任。最后，笔者呼吁我们的同胞和我们的政府携手共同解决，让祖国上空更蓝，空气更加清新，让我们的人民更加健康，让我们的国家更加和谐发展。

参考文献

［1］史春. 燃放烟花爆竹环保与文化的冲突［J］. 资源与人居环境，2006（3）：49.

［2］唐桂林，赵家玉，吴煌，等. 黑火药的改进研究［J］. 火工品，2002（4）：32.

［3］王晓军. 初一至初五放烟花爆竹导致空气污染指数狂飙［EB/OL］.（2006-02-05）［2006-04-21］. http://www.xinhuanet.com/chinanews/2006-02/05/content_6163615.htm.

［4］吴国林，李红锋. 烟花爆竹：理当摒弃的陋习［J］. 河南消防，1999（1）：30.

关于一氧化碳还原性实验的商榷及改进*

裴传友　熊言林

摘　要： 受国外STSE教材的影响，我国化学对关注社会问题、生活问题和环境问题的要求日益受到重视。新课程标准强调在化学实验中树立绿色化学思想，形成环境保护意识，并体现在化学教材修订过程中。笔者在阅读各种新版九年级化学教材和部分化学杂志时，对其中的一氧化碳还原性实验设计有不同的看法，愿与同行商榷。

关键词： 一氧化碳　实验改进　STSE

1　对几种实验设计方案特点评述（见表）

表1　几种实验设计方案的特点

教材版本或期刊	实验装置	特点评述
人教版 广东版 山东版	CO CuO 澄清的石灰水	优点：(1)实验现象明显；(2)增加尾气处理装置，具有环境意识 缺点：(1)尾气的点燃时间难以控制，燃烧时产生回火，易发生事故，安全性差；(2)反应后，装置里的CO无法处理，易造成污染
上科版		优点：(1)实验现象明显；(2)增加了尾气处理装置，并且使尾气得到利用 缺点：(1)安全性差；(2)反应后，装置里的CO无法处理，易造成污染

* 本文发表于《中学化学》2007年第7期。

续表

教材版本或期刊	实验装置	特点评述
化学教学 2005(7-8)	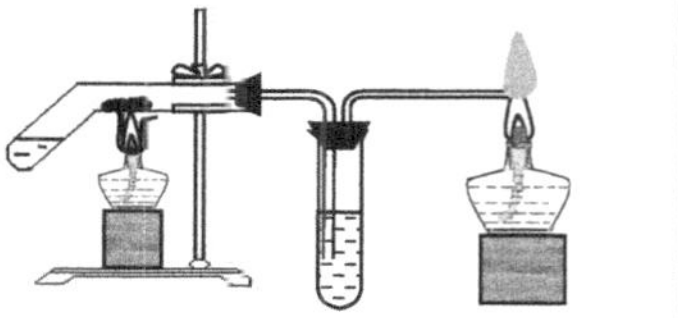	优点:(1)装置简易;(2)药品用量少 缺点:(1)药品的用量无法掌握;(2)反应无法控制;(3)安全性差;(4)反应后,装置里的CO无法处理

注：表中所列人教版、广东版、山东版、上科版教材分别指由人民教育出版社、广东科技出版社、山东科技出版社、上海教育出版社出版的义务教育课程标准九年级化学教科书；化学教学2005（7–8）所指文章为：张正红．“一氧化碳与氧化铁反应”的实验改进［J］．化学教学，2005（7–8）：9.

针对上述各种实验装置中存在不同程度的问题，笔者进行了改进，并通过实验检验效果比较满意。

2　改进的实验装置

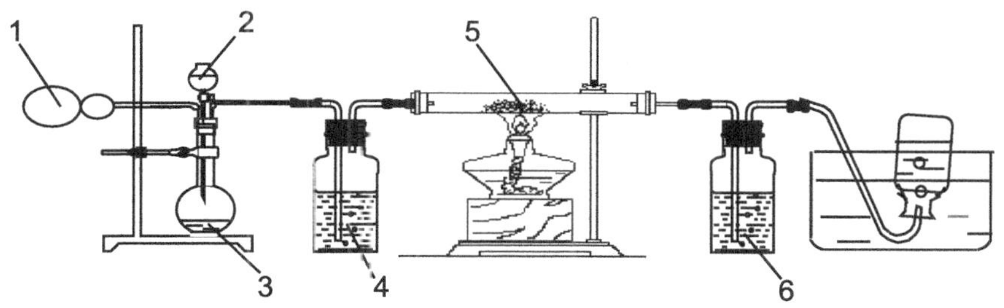

1. 双连球气唧;2. 浓硫酸;3. 甲酸;4. 石灰水;5. 氧化铜(氧化铁);6. 石灰水

图1　一氧化碳还原性实验改进装置

3　实验步骤与现象

（1）准备5～6个250 mL集气瓶，编号后，灌满水倒放在水槽中。实验时，按编号顺序收集装置内排出来的所有尾气。

（2）打开活塞，滴加浓H_2SO_4，产生CO气体排出装置内的空气，同时用集气瓶收集尾气。

（3）加热，直到黑色氧化铜（或红棕色Fe_2O_3）完全变成红色（或黑色）物质时停止。

（4）继续通入CO，直到试管冷却后，停止通入。

（5）用双连球气唧排出装置内的CO，把集满气体的集气瓶按顺序排好。

（6）点燃各个集气瓶中的气体，前后编号的集气瓶内有火球喷出，而中间编号的集气瓶中气体安静地燃烧，发出蓝色火焰。

（7）向集气瓶中加入石灰水，检验燃烧后产生的气体。

4 改进后的优点

（1）反应能够控制。

（2）整个过程是封闭的，尾气不能进入空气，不会造成任何污染。

（3）不存在任何安全隐患。

（4）反应后，装置里的CO也被收集了，不会造成污染。

（5）改进后的实验不仅能探究CO的还原性，还能验证CO的可燃性：

①收集的尾气用来燃烧，学生观察对比纯净CO和不纯CO的燃烧现象，进而了解不纯气体点燃可能发生爆炸的危险性。

②加入石灰水检验CO燃烧后生成CO_2气体。

③尾气的处理方式和现象能引起学生思考，启发学生智慧。

硫蒸气颜色的实验探究与思考*

熊言林　崔洪珊　周利军

摘　要： 化学实验是培养学生创新意识和创新能力的重要园地。化学中有许多问题可以通过实验来探究，其中硫蒸气的颜色问题就是一个实例。通过实验探究，发现硫受热后有四个区域，由上而下分别为硫华区、胶状硫区、硫蒸气区和液态硫区。在这四个区域中，硫蒸气是无色的，而且温度最高。由此我们对化学教育教学产生了几点思考：（1）要敢于质疑；（2）让实验说话；（3）使实验教学功能最大化。

关键词： 硫蒸气　颜色　探究　思考

关于硫蒸气的颜色，大多数著作都认为硫蒸气是橙黄色或黄色的[1,2]，但也有极少数著作认为硫蒸气是无色的[3]。硫蒸气究竟是橙黄色还是无色？我们不妨用实验探究的方法来解决硫蒸气的颜色问题，从而使硫单质的性质表述更加科学、合理、完善，同时不再让学习者产生质疑。

1　实验探究思路

硫有多种同素异形体，最常见的是晶状的斜方硫（又称菱形硫、正交硫等）和单斜硫[4]。不同的同素异形体的硫虽然熔点各不相同（如斜方硫的熔点为112.8 ℃，单斜硫的熔点为119 ℃），熔点都较低，但它们的沸点都是444.6 ℃，且沸点较高。因此，在实验探究过程中，设计的实验装置要能够确保硫受热的温度达到444.6 ℃以上，而且盛放硫粉的仪器要细长、仪器口面不能太大（一则使硫受热发生变化要有适宜的温度区间；二则防止硫蒸气逸散；三则防止硫蒸气燃烧），这样才能确保有足够多的硫蒸气存在，以便实验者更好地观察出真正的硫蒸气的颜色。

根据上述有关实验探究的要求，在一般的实验条件下，可以用硬质试管

* 本文发表于《化学教学》2007年第1期。

和酒精灯（其火焰温度能够达到500～550 ℃）组成实验装置，而且应采用加热垂直的试管方式来保证温度能够达到444.6 ℃以上。

2　实验探究用品

硫粉（C.P），螺旋状细铜丝；20 mm × 200 mm硬质试管1个，酒精灯1盏，铁架台（附铁夹）1副，火柴1盒，滤纸若干。

3　实验探究装置

实验探究装置如图1所示。

4　实验探究步骤

（1）称取2 g硫粉，用V形纸槽送入20 mm × 200 mm硬质试管底部，并将试管垂直地固定在铁架台上。

（2）点燃酒精灯，预热硬质试管底部一会儿，然后固定在硬质试管底部加热。

（3）观察、记录实验现象。

硫华区
胶状硫区
硫蒸气区
液态硫区

图1　硫受热装置

5　实验探究现象

有关硫粉受热其状态变化现象如下表所示。

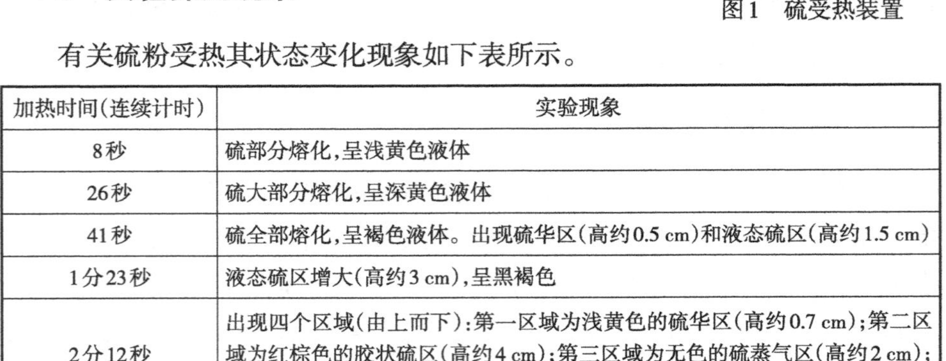

加热时间(连续计时)	实验现象
8秒	硫部分熔化,呈浅黄色液体
26秒	硫大部分熔化,呈深黄色液体
41秒	硫全部熔化,呈褐色液体。出现硫华区(高约0.5 cm)和液态硫区(高约1.5 cm)
1分23秒	液态硫区增大(高约3 cm),呈黑褐色
2分12秒	出现四个区域(由上而下):第一区域为浅黄色的硫华区(高约0.7 cm);第二区域为红棕色的胶状硫区(高约4 cm);第三区域为无色的硫蒸气区(高约2 cm);第四区域为黑褐色的液态硫区(高约1 cm)

（1）随着加热时间延长，试管底部的黑褐色液体逐渐减少，无色气体逐渐增多。

（2）在试管口上放一块滤纸片，过一会儿后，滤纸片无任何现象，说明硫蒸气没有逸出试管发生凝华现象。

（3）将一滤纸条插入第一区域，过一会儿后，滤纸上有淡黄色斑点，说明凝华的硫吸附在滤纸上。另外，该滤纸未炭化，说明第一区域温度较低。

（4）将另一滤纸条快速插入试管内各个区域并快速抽出来，滤纸条所到达的二、三、四区域时，滤纸条上都出现炭化现象，说明这三个区域温度较高。将螺旋状细铜丝插入到第三区域时，细铜丝立即燃烧，说明该区域温度最高。

6 实验探究结论

通过实验探究，我们发现，盛有硫粉的垂直试管受热后，出现四个区域。它们由上而下分别是：第一区域为硫华区，硫以浅黄色粉末存在（$t<112.8$ ℃）；第二区域为胶状硫区，硫有多种液体形态存在，呈红棕色液体（112.8 ℃$\leqslant t<$444.6 ℃）；第三区域为硫蒸气区，硫以无色的气体存在（$t\geqslant$444.6 ℃）；第四区域为液态硫区，硫以黑褐色液体存在（$t<444.6$ ℃）。

由上述实验现象可知：硫蒸气是无色的，而不是橙黄色或黄色。

硫受热时，不仅形态逐渐改变，颜色也迅速变化，学生往往对此区分不清，眼花缭乱，把握不住整个变化过程。通过本实验探究，学生能够对硫受热时发生形态、颜色的变化过程有比较清楚的认知。

硫受热变化情况[4]：

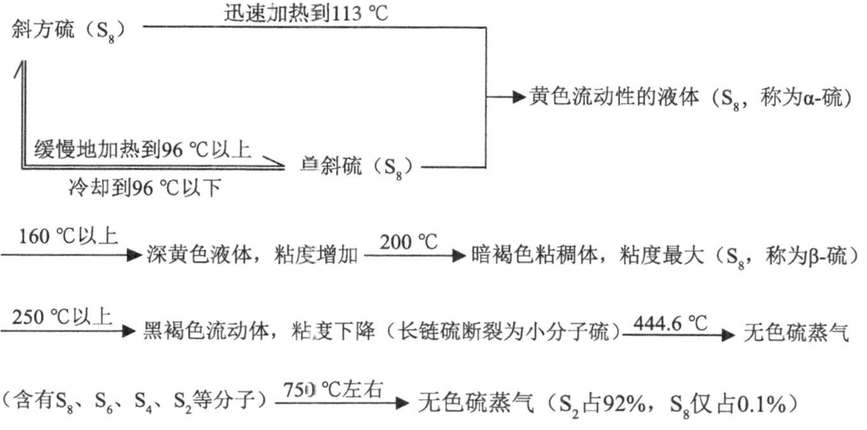

7 实验探究思考

化学中有许多问题可以让学生通过实验来探究，其中硫蒸气的颜色问题就是一个实例。通过实验探究，学生的收获绝对不止是结果，更重要的是过程、方法和能力的提高。

7.1 要敢于质疑

人的认知是在不断质疑中获得完善的。人类正是站在前人的肩膀上，不断改进研究工具，用先进的科学方法对大自然进行更全面、更深入的探究，并不断修正前人的错误，丰富和发展前人的认知，使人们的认知更接近真理、远离谬误。这就要求我们教师在化学教学中不断地培养学生的问题意识和问题解决意识，使学生能够首先克服从众心理、敢于面对权威，并努力去思考“哪个结论（假设）正确？我能不能用实验探究的方法获得正确的结论？我的设计思路是否正确？我设计的实验方案是否最好？我设计的实验装置是否巧妙？我的探究方法有无创新之处？还有什么其他更好的方法？等等”；其次要培养学生“不唯书、不唯上、只唯实”的科学态度，实事求是地对待现有的理论、方法与经验，形成独立思考的习惯。只有这样，学生的创新意识和创新能力才能真正得到培养。

7.2 让实验说话

一切真知来源于实践。化学是一门以实验为基础的科学，化学实验是化学教学的基础和精华，是中学生学习生活中十分重要的实践活动。因此，在现有教学条件下，一切能够用实验去研究的化学教学问题就不要纸上谈兵或凭空想象或脱离实际地争论，而要让学生通过化学实验来说出对与错、好与差、行与不行等。这种教学理念完全符合当前我国基础教育新一轮课程改革的思路：倡导以“科学探究”为主的多样化学习方式。“纸上得来终觉浅，绝知此事要躬行（实验）”，这是我们每一位化学老师都应该身体力行的。

7.3 使实验教学功能最大化

启发学生智慧，培养学生创新能力，是素质教育的核心目标[5]。化学实验教学的功能是任何其他手段替代不了的，学生在实验中所经受的思维、操作、分析、观察、自学、合作能力的锻炼，实验中情绪、意志、毅力等品质以及问题意识、创新意识、安全意识、节约意识等的形成只能通过实验来实现。化学教学中，实行实验室开放，给学生一些时间进行实验探究，他们的收获绝对不止是结果，更重要的是过程和无形的能力提高，而这些也会迁移到他们以后的学习、工作中，并对其产生积极的影响。因此，我们化学教师应在基础教育新课改理念引领下，着力从“知识与技能”“过程与方法”“情感态度与价值观”三方面去考虑，设计好化学实验教学程序，并脚踏实地地去实施，使化学实验教学的功能能够最大化地发挥。

参考文献

［1］刘知新. 化学教学论（第二版）［M］. 北京：高等教育出版社，1997：92.

［2］金立藩，张德钧. 中学化学实验大全［M］. 南京：江苏科学技术出版社，1987：330－331.

［3］熊言林. 化学教学论实验［M］. 合肥：安徽大学出版社，2004：45－48.

［4］北京师范大学等三校无机化学教研室. 无机化学（上册）（第三版）［M］. 北京：高等教育出版社，1992：457－458.

［5］熊言林. 钠跟水组合实验新设计［J］. 化学教学，2003（7）：14.

红色酚酞溶液逐渐褪色的原因探究*

熊言林　崔洪珊　周利军　房成飞　赵成安

摘　要：本文对红色酚酞逐渐褪色的原因进行了实验探究，其目的是培养学生的科学探究能力。在实验探究中，学生从中发现：红色酚酞醌式结构能够自动转化为无色酚酞甲醇式结构，其转化速度随氢氧根离子浓度增大而加快，而与空气中的二氧化碳无关，此过程是一个放热的过程。在一定的碱性条件下（氢氧化钠溶液的浓度＜30%时），无色酚酞甲醇式结构的热稳定性比红色酚酞醌式结构的热稳定性差。

关键词：红色酚酞　自然褪色　原因探究

在化学实验教学中，有许多化学实验问题可作为实验探究课题让学生进行实验探究，以培养学生的科学探究能力。例如，我们经常会看到：当无色的酚酞溶液滴入到碱性溶液（如氨水、氢氧化钠、氢氧化钾等溶液）中时，无色溶液立即变成红色。尔后，红色溶液又逐渐褪成无色，而且褪色的速度有快有慢。对于这种异常实验现象产生的原因，我们曾在课堂上就此问题提出设问，但学生的答案五花八门，可归纳为三个方面：（1）红色酚酞结构被空气中的氧气氧化；（2）红色酚酞溶液与空气接触时，吸收了空气中的二氧化碳，使其溶液的pH降低到8以下，红色酚酞结构又转化为无色酚酞结构；（3）红色酚酞结构自动转化成另外一种无色酚酞结构。究竟哪种推测正确、合理，实际情况又是怎样的？对此，我们组织了学生分组展开实验探究，并从中获得了正确的解释。

1　实验用品

1%酚酞溶液，稀硫酸（1∶4），氢氧化钠溶液（1%、5%、10%、20%、30%、40%、50%）；大试管10支，酒精灯1盏，试管夹1个，橡皮塞5个。

* 本文发表于《化学教育》2006年第11期。

2 实验探究

酚酞是一种弱的有机酸，也是常用的酸碱指示剂。在溶液里，随着溶液酸碱性的变化，酚酞分子结构发生转化而显示出不同的颜色：

$$\text{无色酚酞结构} \rightleftharpoons \text{红色酚酞结构}$$

这种转化过程是一个可逆的过程，学生对此很熟悉。在碱性溶液中，红色酚酞为什么会逐渐褪色？对此，我们进行了如下实验探究。

2.1 不同条件下的酚酞与氢氧化钠溶液作用

2.1.1 假设与猜测

在碱性溶液中，假如红色酚酞褪色是与空气中的二氧化碳有关，那么，只要验证红色酚酞溶液在密闭的容器内不会逐渐褪色即可。否则，红色酚酞褪色与空气中的二氧化碳无关。

2.1.2 设计实验验证

分别取4 mL不同浓度的NaOH溶液放入试管中，滴加2滴酚酞溶液，分别采用敞口和用橡皮塞密闭管口的两种方式静置，然后进行如下实验探究。

2.1.3 实验现象与数据

实验情况见表1。

表1 敞口或密闭条件下的酚酞在氢氧化钠溶液中的变色情况

编号	静置方式	NaOH溶液的浓度	滴入2滴酚酞溶液	加热至沸	冷却	滴入1:4 H_2SO_4溶液的滴数及现象
①	敞口	1%	变红，约31 min后褪色	变红	褪色	约3滴，变成红色溶液
②	密闭	1%	变红，约29 min后褪色	变红	褪色	约3滴，变成红色溶液
③	敞口	5%	变红，约8 min后褪色	变红	褪色	约12滴，变成红色溶液
④	密闭	5%	变红，约7.8 min后褪色	变红	褪色	约12滴，变成红色溶液
⑤	敞口	10%	变红，18 s后褪色	变红	褪色	约26滴，变成红色溶液
⑥	密闭	10%	变红，18 s后褪色	变红	褪色	约26滴，变成红色溶液

注：加热时，应将试管上的橡皮塞取下；冷却时，再塞上橡皮塞。

2.1.4 结 论

从上述实验情况可知，红色酚酞逐渐褪色的时间与NaOH溶液的浓度有关，浓度愈大，褪色愈快；而与试管是否敞口无关，即红色酚酞逐渐褪色与空气中的二氧化碳无关。但在较低浓度的NaOH溶液里，敞口试管中的红色酚酞逐渐褪色进行得较慢，这是因为较低浓度的NaOH溶液吸收了空气中的二氧化碳，使其OH^-浓度降低较大的缘故。

2.2 酚酞与不同浓度的氢氧化钠溶液作用

2.2.1 假设与猜测

如果红色酚酞结构被氧化或者红色酚酞结构能够自动转化为另外一种无色酚酞结构，而且这种转化过程是不可逆的，那么，用稀硫酸滴入时就不会重新出现红色。如果红色酚酞没有被氧化或者红色酚酞能够自动转化为另一种无色酚酞结构，而且这种转化过程是可逆的，那么，这样用稀硫酸滴入时就会重新出现红色；如果稀硫酸过量时，红色又褪去，变为初始的无色酚酞结构。这种转化过程的速度是否与氢氧化钠溶液的浓度有关呢?

2.2.2 设计实验验证

分别取4 mL不同浓度的NaOH溶液放入试管中，做如下实验探究。

2.2.3 实验现象与数据

实验情况见表2。

表2 酚酞在不同浓度的氢氧化钠溶液中的变色情况

编号	NaOH溶液的浓度	滴入2滴酚酞溶液	加热至沸	冷却	取1mL混合溶液,滴入1∶4 H_2SO_4溶液的滴数及现象
①	1%	变红,31 min后褪色	变红	褪色	约1滴,变成红色溶液
②	5%	变红,8 min后褪色	变红	褪色	约2滴,变成红色溶液
③	10%	变红,16 s后褪色	变红	褪色	约7滴,变成红色溶液
④	20%	变红,立即褪色	变红	褪色	约17滴,变成红色溶液
⑤	30%	变红,立即褪色	变成很浅的红色	褪色	约26滴,变成红色溶液
⑥	40%	变红,立即褪色	不变红	不变色	约39滴,变成红色溶液
⑦	50%	有浑浊,局部变红,褪色慢*	不变色	不变色	约48滴,变成红色溶液

* 将2滴酚酞溶液滴入到50%的氢氧化钠溶液中，会出现氢氧化钠结晶，这是因为酚酞溶液中的乙醇与水结合力强而引起NaOH溶液中的NaOH结晶。

2.2.4 结　论

从上述实验情况可知，红色酚酞褪色后，滴入稀硫酸时又重新出现红色，说明红色酚酞结构没有被氧化（从表1中也能得到证明），而是转化为另一种无色酚酞结构，并且转化速度随着氢氧化钠溶液浓度的增大而加快。这种转化还是一个可逆的过程。同时还发现红色酚酞结构的热稳定性要比另一种无色酚酞结构的热稳定性强，说明这种红色酚酞结构转化为另一种无色酚酞结构是一个放热的过程。但在高浓度的NaOH溶液（>30%）里，另一种无色酚酞结构受热难以转化为红色酚酞结构，这是因为溶液中的OH^-浓度太高，阻止了无色酚酞结构发生转化。另外，向红色酚酞溶液中滴入过量的稀硫酸，红色酚酞溶液立即褪色，变为初始的无色酚酞溶液，说明初始的无色酚酞结构转化为红色酚酞结构也是一个可逆的过程（这对学生来说是已知的）。

3 搜集证据

红色酚酞究竟转化为何种结构呢？我们组织学生查阅有关文献[1-3]得知，在碱性条件下，酚酞分子结构随着碱的浓度大小而发生下列相互转化：

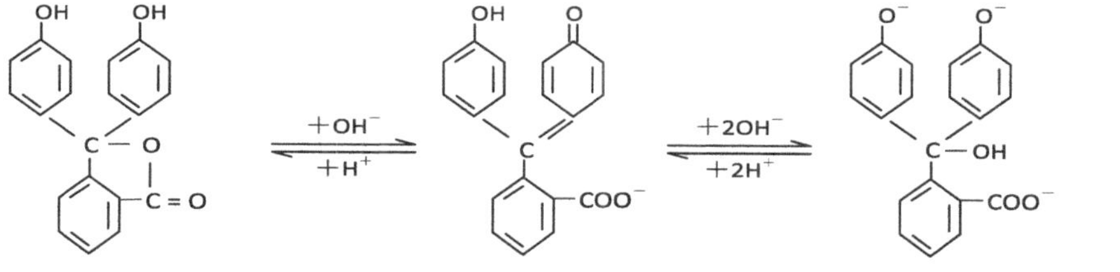

$\xrightleftharpoons[+H^+]{+OH^-}$ $\xrightleftharpoons[+2H^+]{+2OH^-}$

无色（内酯式结构）　　红色（醌式结构）　　无色（甲醇式结构）

酚酞的变色范围是pH=8～10，而最佳变色范围应是pH=9～13。根据弱电解质在溶液中各型体的分布系数公式$\delta_{B^-} = K_a / ([H^+] + K_a)$，对于酚酞，其$K_a = 7.9 \times 10^{-10}$，当$[H^+] = 1 \times 10^{-12}$ mol/L（pH=12）时，经计算，红色的醌式结构含量达到99.98%（可不考虑醌式结构向甲醇式结构转化）。随着$[OH^-]$增加，溶液中的醌式结构向甲醇式结构转化；随着$[H^+]$增加，溶液中的醌式结构向内酯式结构转化。可见，这些转化都是可逆的、非氧化的过程，与$[OH^-]$有关。

4 实验结论

基于以上的实验事实和有关证据，学生从中得出红色酚酞溶液逐渐褪色的原因是：在碱性溶液中，酚酞由无色酚酞内酯式结构向红色酚酞醌式结构转化，而红色酚酞醌式结构又能够自动地向无色酚酞甲醇式结构转化，其转化的速度随着[OH^-]增大而加快，而且这种转化还是可逆的、非氧化性的过程。这种转化过程可用下列关系式表示：

无色酚酞内酯式结构$\rightleftharpoons$红色酚酞醌式结构$\rightleftharpoons$无色酚酞甲醇式结构

另外，在一定浓度的氢氧化钠溶液（<30%）中，无色酚酞甲醇式结构的热稳定性比红色酚酞醌式结构的热稳定性差，加热时无色酚酞甲醇式结构可以向红色酚酞醌式结构转化，说明红色酚酞醌式结构转化为无色酚酞甲醇式结构是一个放热的过程。但在高浓度的NaOH溶液（>30%）里，无色酚酞甲醇式结构受热难以转化为红色酚酞醌式结构，这是因为［OH^-］太高，阻止了无色酚酞甲醇式结构向红色酚酞醌式结构的转化。红色酚酞溶液与空气接触时，吸收了空气中的二氧化碳，使其溶液中的［OH^-］浓度降低，红色酚酞溶液逐渐褪色反而变得较慢。

受上述实验探究结果的启示，我们产生了一个设想：当我们在讲授“反应物浓度或温度对化学平衡的影响”时，如果用此实验结果作为课堂教学实验案例，岂不更加形象直观、生动鲜明、简捷方便、安全可靠、富有启发性吗？同时还会引起学生产生悬念，通过实验探究，从中获得意想不到的教学效果。实验探究设计如表3所示。

表3　反应物浓度或温度对化学平衡的影响

编号	4 mL不同浓度的NaOH溶液	滴入2滴酚酞溶液	加热至沸	冷却
①	5%	变红，8 min后褪色	变红	褪色
②	10%	变红，16 s后褪色	变红	褪色
③	20%	变红，立即褪色	变红	褪色

5　实验启示

杜威经验主义教学论认为，思维起源于直接的情境，教学必须要有一个实际的经验情境作为思维的刺激物。在教学实践中，我们感到，化学教学中的许多问题，只要我们老师能够善于设计出一些与学生学习经验有关的实验探究情情境，多在实验过程中问几个为什么，学生就会步入思维正轨，发挥想象，精心设计，大胆探究，最终得到正确的结论，甚至还会获得意想不到的发现。因此，开展适宜、适量的实验探究活动，不仅能够培养学生的观察能力、思维能力、综合分析能力和解决实际问题的能力，而且能够培养学生的创造能力，真正起到“百闻不如一见，百见不如一做，百做不如一探”的作用。

参考文献

[1] 熊言林. 简析化学实验失败的原因 [J]. 化学教育，2000（4）：27.

[2] 杨承印，王立刚. 过氧化钠使红色酚酞溶液褪色的实验分析 [J]. 化学教育，1997（2）：31.

[3] 熊言林. 化学教学论实验 [M]. 合肥：安徽大学出版社，2004.

铝片与氯化铜溶液反应现象的实验探究*

房成飞　蒲绪凤　金思慧　熊言林

摘　要： Al与$CuCl_2$溶液会发生反应这是众所周知的事实，而且在实际教学中，教师往往只根据教材描述的实验现象给出结论——该反应过程中发生的仅是置换反应。笔者对此提出质疑，认为随着反应的进行，Cu不断析出，这样一来，Cu、Al及电解质溶液可能会构成原电池，据此提出问题：Al片与$CuCl_2$溶液反应的现象有哪些？反应过程中会形成原电池吗？会有氢气产生吗？因此，笔者通过合理的实验设计和直观的实验现象得出结论：Al与$CuCl_2$并非发生简单的置换反应，还须考虑$CuCl_2$的水解反应和原电池反应。该实验探究可设计成课外探究实验，在拓展知识的同时启发学生思维。

关键词： 铝　氯化铜　反应现象　原电池　实验探究

1　问题的提出

众所周知，Al与$CuCl_2$溶液会发生置换反应，析出Cu，同时生成$AlCl_3$，反应的离子方程式如下：

$2Al+3Cu^{2+}=2Al^{3+}+3Cu$

但随着反应的进行，Cu不断析出，这样一来，Cu、Al及电解质溶液会构成原电池，有没有可能发生如下的反应呢？

正极：$6H^{+}+6e^{-}\rightarrow 3H_2\uparrow$

负极：$2Al-6e^{-}\rightarrow 2Al^{3+}$

由上面的分析可知，有必要设计一个探究实验，探究一下此实验中有没有发生上述原电池反应。

---

*本文发表于《实验教学与仪器》2005年第10期。

2 实验用品

1 mol/L $CuCl_2$ 溶液、稀 NaOH（10%）溶液、铝片（过量）、洗涤剂溶液（1∶1）、具支试管、铁架台、秒表、表面皿、火柴。

3 实验装置

实验装置如图1所示。

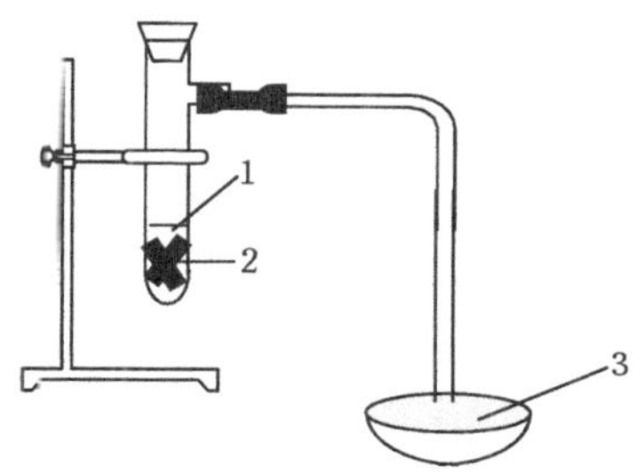

1.1 mol/L $CuCl_2$ 溶液；2.Al 片；3.洗涤剂溶液（1∶1）

图1 Al 片与 $CuCl_2$ 溶液反应的实验装置图

4 实验步骤

（1）按图1所示连接好装置，先检查装置的气密性。

（2）向具支试管中加入 3 mL 1 mol/L $CuCl_2$ 溶液，再放入两片 Al 片（过量，约长 2.6 cm、宽 0.5 cm），塞上塞子，计时并观察所发生的现象。反应从开始到完成大约需要 10 min。

（3）用燃着的火柴接近洗涤剂溶液上的气泡。

（4）待反应结束后，取少量溶液，加适量水稀释，然后逐滴滴入 NaOH 溶液，有白色絮状沉淀产生，再滴入 NaOH 溶液，沉淀逐渐溶解。

5 结果与讨论

（1）反应中可见有气体产生，用燃着的火柴接近洗涤剂溶液上的气泡，有轻微的爆鸣声。可见，生成的气体是氢气。反应中铝片上有红色物质析出，此红色物质是铜。用手触摸具支试管，有温暖的感觉，可知此反应是放热反应。

（2）反应中可见蓝色溶液的颜色变成绿色，最后变成无色（约 4 min）。

溶液变成无色后，反应仍进行了一段时间后才结束（约7 min后反应明显变慢，10 min后反应基本结束）。由实验步骤（4）可知，反应产物中有$AlCl_3$存在。

（3）反应开始时，测得1 mol/L的$CuCl_2$溶液的pH为2.0，反应结束时得无色溶液，测得溶液的pH为4.9。

（4）反应进行一段时间后，溶液中存在下列一些微粒与粒子：Al、Al^{3+}、Cu、Cu^{2+}、Cl^-、H^+、OH^-。这样一来，Cu、Al及电解质溶液组成了原电池，Al为负极，Cu为正极，发生电极反应：

负极：$2Al-6e^-\rightarrow 2Al^{3+}$　　$\Phi_{Al^{3+}/Al}=\Phi^{\ominus}_{Al^{3+}/Al}+\frac{RT}{nF}\ln[Al^{3+}]$

正极：$6H^++6e^-\rightarrow 3H_2\uparrow$　　$\Phi_{H^+/H_2}=\Phi^{\ominus}_{H^+/H_2}+\frac{RT}{nF}\ln[H^+]$

$3Cu^{2+}+6e^-\rightarrow 3Cu$　　$\Phi_{Cu^{2+}/Cu}=\Phi^{\ominus}_{Cu^{2+}/Cu}+\frac{RT}{nF}\ln[Cu^{2+}]$

虽然溶液酸度较大（$CuCl_2$水解），$\Phi_{H^+/H_2}<0$，而$\Phi_{Cu^{2+}/Cu}>0$，但是$\Phi^{\ominus}_{Al^{3+}/Al}=-1.662$ V，Al^{3+}的浓度对电极电势的影响很小，Φ_{H^+/H_2}和$\Phi_{Cu^{2+}/Cu}$都比$\Phi_{Al^{3+}/Al}$大，所以实际上电池的正极上同时发生了上述两个电极反应。

6　设计反思

Al与$CuCl_2$并非发生简单的置换反应，还须考虑$CuCl_2$的水解反应和原电池反应。可见，对于具体的化学反应需要具体地加以分析。此实验虽然装置简单，但涉及的知识面却较广，具有一定的综合性，能启发学生的思维，比较适合那些对化学感兴趣的同学作为课后的实验探究活动。